Modern Man in Search of a Soul

寻求灵魂的现代人

C.G. Jung

［瑞士］卡尔·古斯塔夫·荣格 著

徐说 译

东方出版中心

图书在版编目（CIP）数据

寻求灵魂的现代人 / (瑞士) 卡尔·古斯塔夫·荣格著 ; 徐说译. -- 上海 : 东方出版中心, 2022.1
ISBN 978-7-5473-1943-7

Ⅰ. ①寻… Ⅱ. ①卡… ②徐… Ⅲ. ①精神分析一研究 Ⅳ. ①B84-065

中国版本图书馆CIP数据核字(2021)第253479号

寻求灵魂的现代人

著　　者　[瑞士]卡尔·古斯塔夫·荣格
译　　者　徐　说
责任编辑　陈哲泓　时方圆
装帧设计　徐　翔

出版发行　东方出版中心
地　　址　上海市仙霞路345号
邮政编码　200336
电　　话　021-62417400
印 刷 者　上海盛通时代印刷有限公司

开　　本　890mm×1240mm　1/32
印　　张　11.125
字　　数　195千字
版　　次　2022年1月第1版
印　　次　2022年1月第1次印刷
定　　价　55.00元

目录

附录

中译序

《寻求灵魂的现代人》（*Modern Man in Search of a Soul*）收录了分析心理学创立者卡尔·古斯塔夫·荣格（Carl Gustav Jung）在1928年到1931年间的十篇讲稿和一篇约稿，于1933年以英文版面世，英译者为卡利·贝恩斯（Cary Baynes）和斯坦利·戴尔（Stanley Dell）。这本著作致力于总结荣格的主要理论，并将其介绍给更广泛的读者群体，因此统领全书的并非某一主题，而是一以贯之的理论。它在出版后近九十年里畅销不衰，直到今天，本书仍是分析心理学的入门读物和必读书目之一。

这部作品成书于荣格从理性议题转向非理性议题的时期。在这个阶段，荣格已经把他的理论跟西格蒙德·弗洛伊德（Sigmund Freud）或阿尔弗雷德·阿德勒（Alfred Adler）的理论明确区分开来；由他亲手建造的伯林根塔楼主体已经落成；私人日记《红书》（*The Red Book*）的整理基本结束；更重要的是，他也遇见了对他的影响超过任何人的汉学家卫礼贤（Richard Wilhelm）。

荣格于1928年结识卫礼贤，开始接触道家及道教的德语译作。荣格像当时的许多西方思想家一样，想要借助东方思想来打开西方人的视野。他发现，中国道家和道教的著作其实是关于内在经验与无意识的心灵文本，并把《太乙金华宗旨》视为集体无意识之存在的证据。在这些书的影响下，荣格的研究兴趣渐渐转向了共时性及炼金术等非理性议题，这一兴趣一直延续到晚年。

除了学术兴趣的转变，荣格身边的环境也在本书出版时发生了变化。1933年，希特勒当选德国总理，排犹之风日甚，荣格的一些病人和学生是犹太人，他们在这一时期被迫流亡。第二次世界大战开始时，荣格身边又有一些人离开了欧洲，其中包括本书的英译者卡利·贝恩斯。卡利自1921年起来到苏黎世跟随荣格学习，是荣格的得意门生。他曾于1922年与卡利讨论《红书》出版的可能，还请卡利替他誊写增补过的《红书》。除了这本《寻求灵魂的现代人》外，卡利翻译的荣格著作还有《分析心理学文稿》(*Contributions to Analytical Psychology*，1928)和《分析心理学两论》(*Two Essays on Analytical Psychology*，1928)，并整理过荣格的一些讲稿。此外，在荣格的鼓励下，她还把卫礼贤的《易经》和《太乙金华宗旨》德语译本转译为英语。在整个二战期间，荣格和许多人断了联系，在二战结束后才逐渐恢复。虽然这些人的流散意外地让分析心理学在全世界得以普及，但回到当时，这种变故让荣格不得不转变他的研究议题，也让《寻求灵魂的现代人》成为了绝无仅有的明珠。

荣格在本书中的第一个贡献是，提出很多有助于我们认识自身的重要术语。“认识你自己”是一句流传了两千多年的古老箴言——但直到现在，人类对自身的思维规律仍知之甚少。思维由语言构成，被语言限制，认识自我之难，首先在于缺少语言。荣格使用的很多术语，早已成为现代语言的一部分。例如集体无意识、原型、人格面具、内倾、外倾、共时性等，就是由荣格首次提出的。还有一些原本属于精神分析的术语，例如无意识、情结、移情和投射等，则被荣格赋予了新的定义。他用这些术语表达出了创新的观点，拓宽了认识的边界。如今这些词汇常常出现在文学或影视作品里，已被大家熟悉，而关于它们最初的定义，都可以在《寻求灵魂的现代人》中找到线索。

当然，荣格的贡献不限于提供语言，他还为现代人认识自我提供了视角和哲学。除了借助东方思想，荣格还深入非洲与美洲腹地，与当地过着原始生活的原住民待在一起，试图描述他们的生活。这段生活的理论成果，就体现在本书的《原始人》一文中。

在这篇文章中，荣格记录了对非洲原住民（他称之为“原始人”）的心理研究。我们通常认为，现代人比原始人拥有更发达的智力和文明，能相对容易地弄清楚原始人的心理运作机制。然而荣格的结论却令人意外：在心灵的世界里，现代人与原始人并没有那么大的不同。例如在面对“因果链上那些混乱而令人困惑的缺口”时，原始人往往会诉诸巫术，认为“每一件事都是意图的产物”。例如一栋房子被雷劈中，原始人会把这件事解释为“一位巫师使用雷电点燃了这栋房子”。而现代人借助已有的科学知识，已经了解了一些自然规律，知道雷电的原理，所以不会在这件事上犯傻。但若事情复杂到一定程度，现代人也会放弃逻辑思考，选择更简单的解释——阴谋论的盛行就是一例。原始人把意外事件解释为巫师在施展巫术，现代人则把历史上或当代的重大事件归因于某一团体的阴谋。荣格得出结论：“原始人的逻辑性与我们没有差别”，只是“他们的预设与我们不同”。

荣格对原始人的研究，其实是为了映照现代人的心灵。荣格认为，20 世纪西方文明的基本特征就是宗教的式微。在荣格看来，以自然科学为内容的现代教育，只训练年轻人适应外部世界，却没有教会他们如何适应自己，尤其是适应内在心灵的能量。曾经承担这一作用的宗教已经濒临灭绝，于是，现代人因为无法处理自我和心灵的能量而倍感困惑，甚至患上神经症。这就是现代人之所以要寻求灵魂的原因，也是本书书名的立意所在。

荣格说：“人都有非理性的需求，也就是我们所说的精神生活。”人们维持在非理性状态的时间，说不定比保持理性的时间还长。心灵有这样的运作模式——它渴望意义、渴望崇高，又似乎容不下真空——掐断无意识的某一种表达途径之后，到来的绝不是一段只有意识作用的时期，而一定会有另一种表达途径填补原有的位置，继续影响着我们。如果无意识的需求没有得到满足，便造就了“不自在”的个体。不自在的个体构成了不自在的人群，也就构成了现在这个痼疾犹存、各种问题愈演愈烈的世界。荣格指出，解决这些问题就是心理分析的任务。

其实，本书的受众不限于有心理疾病的人，它也欢迎那些在日常生活中感到“不自在”的读者。由于无意识不断地调整着心灵整体的平衡，荣格建议人们聆听无意识的讯息。荣格分析的最终目标是建立一套务实的人生哲学。不过，任何一次关于分析的尝试也可以止于阶段性的成果，例如让某些无意识的内容进入意识并推动生活、对困难处境生出理性的新对策或者迎来升学、就职、结婚、离婚等正面的人生转折。

了解心灵的运作方式，不仅是一种缓解不自在的方法，也是个体改善世界的一种途径。心灵如何运作，我们至今能回答的仍然很少，但这不妨碍你翻开本书，去了解一下荣格——20 世纪最伟大的思想家之一——是如何回答这个问题的。

* * *

本次的新版中译本加了一些对人名、地名及专有名词的注释，希望能让读者有更轻松的阅读体验，也可为后续的拓展阅读提供线索。此外，新版还在附录中收入了荣格在同一时期（1933 年前后）创作的两篇文章，即《心理学对现代人的意义》和《婚姻作为一种心理关系》，它们都使用了海洋和陆地来比喻无意识与意识之间的关系，与《寻求灵魂的现代人》的十一篇文章保持了理论和思路的一致性。这两篇文章作为拓展阅读，能够帮助读者加深对荣格理论的理解。

最后要说的是，虽然译者已对翻译工作尽心尽力，但囿于学识和外语能力，本译作肯定还有提升空间，欢迎诸位读者致信本人邮箱（xuyue. translate@gmail. com）提出批评意见。

徐　说

2022 年元月

第一章

释梦的临床应用

释梦在心理治疗中的应用，至今仍备受争议。许多执业医生发现，释梦是治疗神经症时不可或缺的手段，并认为梦中呈现的心理活动与意识具有同等的重要性。不过，也有一些职业医生否认释梦的价值，认为梦不过是心灵的可有可无的副产品罢了。

很明显，如果一个人认为无意识在神经症的形成中起主导作用，而梦又是无意识的直接呈现，那么他就会认为梦具有治疗意义。但是，如果一个人否认无意识的存在，或者认为无意识不参与神经症的形成，那么他就会认为释梦毫无可取之处。今年是 1931 年，早在半个多世纪前，卡鲁斯①提出了无意识的概念，更早些，在一个世纪前，康德阐述了一个“无法测量的……模糊想法的范畴”，而在近两百年前，莱布尼茨便假设存在一种无意识的心理活

① ［译注］卡鲁斯（Carl Gustav Carus，1789—1869），德国心理学家、画家。荣格认为是卡鲁斯首次指出无意识是心灵的重要基础。

动，更不用说让内[1]、弗卢努瓦[2]和弗洛伊德的成就了——尽管如此，无意识的存在本身依然备受争议，这是多么令人遗憾啊。由于我的目的仅仅是探讨实际治疗中的问题，我无意在此为无意识假说进行辩护，尽管释梦的合理性完全依托于无意识假说的成立与否。如果无意识假说不成立，梦就成了自然的一个奇特产物，是白日琐事留下的记忆碎片的无意义汇聚罢了。如果梦不过如此，接下来的讨论就是无稽之谈了。如果我们想要谈论释梦，就必须先承认无意识的存在，因为我们不只是把梦视为智力的活动，更是把梦当成一种能够用以揭示无意识心理内容的方法，这些无意识心理内容是神经症的成因，对神经症的治疗具有重要意义。那些无法接受无意识假说的人，只能干脆不去讨论释梦的临床应用问题。

不过，从承认无意识假说的角度来看，既然无意识是神经症的成因之一，梦又是无意识心理活动的直接表达，那么分析与阐释梦的尝试从科学上来说就是完全合理的了。尚且不论释梦的治疗作用，它还可以让我们科学地洞见心理因果关系[3]。但是，对于执业医生而言，科学发现

---

① ［译注］让内（Pierre Janet，1859—1947），法国心理学家、精神病学家，与威廉·詹姆斯和威廉·冯特并称为“心理学之父”，擅长解离和创伤性记忆方面的心理治疗。

② ［译注］弗卢努瓦（Théodore Flournoy，1854—1920），瑞士心理学家。弗卢努瓦最出名的是关于精神现象——例如灵媒、幽灵、预感等——的研究。

③ ［译注］心理因果关系（psychic causality），假定无意识心理过程或防御机制是引起梦和口误等日常现象、神经症或精神病的原因。

充其量只是他在治疗领域所做的努力的一种令人满足的副产品。他从不是为了阐释心理因果关系，才在病人身上应用释梦技术的。当然，他可能会从中得出具有治疗价值的科学见地——这时，他就会把释梦当成一项职业义务。众所周知，弗洛伊德学派认为，若想治疗神经症，只需揭示无意识中的诱发原因即可——也就是向病人解释无意识内容，使病人意识到其问题的根源。

眼下，如果我们假定弗洛伊德学派的这种期望是切合实际的，我们就可以专心回答下面这些问题：比如，释梦能否为我们揭示诱发神经症的无意识诱因？释梦是独立实现了这一作用，还是必须与其他方法联合使用？我假定弗洛伊德学派的这一观点已是共识。我本人的经验也证实了他的观点，因为我发现，梦常常毫无偏差地揭示出诱发神经症的无意识内容。而且往往是最初的梦——我是指在治疗刚刚开始时病人所报告的梦。有一个病例对于阐明这一点或许有所帮助。

我曾有一位病人，他拥有显赫的社会地位，却被焦虑和不安全感所折磨。他抱怨说他的头晕有时会严重到让自己恶心的程度，还抱怨感觉脑袋很沉、呼吸困难——这些恰好都像是高山病的症状。这位病人出身贫寒，是一个穷苦农民的儿子，但凭借野心、勤勉和天赋，他在事业上异常成功。他一步一个脚印地向上爬，终于谋得了一个重要职位，这个职位能让他的社会地位有机会发生跃迁。他原本可以从这个职位继续青云直上，却突然得了神经症。讲到这里，这位病人不禁发出了人所常有的感叹，伴着我曾听过无数遍的开头："在这个关键时刻，我却……"他有高山症的所有症状这一事实，与他的处境是高度吻合的。他讲述了在咨询前夜做的两个梦。

第一个梦是这样的："我又一次回到了我出生的那个小村子。一些和我一起上学的乡下男孩在街上站成一排。我从他们前面走过，装作不认识他们。我听到有一个男孩指着我说：'他很少回到我们的村子来。'"不需要任何释梦的技巧，我们就可以看出这个梦暗示了做梦者卑微的出身。这个梦清晰地向他说道："你忘了自己的出身是多么低贱。"

第二个梦是这样的："我正要赶赴一趟旅行，时间很紧张。我四下寻找自己的行李，却怎么也找不到。时间飞逝，火车马上就要开了。终于，我把行李都找齐了。我快步走在大街上，突然发现遗落了一个装着重要文件的公文包，于是又上气不接下气地跑回家，总算找到了那个公文包，再冲回火车站，一路上总感觉怎么使劲都跑不快。我拼尽最后一点力气冲上了月台，却看到火车喷着蒸汽渐行渐远。火车非常的长，而且古怪地以'S'形前进。我突然想到，如果司机一不小心，一到直道上就开始全速行驶，那么后面还在弯道上的车厢就会由于速度太快而翻车。实际上，我还没来得及喊出来，司机便拉下了油门杆。后面的车厢剧烈地晃动起来，竟然真的飞出了铁轨。灾难非常惨烈。这时我惊醒了。”

这个梦也一样，我们毫不费力就能理解它的含义。它描绘了这位病人对于高升的急切狂热。由于身处火车头的司机不顾一切地向前开，后面的车厢便翻了车——这意味着神经症的形成。显而易见，在当前的人生阶段，这位病人已经达到了他的事业巅峰——他以卑微的出身，费力爬上高位，已经精疲力竭了。他本应满足于目前的成就，可是却在野心的驱使下，想要他力所不能及的成功。神经症的出现是一个警示。境遇阻碍了我对这位病人的治疗，我对他的病情的看法也不能令他满意。结果，事情按照梦中预示的那样发生了。他为了谋取一个符合他的野心的空缺职位，而采取了偏离常规的极端手段，最终灾难真的在现实中发生了。从这位病人的口述病史中，我们可以推断出，他的高山症症状喻示着他不能再向上爬了。而他的梦则进一步证实了这种推断，用事故呈现了他的能力已到极限。

此事向我们揭示了梦的一个特征，这是我们在使用释梦技术治疗神经症的时候必须首先考虑的。梦向我们呈现的是反映真实头脑运行状态的场景，而意识是不承认这种状态的，或者只是非常勉强地承认它。病人的有意识自我看不出为何自己不能再稳步前进了；他继续为晋升而奋斗，拒绝承认现实，但后来的事件让这种现实暴露无遗——他已经达到自己的极限了。在这种情况下，如果我们服从意识的支配，就会困惑不断。但是实际上，我们也可以从病人的口述病史中得出相反的结论。毕竟，每一个士兵的背囊里都有一根元帅的指挥棒，很多穷人家的孩子也能取得极高的成就。这位病人为什么就不能这样呢？既然我的判断也不一定对，那么我的猜测为什么就一定比他的更可靠呢？在这个节骨眼上，梦便出场了，它是自发的心理过程的呈现，不受意识的观点所控制。梦把头脑运行的状态真实地呈现了出来。梦既不受我的猜测影响，也不受病人的猜测影响，只是展现出事情的真相。因此，我一直把梦放在和生理现象同样重要的位置上。如果在尿液中检测出了糖，就表示尿里含有糖，而非含有蛋白质、尿胆素或者我猜测的其他东西。也就是说，我把梦视作诊断过程中十分重要的依据。

梦给出的答案往往比我们想要知道的更多，在上述例子中就是如此。梦不仅使我们洞悉了神经症的成因，还为我们提供了预后信息。除此之外，梦还告诉我们应该在何时开始治疗。必须马上停止一意孤行——这正是这位病人的梦对他本人的告诫。

有关梦的忠告就先讨论到这里，现在让我们回到梦能否让我们洞悉神经症成因的问题上。我在上面列举的两个梦都是可以做到这一点的。不过，我也同样能列举出很多不能做到这一点的最初的梦，尽管它们也十分浅显易懂。

此外，眼下我尚不准备考虑那些需要探索性的分析和解释的梦。

问题在于，有一些神经症，我们只有在整个分析结束的时候才能发现其实际成因，也有一些病例，我们即使找到了神经症的成因也无法改善其症状。这使我再次想起了上文提到过的弗洛伊德学派的观点——即若想起到治疗作用，就必须让病人意识到他们的神经症的诱因——这一观点仅仅是对旧的创伤理论的细微改进。当然，我不否认许多神经症都源于创伤性事件；但是，对于所有神经症都具有创伤性根源、无一例外都起源于童年的重要经历的观点，我是持怀疑态度的。这种观点会导致一味追溯原因的思维方式。医生必然会把所有注意力倾注在病人的过往经历上，他会反复追问："其原因是什么？"却忽略了同等重要的问题："其目的是什么？"这样做常常对病人非常有害，因为病人被迫回想——可能会向前追溯数年——直到找出某个记忆模糊的童年事件，而最近发生的、更重要的事件却完全被忽视了。一味追溯原因的思维方式过于狭隘，使我们不能够公正地评价梦与神经症的真正意义。如果一个人只希望从梦里挖掘出神经症背后的成因，那么他的目光就过于狭隘了，因为他忽略了梦的大部分真正贡献。我引用的梦不仅准确地呈现了神经症的致病因素，还明显地提供了预后或者预言，并指示了治疗的时机。此外，我们必须记住，有很多梦并不涉及神经症的成因，而是涉及一些不相关的事情——尤其是病人对医生的态度。我将用另一位病人的三个梦来阐明这一点。这位病人先后找了三位分析师做咨询，每次治疗开始时各做了一个梦。

第一个梦是这样的："我必须越过国界前往邻国，但是，没有人能告诉我国界在哪里，因此我没能找到。"以这个梦开始的治疗没有什么效果，很快就中断了。

第二个梦则是这样的："我必须越过国界。那是一个漆黑的夜晚，我找不到海关。我寻找了很长时间，才发觉远处有一点微弱的光，我估摸边界就在那里。但是要走到那儿，我必须穿过山谷和一片阴暗的树林，随后我在树林里迷失了方向。这时，我发现有个人跟着我。这个人突然扑上来抓住了我，我便吓醒了。"这一次的治疗在几周后也中断了，原因是病人被分析师对她的无意识认同搞得摸不着头脑。

当这位病人被转诊到我手里后，她做了第三个梦。梦是这样的："我必须越过国界，抑或我已经越过了国界。我发现自己身处瑞士海关。我只带了一个手提包，觉得自己没有什么要申报的。但是海关官员把手伸进我的包里，拉出了两个标准尺寸的床垫，这令我大吃一惊。"在我这里治疗的这段时间，她结了婚，不过在迈出这一步的过程中，她遇到了强烈的阻抗。直到几个月后，这一神经症式的阻抗的原因才暴露出来，而这个原因在上述的三个梦里丝毫没有体现——三个梦无一例外地预示了她将在给她治疗的分析师那儿遇到的困难。

这一类型的梦我还能列举许多，但上述这些已足够说明梦有时具有预见性，这时如果还用追溯原因的方式对待梦，它就失去了原本的独特意义。上述三个梦清晰地反映了分析治疗的处境，正确地理解这些梦对达成治疗目的而言极其重要。第一位医生明白了这种处境，把病人转介给了第二位医生。在第二位医生那里，病人自己从梦中得出了结论，决定中断治疗。我对她的第三个梦的解释，也曾令她失望，但是这个梦无疑在鼓励她克服困难、继续咨询，因为她在梦中终于成功越过了国界。

最初的梦总是惊人的明显和清晰。但是，随着分析的推进，梦很快就变得不那么清晰了。如果不是这样，而是始终都很清晰，那么我们就可以肯定，分析尚未触及人格的重要方面。通常来说，在治疗开始后不久，梦的清晰程度便会下降，开始变得模糊。释梦的难度变得越来越大，说实话，其深层的原因便是此时医生已没有能力把握整个形势了。这其实就是真相，所谓的“梦令人难以理解”，只不过是医生的主观看法罢了。并不是梦本身不够清晰，而是当我们理解不了的时候，事物便会显得难以理解、令人困惑。梦本身仍是清晰的——换言之，在特定的情境下，梦本来就是这个样子。如果我们在治疗的后续阶段或者几年之后再回头看这些“难以理解”的梦，我们经常会为当初的无知而感到惊讶。诚然，随着分析的推进，我们会遇到比最初的梦晦涩得多的梦。但是医生不应该武断地认为后来的梦真的是混乱的，或者过于匆忙地指责病人有意抗拒治疗。他最好把这种状况视为是自己越来越不能够理解形势的表现。精神病医生也总是喜欢说病人很“混乱”，但其实，医生本该有能力分辨出这种投射并承认自己的困惑，因为事实就是医生的思维被病人的奇怪举动搅乱了。此外，若想使治疗更为有效，分析师承认自己偶尔也会缺乏理解力是非常重要的，因为病人最受不了的事莫过于总是被人理解。不管怎么说，病人总是能够被理解这种事，几乎完全仰仗于医生神秘的洞察力，这会挑起医生的职业虚荣心，让医生掉进一个危险的陷阱。而病人则会完全依赖医生的自信及其“深刻的”理解力，从而失去对现实的感知能力，还会陷入顽固的移情之中，从而阻碍治愈的进程。

毋庸解释，理解是一个主观的过程。如果只有医生能够理解，而病人不能理解的话，这种理解就是非常片面的。在这种情况下，医生有时会觉得自己有责任说服病人，而如果病人顽固、不听劝，医生就会判定他产生了阻抗。当我单方面地产生了一种理解时，我认为明智的做法是强调我并不能理解。因为相对而言，医生是否理解并不重要，病人是否理解才是一切的关键。真正需要的，是双方在共同思考的基础上达成的共识。如果医生从某种教条立场出发，先入为主地对病人的梦做出诊断，虽然这样的诊断听起来可能符合理论，却得不到病人的认可，那么它就成了片面而危险的。如果诊断有了这样的缺陷，那么从实用性角度上看，它便是不正确的。而且，先入为主的判断会有害于病人真实的发展，从这个角度上来看，它也是不正确的。如果我们试图把一个事实灌输给病人，我们只能影响到他的大脑；但如果我们能在病人成长的过程中，帮助他自己去发现这个事实，我们就能触及他的内心，这种影响是更加深远和有力的。

如果医生依靠片面的理论或先入为主的观点得到了一种解释，他若想借此说服病人并起到治疗效果，就只能寄希望于建议了。至于建议的效果，我们不应该抱有幻想。建议本身并不低级，但是它有严重的局限性，会对病人的人格独立产生极坏的影响。执业分析师应该相信拓展意识领域的意义和价值——我是指，让人格中原本属于无意识的部分浮上意识层面，并让它们接受意识的辨识和批评。这是一项艰巨的任务，既要求病人直面自己的问题，也考验了病人有意识的评价能力和决断能力。这项任务绝对是对道德观的挑战，并需要整个人格严阵以待。因此，从个人发展的意义上说，基于分析的治疗方法比基于建议的治疗方法更加高明。基于分析的方法是一种神奇的魔法，它潜移默化地发挥作用，不对人格施加任何道德判断。而基于建议的治疗方法却只是骗人的把戏，它们与分析疗法的原则相悖，是医生应该避免的。然而，劝说无孔不入，只有当医生深谙它的每一种伪装时，才能避免使用建议。即使在最好的——好得不能再好的——情况下，也不能完全避免无意识的建议。

如果分析师想要避免有意识的建议，他必须把没有得到病人赞同的梦的解读视为无效，并且不断地思考，直到找到一种能使病人赞同的解释。我相信，这是一条永恒的规则，尤其是在处理晦涩的梦时，因为晦涩即说明医生和病人双方都无法理解梦的内容。医生应该把每一个梦都当成一个新的起点——包含未知的信息来源，这些未知情形对医生和病人来说是同等陌生的。当然，医生不应该抱有基于某种特定理论的成见，而应该做好为每一个病例构建一套全新的释梦理论的准备。在这个领域中，医生仍有无数的机会做出先驱性的工作。

认为梦只是被压抑的欲望在想象中的实现，那种观点早已经被抛弃了。诚然，有一些梦确实呈现了被压抑的欲望或恐惧，但是又有什么是梦所不能呈现的呢？梦可以表达不能逃避的真理、哲学宣言、幻觉、狂想、记忆、计划、预期、不合常理的体验、心灵感应的幻象，甚至还有超出我们想象的内容。有一件事我们应当铭记在心——我们一半的生命都是在或多或少的无意识状态下度过的。梦是无意识的特殊表达方式。我们可以将意识称为人类心理的光明领域，与此相对，无意识的心理活动便是人类心理的黑暗领域，我们视之为梦幻般的想象。可以肯定的是，意识不仅包含欲望和恐惧，还包含很多其他的东西，那么无意识心理所包含的内容和生命形态很有可能比意识只多不少，因为意识是集中的、有限的和排外的。

既然如此，我们万万不可缩减梦的意义来迎合有限的理论。我们必须记住，有很多病人都在模仿医生的技术与理论术语，甚至在梦里也会这样做。凡是语言，就存在意义偷换的可能。我们很难意识到自己在多大程度上会被偷换的观念所愚弄，无意识似乎能把医生勒死在自己的理论圈套里。正因为如此，我在释梦时总是会尽量抛开理论。当然，我们不能完全抛弃理论，因为我们需要用理论来赋予事物可以被理解的性质。举例来说，我说梦具有意义，就是基于理论之上的。我无法证明梦在每一个病例中都有意义，因为有的梦是医生和病人都理解不了的。所以，我必须先假设所有的梦都有意义，因此才有动力去处理它们。梦能够拓展意识的知识，如果一个梦没有贡献，那只能是因为它没有得到正确的解释——这同样是一个理论上的说法。只是我必须先接受这些假设，这样我释梦的举动才有了明确的逻辑支撑。换一个角度来说，每一个涉及梦的本质、功能和结构的假说，都只是提供了基本逻辑或规则，必须根据实际情况不断调整。从经验出发总结而来的，都必须不断改进。我们一刻也不能忘记：释梦犹如走在一个变幻莫测的危险之地，在那里，一切都是不确定的。有一句专门针对释梦者的警告——如果它听起来不这么自相矛盾就好了——是这样说的："你做什么都行，就是别试图去理解。"

当我们开始分析一个晦涩的梦时，我们的首要任务不是去理解和解释它，而是谨慎地搞清楚它的前因后果。我想说的并不是从梦中的某个意象出发，漫无边际地"自由联想"，而是从特定意象出发，对其来龙去脉进行仔细的、有意识的阐释。很多病人也必须首先学习这一点，因为他们像医生一样迫切地希望理解梦，并随意进行阐释。当病人从书上或糟糕的分析师那里学会了一些东西时——或者说学错了一些东西时——尤其会这样。他们会按照理论来进行联想，也就是说，他们会试着去理解和解释，因此他们几乎总是陷入困境。他们像某些医生一样，希望能够迅速理解梦的含义，误以为梦就像一个建筑物的正面，真实意义就藏在梦的背后。或许我们可以把梦比作建筑物的正面，但我们一定要牢牢记住：绝大多数建筑物的正面都是一目了然的，它们不会故意误导我们，而是严格遵守建筑方案，经常将其内部构造展露无遗。那幅"清晰的"梦的图纸正是梦本身，梦本来就包括"隐含的"意义。如果我在尿样中检测出了糖，那么它就是糖，而不是一个隐含着蛋白质的假象。弗洛伊德所说的"梦的表象"，其实这种措辞不是指梦本身，而是指出了梦的晦涩性，弗洛伊德的这个说法是他本人对梦缺乏理解的表现。因为我们看不透梦，才会说它有一个虚假的表象。因此，我们最好能够把梦看作一段难懂的文字，它之所以难懂，不是因为被表象掩蔽了，而是因为我们读不懂它。我们首先要做的是学习如何阅读，而不是试图去揭开表象。

正如前文所说，如果我们能搞清楚一个梦的前因后果，就很有可能理解这个梦。只依靠自由联想的帮助是不行的，就好比我们不能用自由联想来破译赫梯语的碑文。自由联想固然能协助我们发掘自己的情结，但是只为了发掘情结的话，我并不需要从梦开始——只要从报纸上随便挑一句话，甚至从“禁止入内”指示牌开始就可以了。如果我们从一个梦出发进行自由联想，当然能够很迅速地使我们的情结浮现出来，但是梦的意义就很难被我们发现了。若要发现梦的意义，我们就必须尽量专注于梦的意象本身。比如，一位病人梦见了一张软木书桌，如果他由此联想到了自己那张非软木的书桌，就没什么作用。梦明白地提到的是一张软木书桌。如果这时做梦者并没有想到什么，他的犹豫不决便说明这一个梦中意象涉及了某些未知的东西，是值得我们怀疑的。我们原以为病人会从软木书桌产生数十种联想，但他却连一种都想不出来，这件事背后一定有原因。在这种情况下，我们应该不停地回到这个意象上来。我对这位病人说：“假设我从不知道‘软木书桌’这个词是什么意思。请你描述一下这个物体，并为我讲述它的由来，尽可能详细，务必让我明白那是怎样一种东西。”这样一来，我们便建立了梦中意象所处的大致环境。当我们这样处理完梦中的所有意象时，就可以试探着进行解释了。

每一种解释都只是假设，就像是在尝试阅读一种不熟悉的文字。单独去看一个晦涩的梦，是很难给出一个确切的解释的，所以，我并不看重对单个梦的解读。当有一系列梦时，我们更有把握能给出正确的解释，因为后面的梦可以纠正我们在处理前面的梦时犯下的错误。此外，当有一系列梦时，我们也更容易辨别出重点内容和基本主题，因此，我督促我的病人们详细记录自己的梦及解释。我也像上文所说的那样，告诉他们怎样用上文所说的方法整理自己的梦，这样一来，他们就可以记录下梦的内容和构成梦的前因后果的素材。在分析的后续阶段，我也会让他们自己来进行解释。如此一来，病人就学会了怎样不依靠医生的帮助来分析无意识。

如果梦告诉我们的只是神经症的诱因，除此之外再无任何信息，那么，我们就可以放心地让医生独立处理它们了。如果我们能够从梦中发现的只有一系列对医生有帮助的暗示和深刻见解，那么，我所讲的这些处理梦的方法也就用处甚微了。但是，正如一些病例所反映的那样，由于梦所包含的不只是对医生有用的内容，所以我们应该专门探讨释梦的方法。有的时候，甚至攸关生死。

这一类病例有很多，其中一例令我印象分外深刻，那是我在苏黎世的一位同事。他略略年长于我，我们时常见面，每次见面时，他都会拿我对释梦的兴趣取笑我。有一天，我在街上碰见他，他对我喊道："你最近怎么样？还在释梦吗？对了，我又做了一个愚蠢的梦。这也有什么意义吗？"他的梦是这样的："我在攀登一座高山，山坡既十分陡峭，又满覆着积雪。我一步一步地向山顶走去——天气好得不像话。随着高度上升，我的感觉越来越好。我心想：'要是能一直这样爬下去该多好！'当爬到山顶时，我感到了无比的幸福和快乐，简直要一步登天了。接着，我发现我真的能登天。我在空中继续向高处走。后来，我在极乐之中醒来。"等他讲完这个梦，我说："我尊敬的先生，我知道你不能放弃登山，但是我恳求你今后不要再独自一人去登山了。你再去的时候，得带上两名向导，你必须以名誉发誓你会跟随他们的引导。""你真是无药可救了！"他大笑着说，我们就此道别。这成了我和他最后一次碰面。两个月后，梦第一次应验了。他独自登山时遇到雪崩，险些被活埋了，但是恰好有一名巡逻兵路过，把他给挖了出来。又过了三个月，一切都结束了。他与一位比较年轻的朋友一起登山，但没有带向导。有一位当时站在低处的登山家亲眼看见，他在攀下岩壁时一脚踩空。他的朋友当时正在下方等他，他正好跌落到他的朋友的头上，两个人一起跌落悬崖，摔得粉身碎骨。这便是"极乐"的终极含义了。

不论受到了多少怀疑和批判，我都不曾把梦视为可有可无的事物。虽然梦时常看起来没有意义，但这明显是因为我们缺少感受力与巧思，读不懂心灵的黑暗领域那谜一般的信息。人的一生至少有一半都在黑暗领域中度过，那里是意识的根源，而无意识贯穿了清醒的生活，如果我们能够理解这一切，就会认识到医学心理学有责任系统地研究梦，以增进我们理解梦的能力。没有人质疑过意识经验的重要性，那么，我们为什么要怀疑无意识事件的重要性呢？它们也是人们生活的一部分，而且不论是好是坏，它们有时甚至比白天发生的一切都更加真实。

梦给出了有关内心世界的秘密的信息，并向做梦者揭示了其人格中的隐匿因素。当这些内容未被发现时，它们会打扰做梦者清醒时的生活，并以症状的形式表现出来。这就意味着，我们单从意识层面入手是不能有效地治疗病人的，还必须彻底改变无意识。就我们目前所知，只有一种方法可以做到这一点——必须彻底地、有意识地同化无意识内容。所谓“同化”，是指意识和无意识内容的相互渗透，而不是——像我们通常理解的那样——由意识头脑对无意识内容进行单方面的评价、解释和歪曲。至于无意识内容的价值和意义，流行的观点是大错特错的。众所周知，弗洛伊德学派是以全然蔑视的态度来看待无意识的，正如他们认为原始人比野兽好不到哪儿去一样。他们的那些关于部落里的可怕老人的童话，以及“婴儿期—堕落—罪恶”的无意识的说教，使人们错误地把无意识当成了洪水猛兽，但是实际上，无意识是很自然的存在。他们难道认为一切好的、合理的、美丽的和值得为之活着的事物都只能存在于意识里?! 难道世界大战的惨状还不足以让我们有所醒悟吗？难道我们还看不出人的意识头脑比无意识更加邪恶和堕落吗？

我近来受到了一些指责，说我关于同化无意识的理论一旦被人们接受，就会摧毁文明、重兴原始，让人们付出无比巨大的代价。这些指责毫无依据，除非错误地假设无意识就是恶魔。这种观念源于对自然和生活真实样貌的恐惧。弗洛伊德创造了“升华”的概念，想把我们从无意识的虚幻魔爪之下拯救出来。但是，真实存在的东西是不能够被提炼升华的，如果有什么东西似乎是能够升华的，那么原本对它的阐释一定是错的。

无意识并非洪水猛兽，而是自然的产物，从道德观念、审美品位和逻辑判断的角度来说，它都是绝对中性的。只有当我们的意识对待它的态度错得离谱时，它才是危险的。而且我们对它的压抑越厉害，它的危险性就越大。但是，一旦病人开始同化那些曾经无意识的内容，无意识的危险性就减弱了。随着同化的进行，人格的分裂渐渐终止，原先导致两个心理领域相互隔离的焦虑也逐渐清除。那些指责我的人所害怕的事——即无意识把意识彻底击败——当无意识被压抑、被排除在生活之外或被误解和蔑视的时候，发生的可能性才更大。

有一个常见的根本性错误：认为无意识内容是非黑即白的，是正面的就永远是正面的，是负面的就永远是负面的。在我看来，这种观点太幼稚了。心灵是一个能够自我调节的系统，能保持平衡状态，就像身体一样。任何偏激的方法都会不可避免地导致补偿性的活动。如果没有这种调节，就没有正常的新陈代谢，也就没有正常的心理状态。理解了这一点，我们就可以理解补偿是心理事件的发生规律。此起则彼落。意识与无意识之间是相互补偿的。这个事实是很容易验证的，它为释梦提供了一条原则。当我们着手释梦时，问这样的问题总是很有效：这个梦为哪些意识内容提供了补偿呢？

尽管补偿可能会表现为满足了愿望的幻想，但它通常会表现为某种现实的状况，我们越是想要压抑它，它就越是真实。我们明白，即使压抑它也无法消灭欲望。梦的内容应该被严肃地对待，就像对待真实发生的事情那样，它应该被视为促进我们的意识观念形成的因素。如果不这么做，我们的态度就会偏向于意识，就会激起无意识的补偿。这样一来，我们就没有希望正确地评价自己，或者在生活中找到平衡了。

如果一个人让无意识指令取代了意识观念——这正是指责我的人眼中最可怕的事——在这种情况下，这个人充其量只是压抑了意识，而且在这个时候，意识会作为无意识的补偿重新出现。这样一来，无意识的样子就会发生

180度的转变。它会变得既胆怯而又通情达理，与原来的风格迥然不同。人们通常并不相信无意识是这样运作的，但是上述的颠倒经常发生，这是无意识的基本功能。因此，每个梦都是信息的来源和自我调节的手段，梦是我们在建立人格时最得力的助手。

无意识本身并未隐藏着爆炸性的材料，而是由于受到了自负或自卑的意识观念的压抑，才变成了爆炸性的。因此，我们更应该重视无意识的这一特性！现在已经很清楚了，为何我会认为在试图释梦之前，要常规性地问这样一个问题——梦为哪些意识内容提供了补偿呢？我认为，梦与意识状态可能具有紧密的联系。我还坚信，如果我们不了解意识状态的话，我们是不可能给出任何确定的梦的解释的。因为只有在了解意识状态的基础上，我们才能判断无意识内容是正面的还是负面的。梦不是脱离于日常生活之外的、独立的心理事件。如果我们对梦的看法不是这样，那只是由于我们缺乏理解而造成的错觉。事实上，意识与梦之间有严密的因果关系，它们通过最为微妙的方式相互作用。

我想举个例子来说明认识无意识内容的真正价值有多么重要。一个年轻人向我讲述了他的梦："我父亲正驾驶着他的新车出门。他开车很笨拙，这种明显的愚蠢让我颇感兴奋。他一路开得东倒西歪，前仰后合，老是闯进死胡同。终于，他撞上了墙，车子损坏得很厉害。我非常生气地吼他，告诉他该注意些。我父亲却哈哈大笑，这时我才发现他早些时候已经喝得酩酊大醉了。”这个梦没有事实作为基础。做梦者确信他的父亲即使是喝醉了，也永远都不会做出那种事。做梦者本人经常开车，但他开车非常小心，饮酒也很有节制——尤其是当他要开车的时候。如果车开得不好，或者车子有轻微的损坏，都会使他感到愤怒。他和他的父亲关系良好。他敬佩父亲是一位非常成功的人。但是，我们不用费力都可以看出，梦中的父亲形象是很差劲的。那么，我们应该怎样从儿子的角度去理解这个梦的意义呢？难道他和父亲只是表面上关系好，这个梦实际上包含着被过度补偿的抵抗？如果是这样，我们就应该认为梦的内容是正面的，我们应当告诉这位年轻人："这就是你与父亲真正的关系。”但是，既然我从这对父子的关系中找不到任何含糊的或神经症的事实，我就没有理由用这种破坏性的结论去使这位年轻人感到痛苦。那样做会损害治疗的效果。

但是，如果他与父亲之间真的是所谓的“父慈子孝”，那么梦为什么要编出一个这么离谱的故事来贬损他的父亲呢？做梦者的无意识制造了这样的一个梦，必定事出有因。说到底，是不是这位年轻人出于嫉妒或者某种自卑感，才对父亲有抗拒心理？在我们开足火力去谴责他的良心之前——面对易受影响的年轻人时，我们总是容易轻率地这样做——我们最好暂且不去考虑他为什么做这个梦，而是问问自己，这个梦的目的是什么？在这个病例中，答案便是：他的无意识试图贬损他的父亲。如果我们把这当成一种补偿，就会自然而然地得出他与父亲的关系不仅很好，而且好得过头的结论。这位年轻人实际上很适合一个法国俗称——“奶嘴男”。他的父亲仍然在很大比例上为他提供生活保障，在我看来，他仍处于一种百端待举的人生阶段。因为“父亲”无处不在，他不能认识自己的风险。因此，无意识才要制造出一种亵渎——它要设法贬低父亲、抬高儿子。我们可能会脱口而出：“这个梦真是有伤风化。”此时，任何一位缺少远见的父亲都会对儿子心生龃龉。但是这种补偿是十分中肯的。它促使儿子将自己与父亲进行比较，这是儿子建立自我意识的唯一途径。

上面的这段解释显然是正确的，它一针见血地指出了问题所在。它赢得了那位年轻人的共鸣，也并没有伤害他对父亲的感情或父亲对他的感情。但是要得到这样的解释，只有在我们用意识所能获得的全部事实对父子关系进行分析之后，才可能做到。如果不了解意识的情况，就无法了解梦的真实意义。

在对梦的内容进行同化时，头等重要的事情是不可以破坏意识人格的实际价值。如果摧毁了意识人格，哪怕是伤害了它，它就无法对无意识进行同化了。我们在承认无意识的重要性时，不要将最底层的翻到最上层去。这只会让我们“才出狼穴，又入虎口”。我们必须保持意识人格的完好，因为这场冒险只有有了意识人格的配合，我们才能从无意识的补偿中获益。当谈及某个内容的同化时，那绝不是一个“非此即彼”的问题，而是一个“彼此融合”的问题。

正如释梦需要掌握关于意识现状的确切知识，对梦中象征的处理也要求我们考虑到做梦者的哲学观、宗教观和道德观。在实践中，明智的方法是不把梦中的象征视为某些具有固定特性的符号或症状。我们应该把它们仅仅当作象征来看待——也就是说，一种尚未被意识认知、未形成概念的事物的表达，这种处理梦中象征的方法在实践中值得提倡，因为从理论上说，确实存在一些相对固定的象征，它们的意义并不涉及任何已知的事物或可以用已存在的概念描述的事物。如果没有这些相对固定的象征，无意识的结构便是完全不可估计的了。无意识中也就没有我们可以把握或描述的内容了。

相对固定的象征，却表示着模糊的内容，我这样说或许让人不大容易理解。但正是这些模糊的内容，将这类象征与简单的符号或症状区分开来。众所周知，弗洛伊德学派的根基是严格的性“象征”；但在我看来，这些象征不过是符号罢了，因为它们只代表性欲，而性欲是一种确定的事物。而事实上，弗洛伊德的“性欲”概念是有弹性的，它非常模糊，模糊到可以包含任何事物的地步。这个词本身很常见，但它却像一个不能确定的变量，它所能代表的事物，下至腺体的生理活动，上至崇高的精神活动。我们错以为如果熟悉了一个词汇，也就了解了对应的事物，但这种武断的观点是不可取的，我更倾向于把象征看作未知事物的呈现。例如，所谓的“阳具象征”，它所表示的就是阳具，而不是其他含义。从心理学上说，阳具就是阳具——克兰费尔德①最近也这样说——是一个象征性的意象，要限定其更广泛的含义并不容易。就像古典时期一样，现在的原始人依然约定俗成地大肆使用阳具象征，但他们从未将作为仪式象征的阳具与男性生殖器混为一谈。他们总是用阳具代指创造性的超自然力量、治愈与繁殖的力量，用赖曼②的话说，就是“异乎寻常的强力事物”。在神话和梦中与之等同的事物，包括公牛、驴子、石榴、女性外阴像、公羊、闪电、马蹄、舞蹈、垄沟中神奇的共生现象和经血，等等，这只是九牛一毛而已。在所有这些意象——和性欲本身——背后的东西，是人们所难以理解的原型性内容，这些内容在心理上的表现，就是原始的超自然力量的象征。在上述每一个意象中，我们都可以看到一个相对不变的象征——即超自然力量的象征——不过尽管如此，我们仍不能断定它们出现在梦中时一定就没有其他的意义。

---

①［译注］克兰费尔德（Wolfgang Müller Kranefeldt，1892—1950），德国精神分析学家，被称为荣格“在德国最好的学生”，与荣格关系紧密。

②［译注］赖曼（Friedrich Rudolf Lehmann，1887—1969），德国民族学家。

出于实践的目的，我们可能需要其他的解释方法。诚然，如果我们想要尽量地依照科学的原则来释梦，就必须为每一个象征找到一个原型。但是在实践中，这种解释方法大错特错，因为考虑到病人的心理状态，最不需要的就是去关注梦的理论了。为了治疗的目的，值得提倡的方法是依照意识的状态去解释象征的意义——换言之，就是不要认为象征的意义一成不变。也就是说，尽管先入为主的观念让我们觉得自己十分博学，但我们一定要完全摒弃它们，转而从病人本身出发去发现事物的意义。当我们这样做时，我们的解释当然不会特别符合某种与梦有关的理论，事实上，它们在理论方面可能差之千里。但是，如果执业医生太过拘泥于固定的象征，就有可能变得例行公事和教条主义，从而满足不了病人的需求。遗憾的是，这里的篇幅不允许我用详尽的细节论证上面的观点，不过我已经在别处发表了解说性的材料，足以支持我的观点。①

正如前文所说，常常是在治疗刚开始的时候，梦会在宏观上为医生揭示出无意识的总体发展方向。但是，实际上，在治疗的初始阶段是不宜把梦的深层意义向病人全盘托出的。治疗的需求也不允许我们这样做。倘若医生拥有深刻的洞察力，那是由于他在相对固定的象征上面经验丰

① ［译注］参见《荣格全集》第Ⅰ卷中《梦的分析的基本层面》（*General Aspects of Dream Analysis*）一篇。

富。这样的洞察力在诊断和预后方面都很有价值。曾有人向我咨询一位年方十七的女孩儿的案例。一位专家认为她得了早期的进行性肌肉萎缩症，而另一位专家认为她患有歇斯底里症。由于第二种诊断，我也被请了过去。临床表现使我怀疑她患有某种器质性病变，但她同时又表现出了歇斯底里症的特质。我问起关于梦的事。病人立即答道："是的，我总是噩梦连连。最近我梦见自己在晚上回到家。家中一片死寂。起居室的门虚掩着，我看见我的母亲吊死在枝形吊灯上，窗户开着，一阵阴风吹进来，她被吹得前后摇摆。还有一次，我梦见夜里听到家中有一个可怕的声音。我前去查看出了什么事，发现一匹受惊的马在屋里左突右奔。最后，它由门进入大厅，又跳出了大厅的窗户，从四楼坠落大街。我看见它血肉模糊地躺在街上，心中感到恐惧。"

这些梦暗示死亡的方法足以令人深思。不过很多人都会时不时地做焦虑的梦。所以，我们必须更仔细地考察"母亲"和"马"这两个显著象征的意义。这两个形象必然是等价的，因为两者的行为相同——都自杀了。"母亲"的象征是原型性的，意指起源的地方，也意指大自然、被创造的事物，因此也指实体和物质、物质自然、下半身（子宫）以及植物神经功能。它还联系着无意识、自然而又本能的生活、生理领域、我们所居住的或把我们包含其中的身体，因为"母亲"也是一个器皿、一个容器（子宫），因此，它还表示意识的基础。在某物之内，或被某物所包围，则暗示着黑暗和夜晚——这是一种焦虑的状态。这些暗示的内容，皆来自“母亲”的概念在神话和语源学中的诸多变形；我还认为，“母亲”也包含着中国哲学的“阴”的重要概念。这一切皆是梦中的内容，但它们并不是一个17岁的女孩儿在个人生活中能通过体验得知的；相反，它们是来自过去的遗赠。一方面，它们活跃在语言之中，另一方面，它们也伴随着心理结构代代相承，因此，存在于所有时代的所有人心中。

表面上，“母亲”这个熟悉的字眼特指众多母亲中我们最了解的那位——“我的母亲”。但是“母亲”的象征却具有一个更加黑暗的含义，它无法用概念描述，只能模糊地理解为隐匿的、受自然约束的肉体的存在。可即便是这样的表达，也太狭隘了，扔掉了很多休戚相关的附加意义。隐藏在这个象征之下的心理事实复杂得难以想象，所以我们必须拉开距离才能看见它，但是一旦拉开了距离，它也就变得模糊了。正是这一类的心理事实，才需要用象征的方式来表达。

如果我们用我上述的发现来分析这个女孩儿的梦，梦的意义便是——无意识的生命会毁灭自己。梦想要向做梦者的意识头脑、对所有听到这个梦的人所传达的信息，就是如此。

“马”是一个广泛存在于神话与民间传说中的原型。

马这种动物，代表着非人的心灵、次于人类的动物的一面，因此它也代表了无意识。所以，在民间故事中，马有时能够看到异象、听到声音并开口说话。作为一种承重的牲口，它与“母亲”的原型有着密切的关联——女武神瓦尔基里把逝去的英雄驮回瓦尔哈拉殿堂去，希腊人藏在特洛伊木马里面。作为一种比人类低等的动物，“马”代表着下半身及从下半身萌生的动物性驱力。“马”是动力，是运输的手段，它能将人卷走，像本能的涌动一样。“马”容易受惊，就像所有依靠本能、缺乏更高级的意识的动物一样。“马”还与巫术和魔咒有关——尤其是夜间的黑马，它预示着死亡。

很明显，除了一些细微的意义差别，“马”是“母亲”的等价物。“母亲”代表了生命的起源，“马”则代表了身体的动物性。如果我们使用这个意义来分析，那么这个梦在说：“动物性的生命会毁灭自己。”

这两个梦做出了几乎相同的断言，但是就像通常的情况一样，第二个梦的意义更加明确。两个例子都体现出了梦独特的微妙之处——没有提及做梦者个体的死亡。众所周知，人们经常会梦见自己死去，这没什么大不了的。但当真正涉及死亡的问题时，梦就会换一种话语。所以，这两个梦都指向了严重的，甚至致命的器质性病变。这一预测旋即被事实证实了。

至于相对固定的象征，这个病例已经清楚地传达了它们的总体特性。这样的象征有很多，它们在不同的案例中有细微的意义差别。唯有通过对神话、民间传说、宗教和语言学的比较研究，我们才能科学地限定这些象征。人类心理所经历的不同进化阶段，在梦中比在意识中更加清晰可辨。梦用意象的语言表达着本能，而本能则起源于自然最原始的层次。意识很容易叛离自然规律，但是意识能够通过同化无意识内容，重新与自然规律和谐共处。通过促进同化过程，我们便得以引导病人重新发现生命中的规律。

在有限的篇幅中，我无力处理关于这个主题基本原理之外的内容。我不能够当着你们的面，以对无意识素材进行的每一次分析为砖瓦，垒砌一座以整个人格的重建为封顶的大厦。持续不断的同化所起到的作用，远远超过了医生所尤其关心的治愈作用。它最终将抵达一个遥远的目标（这个目标或许是生命的第一推动力），使整个人类的自我得以实现——也就是自性化。作为医生，我们无疑率先科学地观察到了这些暧昧不明的自然过程。不过，我们通常只能看到这一发展过程的病理阶段，疾病一旦治愈，我们就无法继续观察了。但是，只有在治疗起效后，我们才能研究正常的发展过程，这是一个历时几年乃至几十年的任务。如果我们想要了解无意识的心理发展的方向，如果我们要从病理阶段之外获得对心理的洞察，我们应该更加清楚地了解梦所揭示的心理过程，更清楚地认识象征所表示的意义。在我看来，每一个医生都应该意识到，全部的心理疗法，尤其是心理分析，都多少是一种进入有目标的持续发展状态的方法，并可以据此排除那些看起来与此相悖的阶段。既然每一次分析本身只能揭示深层发展过程的某一部分或某一方面，那么，强词夺理的对比分析只能导致令人绝望的混乱。因此，我宁愿只去探讨这个主题的基础知识，考虑其在实际中的应用。只有真实地触及事实本身，我们才可能达成圆满的共识。

第二章

现代心理治疗中的问题

心理治疗，或用心理学的方法来治疗心理问题，如今在公众眼中与“精神分析”画上了等号。“精神分析”这一词汇已被公众普遍接受，以至于每个人提到它时都好像对它的含义了如指掌，但是实际上，门外汉们对它的确切含义不甚了了。

根据这一词汇的发明者弗洛伊德所说，“精神分析”只适合用来描述他独创的方法，即从某些被压抑的冲动的角度出发，来解释精神症状。由于这种技术是由一种生活态度发展出来的，所以“精神分析”这一概念包含着某些理论假设，包括弗洛伊德的性理论。精神分析的创始者明确强调了这一定义。尽管弗洛伊德是这样说的，但是，门外汉们还是把“精神分析”的概念扩展到了现代所有用科学方法探索精神世界的尝试上。因此，阿德勒学派也被贴上了“精神分析”的标签，尽管事实上阿德勒的观点和方法与弗洛伊德的截然不同。由于这些不同，阿德勒本人并不把自己的学说称为“精神分析”，而是称之为“个体心理学”，我则倾向于把我自己的方法称为“分析心理学”。我希望，“分析心理学”这一术语能够代表一个总的概念，可以囊括“精神分析”“个体心理学”和本领域中的其他成果。

既然人人都有精神世界，门外汉们可能会觉得心理学是唯一的，并因此认为各个学派之间的分歧要么是主观的狡辩，要么是碌碌之辈为了出人头地而进行的平庸的伪装。我轻而易举便能列举出多种“心理学”，包括除了“分析心理学”以外的一些体系。事实上，之所以有很多彼此矛盾对立的方法、立场、观点和信念，其背后的主要原因是它们之间不能互相理解，因此，任何一者都不肯承认另一者的合理性。当今时代，心理学理论的多面性和多样性达到了惊人的程度，而且无法对之进行综合评述，这当然会使门外汉们摸不着头脑。

当我们在病理学教科书里读到针对同一种病的两种迥然不同的疗法时，我们会很自信地推测这两种疗法都不会太灵验。同样，当多种多样的心理研究方法都受到推荐时，我们会确信任何一种方法都不能百分百地达成目标，尤其是那些受到狂热追捧的方法。当今究竟有多少种“心理学”呢，谁也说不清楚。我们渐渐认识到了了解精神世界的困难性，况且，用尼采的话说，精神世界本身就是一个“让人满头包”的问题。所以，要解开这个难以捉摸的谜题要求我们付出加倍的、面面俱到的努力，便不足为奇了，而我在上文提到的诸多矛盾对立的立场和观点，便是其不可避免的结果。

读者一定会同意，在讨论“精神分析”时，我们不应该局限于其狭隘的定义，而应该全面地包含当代人在尝试解决心理难题时所获得的经验与教训——我们可以将这些尝试都囊括在“分析心理学”的概念之中。

另外，公众为什么会突然对体验人类心理如此感兴趣呢？几千年来从没有发生过这种事。我只是想提一下这个看上去无关痛痒的问题，并不想回答它。其实，这个问题并非无关痛痒，因为这种兴趣是多种当代运动的基础，比如，神智学[①]、神秘主义和占星术，等等。

门外汉们的“精神分析”概念所包括的一切内容，都来源于医学实践，而且其中大部分是医学心理学的实践。它带着医生诊疗室的明显痕迹——这一事实不仅明显地体现在这一术语的构成上，也体现在它的理论框架中。我们能看到，医生不断地从自然科学，尤其是生物学中借鉴一些假设。这一事实在很大程度上导致了现代心理学与哲学、历史学和古典时期的学问等学术领域之间的敌对。现代心理学是建立在实证基础之上的，与天性的联系十分密

① ［译注］神智学（Theosophy），产生于19世纪末，主要创始人是俄裔美国人海伦娜·布拉瓦茨基（Helena Blavatsky）。其本质是一种宗教，相信有一个古老而神秘的组织正在恢复一种曾经传遍全球的古老宗教，并相信存在着唯一的神。

切，但学术研究却是根植于逻辑思维的。天性与逻辑之间有着难以逾越的鸿沟，而这一鸿沟又被医学和生物学的术语进一步扩大，这些术语有时的确具有实用价值，但是在更多的时候，它是我们善良愿望的沉重负担。

考虑到现存的概念的混乱性，我觉得进行上面的这样一段总论是有必要的。现在，我要开始解决手头上的任务，来探讨一番分析心理学的实际成就是什么。由于这一术语所包含的多种尝试具有异质性，很难找到一个能包容一切的立场。如果我以这些尝试的目标和结果为依据，将它们划分为某些类型抑或是不同的阶段，我对这样的做法是持保留态度的。我认为这充其量只是权宜之计罢了，我也承认它就像一位测量员用三角测量法来获得一个国家的面积一样随意而武断。尽管如此，我还是斗胆将所有的成果分为四个阶段——告解（confession）、解释（explanation）、教育（education）和转化（transformation）。接下来，我就要着手论述这些少见的术语的含义了。

任何一种分析疗法，最初都可以追溯到它的原型——告解。不过，这两种做法并没有直接的因果关系，而是起源于共同的心理根源，所以，外行很难一眼就看出精神分析的基础与告解这一宗教习俗之间的关系。

一旦一个人能够理解罪恶的概念，他便开始依赖于精神上的遮掩了——或用分析的术语说，压抑就出现了。被隐藏的东西就是秘密。保有秘密就像服用一剂精神毒品，使秘密的保有者与集体疏离。小剂量的毒品可能是无价的良药，甚至是个体分化的必要准备。这是一个事实，所以即便在原始时期，人类就感受到了一种无法抗拒的制造秘密的需求；人们保有的秘密使得他们免于消融在集体生活的无意识之中，也因此免于遭受致命的心理伤害。众所周知，许多古代的神秘宗教及其秘密仪式，都是为满足分化的本能而存在的。在基督教早期，甚至连基督教的圣事，比如洗礼，都被看作是神秘的，要在密室里举行，在提及时也要用隐喻的说法。

尽管少数人分享一个秘密大有益处，一个纯粹私人性的秘密却具有破坏性的影响。它就像原罪的重担，阻断了这位不幸的秘密保有者与同伴之间的联系。但是，如果我们能意识到自己遮掩的是什么，那么造成的损害就会小于我们不知道自己在压抑什么的情况——甚至连压抑的存在都不知道的情况。在后一种情况下，我们不只是有意识地使某一内容不为公众所知，还把它藏在了我们自己都不知道的地方。于是，它从意识中分离出来，变成一个独立的情结，独自存在于无意识之中，既不能被意识头脑所纠正，也不能被干涉。这样一来，这个情结就成为心理上的一个自主部分，经验表明，它会衍生出一种独特的虚幻生活。我们所说的幻想，只不过是自发的心理活动，每当意识头脑的压抑作用稍一放松或者停止的时候，比如在睡觉的时候，幻想就浮现出来。在睡觉时，这一活动便以梦的形式表现出来。此外，在清醒的时候，我们也还在意识的阈限之下做着梦，特别是在受到压抑的、无意识的情结控制的时候。顺便一说，无意识内容并不只有一种来源，并不是有意识的内容受到压抑后才变成了无意识情结。无意识有自己独有的内容，它们从心灵深处慢慢地上升，最终进入了意识。因此，我们绝不应该把无意识简单地描绘成一个收纳被意识丢弃的内容的容器。

所有的心理内容，不论是从深处上升到了意识的阈限之上，还是从意识中下沉到了阈限之下，都会对我们的意识活动造成影响。既然这些内容本身是无意识的，其影响必然是间接的。我们大多数的口误、笔误、记忆错误和其他类似的失误，以及神经症的全部症状，都起源于这种影响。它们几乎总是由心理的缘故而产生，不然就是炮弹爆炸或其他原因而造成的惊吓。最轻微的神经症就是上面提到的那些“失误”——口误、突然忘记名字或日期、意料不到的笨拙导致的损伤或事故、对他人的动机或听到和读到的东西的误解，以及所谓的“记忆幻觉”，即我们错误地认为自己曾说过或做过某件事。如果仔细调查这些情形，都会发现有某些内容用一种间接的、无意识的方式扭曲了意识的功能。

因此，总的说来，一个无意识的秘密比一个有意识的秘密更为有害。我看到过很多病人囿于生活困境，天性脆弱一点的人可能就被逼得自杀了。这些病人有时也有自杀倾向，不过由于天生理智，他们不允许自杀的愿望进入到意识中。但是，这种愿望活跃在无意识之中，并造成各种各样的危险事故——例如，面对飞驰而来的汽车时突然晕倒或者手足无措，把氯化汞当成咳嗽药水吞下去，或者突然热衷于表演危险的杂技动作等。如果能够意识到自杀倾向，常识就可以有效地干预它，那么，病人就能识别并避免那些诱使他们走向自我毁灭的情形。

众所周知，每一个个人的秘密都起到了原罪的效果或引发了罪恶感——不论这个秘密从流行的道德立场来看是否正当。既然隐藏的另一种形式便是“克制”——其克制的内容通常是情感。就像秘密一样，此处我们也必须给出一个限制条件——自我约束是有利于健康、能使人获益的，它甚至是一种美德。正因为如此，我们认为自律是人类最初的道德造诣之一。在原始人之中，自律是入会仪式①的一部分，主要采取的形式有禁欲及忍耐疼痛和恐惧。不过，这样的自我约束发生在秘密社团里，是一件与他人一起完成的事情。如果自我约束只是私人的事情，并且可能与任何宗教无关，它就可能像个人的秘密一样有害。这类的自我约束，导致了我们所熟知的道德卫士的丑陋心境和暴躁易怒情绪。被克制的情感也是我们隐藏的东西——

① ［译注］入会仪式（initiation rites，or initiation ceremonies），传统社会中的一种仪式，经过这一仪式后，人们正式成为群体或社会中的一员，通常标志着成年。

我们可以隐藏得连自己都骗过——男人尤其擅长这门艺术，而女人除了极少数例外，天生就不愿意做这种事去伤害她们的情感。当情感被克制时，极易使我们孤立、烦恼，并满怀负罪感，就像无意识的秘密那样。如果我们拥有一个不为人知的秘密，自然就会对我们表现出恶意；与此相同，如果我们在同胞面前克制了自己的情感，自然也会对我们怀恨在心。自然无疑是痛恨此类隔绝的，从长远来看，没有什么比克制情感所造成的不冷不热的人际关系更令人无法忍受了。被压抑的情感往往是我们想要保密的那些。但是，这些秘密常常并不是什么秘密，它们是可以倾吐的情感，只是由于在某些重要时刻受到了抑制，才变成了无意识的。

有一种神经症很可能是因为秘密占据了支配地位而造成的，而另一种则是由于被约束的情感占据了支配地位而造成的。那些对情感不曾有一丝掩饰的歇斯底里症患者，大都是秘密的保有者，而那些顽固的精神衰弱症患者，往往会因为不能领会自己的情感而苦恼。

持有秘密和约束情感都是不良的心理现象，最终自然会让疾病来拜访我们——我是说，当我们一个人持有秘密或约束情感的时候。但是，如果我们是与他人一起做这些事情的，就是顺应自然的，甚至可以算得上是美德。自我约束只有在独自实施、只面向自己时才是有害健康的。似乎人类有不可剥夺的权利，要去发现他的同胞身上的阴暗、残缺、愚蠢和罪恶的一切——我们为了保护自己，当然要把这些事情当作隐私。但是在大自然眼中，隐瞒我们的缺陷似乎是一种原罪——和完全卑劣地活着不分上下。人类似乎有一种良心，如果一个人没有在某些时刻以某种方法、不惜一切代价地停止为自己辩护，承认自己会犯错误、具有人性的话，便会受到这种良心的惩罚。在他这样做之前，会有一道密不透风的墙挡在他眼前，使他无法感受和体验到自己是芸芸众生的一员。从这里我们发现了诚恳的而非陈词滥调的告解的重大意义——古代的所有入会仪式和神秘宗教都包含着这个意义，用希腊神话中的一句谚语来说便是："有舍才有得。"

我们也许最好把这句话当作心理治疗初始阶段的座右铭。事实上，精神分析的开端在本质上就是以科学方法重新发现一个古老的真理，最早的一种治疗方法被取名为"宣泄疗法"[catharsis，又名"净化"（cleansing）]，这一名称来自希腊的入会仪式。早期的宣泄疗法，不论是否用催眠术辅助，主要是使病人接触到其精神世界的僻静之处——也就是东方的瑜伽体系称为"冥想"或"静观"的那种状态。但与瑜伽练习的冥想不同，精神分析的目标是观察那些模糊的内容——无论它们表现为意象还是感情——它们从无意识心理中自发地形成，会自发地呈现在一个内观的人的意识之中。这样一来，我们可以重新发现那些被我们压抑或遗忘的东西。这样做可能会令人痛苦，但这本身就是一种收获——因为那些低级的，甚至一文不值的东西也是我们的一部分，并作为我们的影子，给我们以实体和质量。如果我们不能投下影子，我们怎能算得上是实体呢？如果我们想完整，我们必须有阴暗面；而且只要我们能意识到自己的阴暗面，我们便能记住自己同别人一样是个凡人。不论如何，如果我们这样做了而没有告诉任何人，这种重新发现会使我们完全回到患神经症或者情结分裂之前的状态。若把这当作私人的事情，我们只能得到部分治愈——因为我们仍处于一种孤立的状态。只有借助于告解，我们方能投入人性的怀抱，并最终从道德败坏的沉重负担下解脱出来。宣泄疗法的治疗目的是彻底的告解——不仅是在理智上承认事实，还要用心灵肯定事实，并真正释放出被压抑的情感。

不难想象，这样的告解对个体具有深远的影响，其治疗效果常常是惊人的。然而，我不想说这一阶段的心理治疗的主要成就是它能治愈一些病人。我想让人们注意的，是我在有意强调告解的重要性。这一点正中我们的要害。因为我们都被自己的秘密以某种方式撕成了碎片。我们的告解无法在自己与他人间的鸿沟之上搭起一座桥，而是一条充满了欺骗和幻觉的旁门左道。不过，话虽这样说，我并不是在宣布一个普遍的准则。因为对于那种滥俗的互相进行原罪告解的低劣品味，怎样的谴责都不为过。心理学所能确定的事实仅是这样的：我们所处理的是一件精巧的事情。我们不能直接地或者就事论事地处理它，因为它给我们提出的问题有着出其不意的“尖角”。对下一个阶段——解释——的讨论，能够更好地说明这一点。

很显然，如果宣泄疗法能包治百病，那么新兴的心理学就会停留在告解的阶段上了。重点是：宣泄疗法并非总是能把病人引领到离无意识足够近的地方，使他们觉察到阴影。事实上，有许多病人，多数是复杂的、意识强烈的那一类人，他们深深地扎根于意识之中，没有什么能够使之松动。当医生试图把意识推到一边时，他们往往会产生最激烈的阻抗；他们希望与医生谈论那些自己能够完全意识到的事情——使自己的困难变成纯概念性的，再就之进行讨论。他们说自己要坦白的东西已经够多了，不必为了告解而去求助于无意识。对于这样的病人，医生需要一套完备的技术来引导他们接近无意识。

这一事实从最初就严重限制了宣泄疗法的运用。接下来会提到另一个限制，关于这个限制的讨论将把我们直接引向第二个阶段——解释阶段——的问题。试想，在某个案例中，医生使用了宣泄疗法，所要求的告解已经发生——然后神经症消失了，至少症状是没有了。单从医生的角度说，这位病人就算是治愈了，可以走了。但是病人——尤其是女病人——却走不了。由于告解的举动，病人似乎与医生难舍难分了。如果这种看似毫无意义的依赖被强行斩断，旧病就会复发。

在另一些病例中，则没有形成这种依赖，这既奇怪，又很有意义。从表面上看，病人走的时候已经被治愈了——可是他被精神世界的深处所吸引，所以自己使用着宣泄疗法，但付出的代价是无法适应生活。他是与无意识——他自己——拴在了一起，而不是与医生。显而易见，他有着和忒修斯（Theseus）与同伴皮瑞苏斯(Pirithous)[①] 同样的经历，此二人下到地狱里，要把地狱的女神带回来。走得累了，便坐下来休息一会，却发现自己长到了石头上，无法起身。

若遇上这些奇怪而又出人意料的事情，就必须向病人进行解释，此外，像我之前提到的那些不适用于宣泄疗法的病例，也必须用解释的方法来处理。尽管这两类病人明显有很多不同之处，但是他们的相同点便是需要进行解释——正如弗洛伊德所说，这就是固着（fixation）的问题出现的时刻。在使用过宣泄疗法的病人身上很容易看到固着，在那些依赖医生的病人身上则表现得尤为清晰。在催眠治疗中也可以观察到与之类似的不良后果，但是我们并不了解这种依赖的内在机制。现在看来，这种令人困惑的联结特别像孩子和父亲的关系。病人变得幼稚且不独立，甚至无法用理智和洞察力来保护自己。固着有时强得惊人——强得让人怀疑是否有一股不凡的力量在驱动着它。

---

① ［译注］忒修斯，古希腊神话中的雅典国王；皮瑞苏斯是忒修斯的好友。

但是，移情的过程是无意识的，所以病人无法提供关于它的任何信息。我们显然遇上了一个新症状——一种由治疗直接引发的神经症形成了。于是产生了这样的问题——该如何克服这个新困难？这种状况有一种不会弄错的明显标志：对父亲意象的记忆及其感情特点都被转移到了医生身上。不管后者是否愿意扮演父亲的角色，病人都会陷入一种幼稚的关系。当然，他并不是因为这样的关系才变得幼稚，在他身上一直有一些幼稚的东西，只不过被压抑了。现在，幼稚浮上了表面，而且——由于重新找到了失去已久的“父亲”——他还会想要重建童年时期的家庭环境。弗洛伊德将这一症状恰当地命名为“移情”（transference）。当然，对帮助过你的医生产生一定程度的依赖，是正常且可以理解的。倘若移情异常顽固而又不能被意识所纠正，才是不正常和出乎意料的。

弗洛伊德的突出成就之一，是解释了这种联结的本质——至少是从人们个人发展经历的角度——并因此为心理学知识的关键进展扫清了道路。现在人们已经确信这种联结是由无意识的幻想导致的。这些幻想基本具有一种被我们称为“乱伦”的特性，这似乎足以用来解释为什么这些幻想总是停留在无意识之中，甚至最彻底的告解也无法使它们显露出来。尽管弗洛伊德总说乱伦的幻想是被压抑才进入到无意识中的，但进一步的经验告诉我们：在许多病例中，它们从未进入过意识，或只是以最晦涩的形式被感知到了——因此，它们并不是被有意地压抑了的。最近有很多研究似乎表明，乱伦的幻想通常是无意识的，并一直保持无意识的状态，直到分析治疗把它们拖到意识层面。我的这些话并不是说把它们从无意识中拖出来是违背自然的，我们当然应该避免违背自然；我只是想说，这一过程几乎像外科手术一样激烈。但是这是不可回避的，因为分析的过程诱发了不正常的移情，我们只能通过揭示乱伦的幻想，才能处理移情。

宣泄疗法能使自我重新获得那些可以进入意识的、原本就属于意识的内容，而消除移情的过程却使人们意识到了那些因为性质有问题而无法进入意识的内容。这便是告解阶段与解释阶段最主要的区别。

我们已经讨论了两类案例，一类是不适合使用宣泄疗法的病人，另一类是能被宣泄疗法治愈的病人。此外，我们刚才又讨论了那些以移情的形式发生了固着的病人。除了这些病人之外，我们还提到了那些没有对医生产生依赖，而是对自己的无意识产生了依赖的人，他们陷在无意识中，就像被缠入了一张网。在这些案例中，父母的意象没有被投射到某个人身上。它被看成一种幻想，但是它有与移情一样的吸引力，并造成同样的依赖。

有的病人不肯毫无保留地接受宣泄疗法的治疗，这可以用弗洛伊德学派的研究来解释。我们可以看出，早在看医生之前，他们就已经把自己与父母等同了，并从这种等同中获得了权威力量、独立性和决策力，使他们能够顺利地抵抗治疗。他们大多是一些受过教育的、与众不同的人。当其他人成为无意识里的父母意象的受害者时，这些人却能够在无意识中将自己与父母等同，并从中汲取力量。

在遇到移情的问题时，我们只借助告解的帮助是行不通的。正是这一点促使弗洛伊德对布洛伊尔①原创的宣泄技术进行了根本性的革新，使之成为他所称的“解释的方法”。这是必要的一步，因为移情所带来的关系非常需要解释。门外汉们很难理解其重要性；但是一位猛然被带入不可理解、异想天开的观念之中的医生，会觉得这是一目了然的。他必须向病人解释移情——即向病人解释他对医生产生的投射。病人自己是不知道投射了什么的，因此，医生只好将他从病人身上发现的幻想碎片呈现给病人。而首先提供了这种重要素材的，是我们的梦。在调查那些为我们的意识立场所不容而受到压抑的欲望时，弗洛伊德通过梦来探索这些欲望，并在这一过程中发现乱伦的内容，我在前面也提到了乱伦内容。当然，乱伦内容并非此次调查所得到的唯一素材；他还发现了人性具有的一切污秽——其实每个人都知道，要是想给它们列一个粗略的清单，怕是一辈子也列不完。

---

①［译注］布洛伊尔（Josef Breuer，1842—1925），奥地利医生，著名案例安娜·欧（Anna. O）的主治医生，是精神分析的奠基人。

弗洛伊德学派最终的解释方法是对人的阴暗面进行详尽的阐释，这是前所未有的。它是人们所能想象出的最有效的方法，并打破了所有对人性的理想主义幻觉。因此，弗洛伊德及其学派受到了各方面的激烈反对，也就不足为奇了。有些人根深蒂固地相信幻觉，我们对他们就不再抱有期望了；但我坚信在反对者之中，相当一部分人反对的是解释的方法，他们对人的阴暗面不存在幻想，但却反对只从阴影面去片面地刻画人类。毕竟，根本问题不在于阴影，而在于投下阴影的实体。

弗洛伊德的解释方法基于“还原性”的解释，它不断地带领来访者向后回溯、向下深究，但如果过度、片面地运用它，就会起到破坏作用。尽管如此，心理学还是从弗洛伊德的开拓性工作那里受益匪浅，它知道了人性有黑暗的一面，而且不只是人性，人的作品、习俗和信念都是如此。就连我们最纯洁、最神圣的信仰都可以追溯到一个粗糙拙朴的源头。这种看待事物的方法有其合理性，因为一切生命有机体的发端都是简单而低下的，正如大厦始于基石。有思想深度的人不会否认，所罗门·雷纳克[①]用原始图腾的术语来解释《最后的晚餐》（*I'ultirnd cena*），是非常有意义的；他们也不会否认希腊神话包含了乱伦的主题。要从阴暗的一面去解释光芒四射的事物，再通过某种

---

① ［译注］所罗门·雷纳克（Salomon Reinach，1858—1932），法国考古学家。

手段把它们拉回迂腐污秽的起源处，这是很痛苦的——这一点毋庸置疑。但是在我看来，若说从阴暗面去解释有某种破坏性作用，也不过是白玉微瑕罢了。我们之所以对弗洛伊德学派的解释感到恐惧，完全是因为我们自身的野蛮或幼稚，因为我们相信具有高度的事物不必有其相应的深度，并对物极必反的“终极”真理视而不见。我们的错误在于，我们以为光芒四射的事物一旦从阴暗面去解释，就不复存在了。这是一个可悲的错误，连弗洛伊德本人也犯了这个错。因为，阴影是光芒的一部分，就像有善必有恶，有恶必有善。所以，我虽震惊于我们西方暴露出来的幻觉和狭隘，但我并不懊悔；相反，我欢迎这种暴露，并赋予它不可估量的意义。这种暴露就像是钟摆从一极摆向另一极，而历史时常这样摆动，以使事物重新归位。它迫使我们接受当代哲学的相对论，类似于爱因斯坦所阐述的数理相对论，哲学相对论是遥远东方的一条基础性的真理，我们还看不出它对我们有何终极影响。①

对我们的行为影响最小的便是逻辑观点。但如果一种观点是精神体验的表达，并在地理上相距甚远、历史上缺乏联系的东西方都取得了成果时，我们就得仔细研究一下

① ［译注］数理相对论的基础思想是：若要判断一个物体是静止还是运动，必须先确定一个参考系，选择的参考系不同，物体的运动状态便不同。这里提到的东方的哲学相对论，可能是指佛教中的事物之“实相”“虚相”的概念，我们往往看不到事物的实相，只可看到虚相，改换视角便可以看到不同的虚相。

它了。因为这样的观点背后的力量超越了逻辑公正和道德制裁，这些力量总是比人和人的头脑更强。人们相信是自己浇铸了这些观点，但实际上是观点浇铸了人，并不知不觉地使人成为它们的代言人。

现在，我想谈一谈解释过程在固着的问题上所起的作用。当病人发现移情来自一个阴暗的起源时，他就意识到了自己与医生的关系是不健康的，他必然会看出自己的要求是不合时宜的、幼稚的。如果他曾因为权威感而把自己看得很高，现在他就会从较高的位置挪到更加恰当的位置上，并接受不安全感，这其实是有益健康的。如果他曾对医生持有幼稚的要求，现在他就能认识到一个不可避免的真理，认识到对别人持有要求是一种幼稚的自我放纵，必须加强自我责任感来取而代之。具有洞察力的人能够自己做出道德判断。认识到自己的缺陷之后，他会把这一认识当成防御的方式，他将投入生存斗争当中，在逐渐进步的工作和经历当中，消耗掉那种使他顽固地执着于童年乐园，或起码是让他对童年乐园恋恋不舍的力量。对自身缺点的正常的适应和容忍，将成为这个人的主要的道德原则，他会试着把自己从多愁善感和幻想中解脱出来。这必然会导致他背离无意识，背离弱点和诱惑的来源——那是道德崩溃和社会失败的所在。

现在病人所面临的问题，是如何受教成为一个社会性的人，至此我们便进入了第三个阶段。在道德方面很敏感的人有足够的动力使自己前进，他们只要洞悉自己就足够了；但是，对于那些没有道德价值观的人而言，只洞悉自己是不够的。如果没有外在的必要刺激，自我认识对他们来说是不够的，哪怕他们对分析师的解释深信不疑——更不用说那些只是有所触动却始终对之将信将疑的人了。后一种人是精神上循规蹈矩的人，他们掌握了“还原性”解释这一真理，却无法接受它，因为它会破坏他们的愿望和理想。在这类案例中，仅有洞察力是不够的。解释的方法有一个缺点，即它只对敏感的人奏效，敏感的人可以通过对自己的理解独立地做出道德判断。诚然，我们用解释的方法可以比单纯的告解走得更远，因为它至少可以训练头脑，并借此唤醒沉睡的力量，这种介入是很有帮助的。但是至此仍有一个问题，在许多病例中，最彻底的解释虽然能使病人变得有智慧，但病人仍是一个无力的孩子。弗洛伊德学派的问题在于，他们进行解释的依据是快乐（pleasure）及其满足，这是片面的，因此也是不充分的，特别是在用它来处理成年晚期的问题时。弗洛伊德学派的观点不适用于每一个人。因为即便每个人都有这样的一面，它也并非总是最重要的。例如，一位饥饿的艺术家选择了面包，而不是一幅美丽的油画，一个坠入情网的男人选择了美人，而抛弃了公共事业；虽然对于艺术家而言，油画可能是最重要的，对于男人而言，公共事业则是最重要的。一般来说，容易适应社会并获得社会地位的人，相较于那些适应性较差、具有社交缺陷从而渴望权力和重要性的人，更适合用快乐原则[①]来进行解释。一位对父亲亦步亦趋、获得了支配性地位的长子，可能会被自己的欲望所折磨；而被父兄压抑并蒙上阴影的弟弟，也许会被雄心壮志或对尊重的渴望所驱使，他甚至会完全屈从于这种激情，其他事情对他而言一概不重要了。

现在，我们认识到了弗洛伊德给出的解释是不充分的，他从前的学生阿德勒挺身而出，准确地弥补了这个不足。阿德勒令人信服地证明，有许多神经症案例用权力欲望来解释，会比用快乐原则来解释更加合适。所以，他的解释的目的是向病人展示，是病人自己“设置”了自己的症状，利用神经症来获得一种虚构的重要感；就连移情和其他的固着也都服务于他对权力的欲望，代表了一种“男性倾慕”[②]，用来对抗幻想中的臣服。显然，阿德勒关注的是那些受着压迫、在社会上没有取得成功的人，他们总有一种“当家作主”的热情。这些人得神经症的原因是他们总是想象自己受到了压迫，所以像堂吉诃德一样恶斗想象中的风车，并因此无法达成自己最渴望的目标。

总体上说，阿德勒的方法开始于第二个阶段，他用上

---

① ［译注］快乐原则（pleasure principle），指追求快乐并回避痛苦以满足生物及生理需要的本能。

② ［译注］男性倾慕（masculine protest），指认为男性优于女性的信念。阿德勒认为男性倾慕是神经症的根源。

述观念来解释症状，并要求病人有这方面的理解力。但阿德勒有一个特点：他并不指望病人完全的理解，但要求更进一步去清楚地认识到社会教育的必要性。弗洛伊德是一个研究者和解释者，阿德勒却主要是一个教育者。为了不让病人停留在孩童的状态，使病人珍贵的理解力发挥辅助作用，以及尝试各种教育手段最终使病人成为能适应社会的正常人，阿德勒调整了弗洛伊德的治疗程序。很明显，他之所以做这些，是因为他确信适应社会和融入大众是绝对必要的——它们甚至是人类最理想的目标、最恰当的成就。阿德勒学派能造成广泛的社会影响，正是因为这一观点——以及其对无意识的忽略，有时甚至会完全否定无意识。这也许就是钟摆的一次摆动——弗洛伊德对无意识的强调，必然造成这一反作用，我们也在那些奋力追求适应和健康的病人身上发现了同样的自然的厌恶。其原因在于，如果我们仅仅把无意识当作一个装满一切邪恶阴暗的人性和原始污秽的容器，我们当然不明白为什么还要徘徊在这个曾让我们失足陷入的沼泽。研究者可能在泥潭中看到了一个充满奇观的世界，但是普通人情愿从泥潭边逃走。正如初期佛教不认可任何神明，因为它必须逃离那接近两百万位神明的遗产，心理学若想进一步发展，也必须从根本上否定弗洛伊德的无意识理论。

阿德勒学派以教育为目的，从弗洛伊德丢弃的地方起步，帮助已学会认识自己的病人找到通往正常生活的道路。显然，病人只了解自己得病的原因和方式是不够的，因为理解恶疾的原因与治愈恶疾是两码事。我们必须铭记，神经症的扭曲症状会造成很多顽固的恶习，不论对它们的理解有多深，如果没有新的习惯取而代之，它们是不会消失的。但是，习惯只能通过训练形成，合适的教育是达到这个目的的唯一方法。可以说，必须督促病人养成新的习惯，而这常常需要一种教育的决心。因此，我们能够理解，阿德勒的方法为什么主要赢得了牧师和教师的赞同，而弗洛伊德学派的支持者则主要是医生和知识分子，要知道这些人在护理和教育方面各个糟糕透顶。

我们心理发展的每一个阶段都有其独立的终点。比如，在体验宣泄疗法时，经过大量的告解，我们感觉自己已经达到了最终的目标：一切大白于天下，一切都已明了，所有焦虑的事情都过去了，泪也流尽了，现在一切都回到了正轨。在解释的工作完成后，我们确信自己已经知道神经症是怎样产生的了。早期记忆被挖掘出来，最底层的原因也被挖掘出来；移情不是别的，而是关于童年乐园或退回旧日家庭情境的一种欲望满足的幻想；一条通向正常、觉醒的生活的道路就在脚下。然而，这之后便到了教育的阶段，它使我们意识到告解或解释都不能使弯曲的树变直，只有经过园丁的支架的矫正，它才能变得正常并获得适应能力。

伴随着每一个发展阶段的莫名终结感，解释了这样的一种现象，即使用宣泄疗法的人明显从未听说过释梦技术；弗洛伊德学派的人对阿德勒一无所知，而阿德勒学派的人也对无意识避之唯恐不及。每个人都被其特定发展阶段的终结感所蒙蔽，导致各种意见和观点十分混乱，使我们很难找到自己的方向。

是什么造成了这种给每个领域都带来了偏执和顽固的终结感呢？我只能这样回答自己：每一个发展阶段都可以概括出一个基本真理，而且每一个发展阶段的案例总是惊人的相似，并验证着这个真理。我们的世界充斥着太多的错觉，让真理变得无价，谁也不想因为少数与之不符的例外，就让真理溜走。不论是谁，只要怀疑这种真理，自然都会被当成是信仰缺失的堕落者，同时还会被各方声音评价为狂热分子、讨厌得难以忍受，等等。

每个人都能高举着知识的火把前行，然而，每个人都只能举一段路，直到下一个人接过它。如果我们能客观地接受这一事实——如果我们能知晓，我们并非亲自创造了我们的真理，我们只是真理的表述者，不过是用语言表述出了我们这个时代的心理需求罢了——那么，我们就可以避免大部分的龃龉与痛苦，还能够看到人类精神的深刻性和超越个体的连贯性。

我们不太会想到，采用宣泄疗法作为治疗范式的那些医生，他们不只代表了一种抽象观点的具体对象，其作用也不只是诱发宣泄。他们首先是人。可以肯定，他们的思维也许因为他们独特的研究领域而具有局限性，但是他们的行为却包含着完整的人类的影响力。尽管他们没有明确意识到这一点，没有给它命名，却在不知不觉中做了很多解释和教育的工作；同样地，其他的分析师虽然不承认宣泄的原理，却也做了很多宣泄的工作。

到这里我们已经讨论了分析心理学的三个阶段，它们的性质决定了第三个阶段不能够代替第一或第二个阶段。三个阶段和谐并存，是同一个问题的几个突出的方面；它们不会彼此抵消，就像向神父认罪与被赦罪不会彼此抵消一样。第四个阶段——转化阶段——也是如此：它绝不是一种终极的、唯一的真理。它的作用仅是弥补前三个阶段的不足；它是用来满足额外的、未被满足的需求的。

为了清楚地说明第四个阶段的内容，并阐释“转化”这一并不常见的术语的含义，我们必须首先考虑到那些没有参与到其他三个阶段中的人的心理需求。换句话说，我们必须确认有什么是比做一个正常的、能够适应社会的人更令人渴望的。没有什么比做一个正常人更有价值、更恰当的了；但是，“正常人”这一特定观念，本身就暗示着向中庸的回归——“适应”也是同一类的概念。事实表明，只有当一个人已经觉得与日常世界格格不入的时候，他才会把这种回归当成令人向往的进步，也就是说，当一个人由于神经症而不能适应正常生活的时候。对于非成功人士以及未能适应社会的人而言，变得“正常”是一种极好的理想状态。但是，对于那些能力高超的人而言，他们从来就不难获得成功、履行现世的职责——这种回归就像普罗克汝斯忒斯之床[①]，无聊得令人难以忍受，仿佛地狱一般贫瘠而无望。这样一来，很多人因为他们自身的平庸而患上神经症，正如很多人因为没法变得正常而患上神经症一样。你如果想通过教育使前者变得正常，这个想法本身就是噩梦，他们心灵最深处的需求，其实是想过一种“不正常”的生活。

一个人只能在他尚未拥有的事物之中寻找满足感和成就感；他不能够从已经拥有的事物之中发现幸福。如果适应社会对一些人来说小菜一碟，那么这对他就没有任何吸引力了。如果一个人总是行为得当，做对一件事对他而言就是很无聊的，然而，那些永远一塌糊涂的人却在偷偷地憧憬着：什么时候也能做对一次。

不同个体的需求与必需品之间千差万别。人之美酒，我之毒药——正常和适应的作用也是因人而异的。尽管生物学将人归为群体性动物，认为只有社会的人才是健康的人，但是，我们所观察到的任何一个案例，就可以颠覆这一论断，并且证明只有非正常的、与世隔绝的生活才能使

---

① ［译注］普罗克汝斯忒斯是希腊神话中海神波塞冬的儿子，他在从雅典到埃莱夫西纳的路上开了一家黑店，店里有一张铁床，如果住店的旅客身高与床不一致，高的就要截短，矮的就要拉长。普罗克汝斯忒斯之床被用于形容一种武断的、不计明显的灾难性后果的衡量标准。

人健康。非常不幸，应用心理学提供不了普遍有效的方法与标准。它能提供的，只有一些个案，其需求各不相同——其间差异之大，使我们无法预见某个案例可能会走哪一条路。因此，医生不抱有任何过早的假设，是非常明智的。这并不是说医生应该抛弃一切假设，但是他必须把它们仅仅当作假设而已。

然而，医生的全部职责不仅仅是指导并说服病人，医生还必须向患者展示他为了这一个特定的案例做了那些举措。由于我们本身的纠结和曲解，即使是在客观、专业的治疗框架之内，医生和病人之间的关系仍然是个性化的。治疗是相互影响的结果，在这一过程中，病人和医生作为两个完整的人，都起到了自己的作用，这是我们无论如何也无法否认的。这样就有了治疗中的两个首要因素——也就是说，两个人当中没有谁总是显著地比另一个重要。他们的意识领域边界清晰，但他们同时共享了无边无际的无意识领域。因此，医生与病人的人格，往往比医生的语言和行为对治疗结果有更大的影响——当然，我们也不该低估医生的语言和行为的干预和治愈作用。两种人格的相遇，就好像两种化学物质相接触，如果能够发生反应，两者都将被转化。在所有见效的心理治疗里，我们都能看到医生对病人的影响；但这种影响发生的前提，是医生必须也受到病人的影响。如果医生自己不被影响，那么他就无法施加影响。如果医生躲在父亲般的、专业权威的烟幕后面，完全拒绝病人的影响，那么治疗便不会起效。当医生这样做时，他表面上不过是没有利用一个非常重要的信息源，而且即便如此，病人仍会在无意识层面影响到他。许多心理治疗师都了解，病人会给医生带来无意识的改变，这是这一职业所特有的烦恼，甚至是一种伤害，用一种令人震惊的方式表现了病人所带来的与“化学反应”类似的影响。其中，最广为人知的是移情所激发的反移情。但是，真正的影响效果其实更加微妙，其性质如同古老观念中的病魔一样。病魔的意思是：患者能够把他的疾病转移到另一个有力量降服病魔的健康人身上——却无法不给治愈者的健康造成一定的负面影响。

在医生与病人的关系中，我们发现有一些难以衡量的因素，能使双方都发生转化。在这种交流当中，人格更稳定、更坚强的一方将决定最终的结果。并且，我发现在许多病例中，病人被证明比医生更坚强，能够完全无视医生的一切理论和企图，这种情况的出现往往对医生不利，尽管有时候也有例外。相互影响的事实，以及随之而来的一切，是转化阶段的基础。经过了四分之一个世纪的广泛实践，我们才认清了这种现象。弗洛伊德本人也承认了这种现象的重要性，因此，他也赞成我提出的分析师本人也得进行分析的要求。

那么，我要求医生与病人“同等程度地接受分析”，这背后的深远意义是什么呢？在心理治疗的过程中，医生与病人是同等重要的组成部分，也同等地受到转化作用的影响。确实，倘若医生有意无意地避免受到影响，那么他对病人的影响力也会相应地减少；倘若医生只是无意识地接受影响，那么他就会表现出意识上的缺陷，使他无法正确地看待病人。不论是哪种情况，治疗的结果都会被削弱。

因此，医生必须亲自面对那些他希望病人能够面对的任务。如果待解决的问题是要去适应社会，医生本人就必须先去适应社会——或者，如果案例要求不适应社会，医生也得变得不适应社会。当然，根据个案的具体情况，在治疗中遇到的要求有成千上万种不同的类型。如果一位医生认为病人应当克服幼稚——那么，他也必须克服自己的幼稚。另一位医生可能相信病人应该宣泄出所有的情绪——那么，他必须也把自己的全部情绪都发泄出来。第三位医生可能信仰意识的完整性——那么，他也必须使自己的意识保持完整。无论如何，倘若医生希望自己能对病人产生适当的影响，他就必须不断努力，先让自己达到治疗的要求。所有的关于治疗的指导原则，都伴有一项重要的伦理职责，一言以蔽之——你想要怎样影响别人，你就要先做到怎样。光凭嘴上功夫永远是隔靴搔痒，不管有多么狡猾的招数，都不能帮人们避开这个简单的规则。真的说服了病人是一回事，去说服病人本身是另外一回事——而前者永远都是更重要的。

所以，分析心理学的第四个阶段不仅要求病人的转化，还要求医生也按照他为病人所开具的方案发生转化。在改变自己的过程中，医生也会表现出与病人一样的坚韧、稳定和顽固。在对自己做工作时，保持同样的专注程度是个不小的成就，因为在向病人指出他们的错误路径、错误结论和幼稚托词时，医生往往需要集中全部的注意力和批判性的判断力。而且，没有人会为医生内省的努力而付费；另外，我们通常对自己也不太感兴趣。再则，我们常常会低估人类心灵深处的价值，所以我们把自我审视或者自我贯注当成了不健康的事情。我们自然会怀疑自己内心隐藏着非常不健康的内容，就好像一间病房一样。医生必须克服这种对自己的抵抗，因为一个没有教养的人，又怎能去教育别人呢？如果一个人自己身处黑暗之中，他又怎能去照亮他的同伴呢？如果一个人自己不干不净，他又怎能去净化别人呢？

在转化的阶段，医生需要从教育他人转向教育自己。若医生想让病人发生转化，就必须经过这一步，并借此结束治疗初期的几个阶段。这种为了改变病人而首先改变医生自身的挑战，并不太受欢迎，这里主要有三个原因：首先，它看起来并不容易做到；其次，人们对于自我贯注总有一些偏见；第三，有的时候，强迫自己达到对病人的一切期望，会让我们很痛苦。最后一个原因是最主要的，它让医生进行自我审视的要求很不受欢迎，因为如果医生认真尽责地“治疗”自己，他会立马从自己的本性中发现一些与正常状况截然相反的内容，尽管经过了最充分的解释和宣泄，这些内容仍以最烦扰的方式纠缠着他。医生该怎样处理它们呢？医生总是知道病人应该怎样对付它们——因为这是他的专业职责。可是当它们涉及医生自己或者他最亲近的人时，他又如何能真诚地面对它们呢？当医生审视自己时，他会发现自己低劣的一面，这使他与病人靠近了，但这是危险的，甚至会破坏医生的权威性。他该怎样对付这种折磨人的发现呢？不论医生认为自己有多正常，这些带有某种“神经症”性质的问题，都会一下子击中他的心。医生还会发现，他与病人们所背负的终极问题，是多少“治疗”都不能解决的。他将使病人们认识到，期望别人告诉自己解决办法，是一种幼稚的方式；他也将使自己认识到，如果找不到解决办法，这些问题就只能再一次被压抑。

我不准备继续讨论自我审视或自我审视带来的诸多问题，因为我们对心灵的研究仍然被巨大的模糊性所环绕，让我们举步维艰。我更应该强调一下我刚才说过的内容：分析心理学的最新发展，让我们遇到了人格中难以估计的因素；我们知道了要把医生的人格当成治疗成败的关键因素；我们开始要求医生自身的转化——就像教育家的自我教育。病人所经历的每一件事，现在医生也都得经历一遍，他必须经历告解、解释和教育这几个阶段，这样他的人格才不会对病人产生不利的影响。医生再也不能借着治疗别人的难题来逃避自己的难题了。医生必须记住，如果一个人长着脓疮，他显然是不适合给别人做手术的。

就像弗洛伊德学派发现了无意识的阴暗面后，不得不开始涉及宗教问题一样，分析心理学的最新进展，使医生的道德态度成为一个不可避免的问题。对医生自我批评和自我审视的要求，彻底转变了我们对人类心灵的看法。我们不能从自然科学的角度来理解这个问题。参与治疗的不只是病人，还有医生；医生所关注的不只是客体，还有自身；不只是大脑的功能，还有意识本身这个必不可少的要素。

从曾经的医疗方法到现在的自我教育方法，当代心理学的视野因此极大地扩展了。人的品质取代了医学文凭，成为治疗的关键。这一进步意义深远。现在，所有在临床实践中产生又经过提炼和系统化的心理治疗方法，我们都可以随意使用，并可以用它们来进行自我教育和自我完善。分析心理学不再囿于医生的治疗室，它挣断了原本的枷锁。我们可以这样说，分析心理学已经超越了过去，现在正要开始填补剩下的空缺，这空缺迄今存在，标志着西方文化与东方文化相比所缺少的心灵内容。我们西方人已经学会了驯服和操纵心灵，但我们并不了解心灵的发展过程和心灵的功能。我们的文明还很年轻，因此，我们需要用驯兽师一样的手段，来驯服我们内心住着的桀骜不驯的野蛮人。但是当我们达到一个更高层次的文明时，我们必须放弃强制力，转向自我的发展。为了达到这一目的，我们必须找到一种途径或方法——但到目前为止，我们仍没有找到要领。我认为，分析心理学的发现和经验，可以作为这一途径或方法的一个基础。因为一旦心理治疗要求医生自我完善，它马上就脱离了临床治疗的本质，不再仅仅是一种治病的方法。它现在已经可以服务于健康人了，至少可以服务于那些有能力追求心理健康的人，他们所谓的“疾病”只不过是我们所有人都正在经受的痛苦。因此，我们或许可以希望分析心理学获得更普遍的应用——甚至比构成它的各个阶段的那些带有普遍真理性质的方法更有用。但是，在理想的实现和眼前的现实之间还有一道鸿沟，现在我们并没有建好能够跨越它的桥梁。我们必须用石料从头垒起这座桥梁。

第三章

心理治疗的目的

现在，神经症被公认为是一种功能性的心理紊乱，可以通过心理治疗而被治愈。但是，如果论及神经症的形成和治疗的基本原则，便会争议四起，所以我们必须承认，我们尚未就神经症的本质和治疗原则形成令人满意的概念。诚然，有两种趋势或者说学派尤其受人们关注，但是，这两个学派的理论无法穷尽在我们这个时代被阐述的各式观点。在巨大的观念冲突之中，还有许多不属于任何流派的人也提出了自己的观点。因此，如果将现状比作一张全景画，那么画家的调色板上必定拥有彩虹般五彩缤纷的颜色。

如果我有这般能力，我很愿意画这样一张画，我一直觉得有必要比较这众多的观点。但是长久以来，我都不能公正地给这些观点以其应得的评价。如果不是为了迎合那些多少有点儿流行的独特倾向、特殊性质和基础心理经验的话，有的观点根本不会产生——更不会得到追随。如果我们认为这些观点是错误的、毫无价值的，并加以排斥，就相当于把相应的独特倾向和经验当作错误，并将其拒之门外——也就是在歪曲我们自己的经验。弗洛伊德用性理论解释神经症，并认为心理事件源于儿童时期的快感及其满足，因此得到了人们的广泛认同，心理学家应从这件事上获得启发。这件事说明，弗洛伊德的思维方式和感觉模式恰好吻合了公众倾向和精神潮流。这些倾向和潮流不仅体现在弗洛伊德的理论中，也出现在其他地点、其他情况下，以各种形式出现在其他人的头脑中。我把这种现象称作“集体心理的表现”。我可以举出许多例子，首先是哈维洛克·艾利斯①、奥古斯特·法列尔②以及《人类生活百态》③的诸位编者；此外，还有后维多利亚时代盎格鲁-撒克逊国家对性的态度，以及法国现实主义作家在一般文学作品中对性的广泛讨论。弗洛伊德代表的是一种具有独特渊源的现代心理学倾向，不过显然我不会在此深入讨论其渊源。

阿德勒在大西洋两岸获得的认可并不比弗洛伊德少，我们可以推断，他的模式也与弗洛伊德相似。不可否认，

---

① [译注] 哈维洛克·艾利斯（Henry Havelock Ellis，1859—1939），英国内科医生、作家，研究人类性取向的社会改革家。

② [译注] 奥古斯特·法列尔（Auguste Forel，1848—1931），瑞士蚁学家、神经解剖学家、精神病学家，神经元理论的提出者之一。

③ [译注]《人类生活百态》（*Anthropophyteia*），一部关于性的民俗和民俗学研究的文集，共有10卷，由弗里德里希·S. 克劳斯等编纂，于1904—1913年之间陆续出版。

用权力欲望起源于自卑感来解释人们的问题，能使许多人得到满足。同样不可否认的是，这种观点还给一些在弗洛伊德的体系中找不到对应位置的真实心理事件提供了解释。集体心理与社会因素中的力量，构成了阿德勒观点的基础，也正是它们促进着这一理论的形成，对此我几乎不需要阐述任何细节。事实已经摆在眼前。

如果忽视弗洛伊德学派或阿德勒学派的真理成分，将是一个不可饶恕的错误，但是同样地，如果把它们之中的任一个奉为唯一的真理，也将是不可饶恕的错误。二者之中的真理皆对应着某些心理事实。有一些真实案例，可以用这两种理论中的任意一个来极好地描述和解释。我说不出任何一种解释的错误之处；相反，我试着尽可能地同时运用两种方法，因为我完全相信它们都是相对正确的。倘若我没有发现一些事实，使我不得不修订弗洛伊德的理论，那我肯定永远不会想到要与他分道扬镳；我对阿德勒学派的观点也持同样的态度。无须赘言，我认为自己的观点的真理性也只是相对的，我自己也不过只是某种倾向的代言人罢了。

如果现在某个领域格外需要我们保持谦虚的态度，并承认数种看似矛盾的观点都具有一定的正确性的话，这个领域必定是应用心理学，因为人类心灵是最具挑战性的科学领域，我们离完全了解它还差得很远。当前，我们只获得了一些看起来有那么点儿合理的观点，但它们相互之间未能兼容。因此，我试着以一种更通俗的方式呈现我的观点，以期自己不被人们所误解。我并不是推出了创新性的真理，更不是在通报终极真理。我所做的仅仅是在试着弄明白那些对我来说晦涩难懂的心理事实，或者说是在努力克服在治疗中遇到的困难。

我将从治疗中遇到的困难这一问题说起，因为正是这个问题让我发现我们迫切需要作出调整。众所周知，一个人可以长期忍受不完善的理论，却不可以长期忍受不完善的治疗方法。我从事心理治疗工作已接近30年，其间曾遇到一些失败，它们给我留下的印象远比成功更深刻。从原始的巫医和祈祷治疗者开始，似乎人人都能够成功地施行心理治疗。但是，心理治疗师从成功之中能学到的东西少之又少。成功只能巩固他的错误，然而失败却是无价的经验，它不仅打开了通向深刻真理的道路，还迫使他开始改变自己的观点与方法。

我必须承认，弗洛伊德和阿德勒先后在很大程度上推进了我的工作，我也时常在对病人的治疗实践中运用他们的观点。然而我坚信，如果我早些考虑到那些后来促使我修正他们观点的经验数据，我本是可以避免自己的那些失败的。我不可能在此一一描述所有的失败咨询的情景，所以，我只能选讲几个典型案例。我遇到的最困难的案例是一些年长的病人——也就是年过四十的病人。在处理较为年轻的病人时，我发现弗洛伊德和阿德勒的观点通常都比较合适，因为这些观点的确能够帮助患者，增强他们的生活适应性，并因此使他们的生活变得正常一些。但是，根据我的经验，这些观点在较为年长的病人身上并不适用。我认为，人们在不同生命阶段会有迥异的心理体验——差异之大，简直可以据此把心理学分成生命早期的心理学与生命晚期的心理学两部分。一般来说，年轻人的生活特点是：总体是向外的，追求着某些具体的目标。年轻人如果得了神经症，病因往往是他在面对必须要做的事情时变得犹豫和退缩。但是，年长者的生活特点是：力量的衰退、对以往成就的肯定和进一步发展的停止。年长者的神经症主要因为他执着于年轻时的态度，这是不合时宜的。年轻的神经症患者畏惧生活，年长的神经症患者则在逃避死亡。对年轻人来说是正常的目标，对老年人则变成了一种神经症性的障碍。在年轻的神经症患者的案例中，原本他对父母的依赖是正常的，但是由于他不愿意去面对世界，这种依赖就变成了一种对生活不利的乱伦关系。我们必须牢记，尽管年轻人与年长者有相似之处，但是阻抗、压抑、移情、主导虚构①等在年轻人身上的意义，与在年长者身上的意义是完全不同的。治疗的目的应当作出调整来适应这种现实。因此，对我而言，患者的年龄在咨询过程

① ［译注］主导虚构（guiding fictions），阿德勒创造的术语，指人们用来理解和评估其经历、决定其生活方式的准则。

中是非常重要的考量因素。

而且，仅在青年时期的范围之内，也有许多考量因素是值得我们注意的。所以，在我看来，如果面对着一个适用于阿德勒心理学的病人，即一个失败的、怀有自我实现的幼稚需求的病人，却用弗洛伊德学派的观点去治疗，便是选错了治疗技术。反之，如果面对的是一个成功者，其动机应该用弗洛伊德的快乐原则去理解，我们却采用了阿德勒学派的观点，也是一个严重的错误。在模棱两可的病例中，病人产生的阻抗是很有价值的线索。我倾向于在开始时认真对待那根深蒂固的阻抗，这也许听起来有些奇怪。因为我确信，医生并不一定比病人的内心更了解病人的需求，虽然病人本人可能完全意识不到自己的内心。考虑到这种情况，医生一方就更有必要持一种谦虚的态度了。我们不仅没有一种普适性的心理学，而且心理构架之间的差异也是不可胜数的，此外，多少有一些个体化的心灵是无法归入任何基本框架里的。

大家都知道，就心理构造而言，我所假定的两种基本态度类型——外倾（extraversion）与内倾（introversion）的态度——与典型的划分一致，却受到了许多研究人性的学者的怀疑。我将这两种倾向视作重要的指标，此外，我还认为某种心理功能会占据主导地位，而超过其他的心理功能。个体生活的巨大差异迫使我们不断调整理论，故医生常常在无意识中做出调整，虽然可能有悖于他所信仰的理论原则。

说起心理构造的问题，我必须指出，一些人的态度从本质上说是精神的，而另一些人的态度从本质上说是物质的。这两种态度绝不能被认为是偶然所得，或被认为是从误解中产生的。它们表现为根深蒂固的、任何批评或劝说都不能将之消除的激情，甚至有些案例虽陈述的是唯物主义，但实际上却起源于对自身的宗教倾向的否认。现今，相反的案例也有许多，不过出现的频率并不比第一种案例更高。在我看来，这些态度都是不可忽视的重要指标（indicium）。

当我们说起“指标”这个词的时候，就像一般的医学术语一样，它的含义是以某种治疗方法为背景的。也许这个词就该这样用，只不过心理治疗的发展显然还没到这种可以言之凿凿的程度——因此，我们所说的指标只能沦为一种警示，让医生不要误入歧途。

人类的心灵是模棱两可和难以理解的。对待每一个个案时，我们都必须考虑这样一个问题，即问题到底是某种态度或所谓的“习惯”，还是仅仅是就其对立面的一种补偿。我必须坦承，我时常在这件事上犯错误，所以在处理任何具体的个案时，我都会尽量避开一切的理论性的预设，包括神经症的结构、病人能做的事或应该做的事。我尽量只依靠体验来确定治疗的目标。这也许看起来很奇怪，因为通常治疗师都应该有明确的目标。但是我认为，特别是在心理治疗中，医生不持有某个固定的目标才是最明智的。医生对病人所需要的东西并不了解，不如病人的本性和求生意志了解得更多。与有意识的决心和善意的理智相比，神秘的无意识因素和本能对人生重要决策的影响要大得多。一双鞋也许有的人穿合适，有的人穿就夹脚，没有一种生活方式是适合所有人的。我们每个人都有自己的生活模式——这个模式因人而异，无法被其他任何模式所取代。

当然，以上的考虑不应该妨碍我们尽最大努力帮助患者恢复正常、合理的生活。如果收效令人满意，我们就延续这种做法；如果收效不足，那么，不管怎样，治疗师都必须听从病人的无意识素材的指导。在这时，我们必须听从本能的引导，医生所采用的方法，与其说是为治疗服务，不如说是要发掘病人自身本已拥有的创造潜力。

在治疗停止时，发展便开始了，这是我必须要讲的一个问题。我对心理治疗的贡献，正是针对那些理性治疗无法带来理想疗效的个案。我手头的临床资料有一个特点——只有极少数个案是首次治疗的。也就是说，我的大部分病人都已接受过某种形式的心理治疗，但只是部分治愈了，或者根本就没有效果。其中，三分之一的个案并没有表现出符合临床定义的神经症症状，他们的痛苦来自生活的无意义感和空虚感。然而，在我看来，这种现象正是我们这个时代的一般性神经症。我的病人中足足有三分之二已经人过中年。

用理性方法来处理这一类病人是很困难的，因为他们大多能力较强、具有良好的社会适应性，对于他们而言，变得正常是没有意义的。对于这些所谓的“正常人”，我对他们简直束手无策，因为我不能向他们灌输现成的人生哲学。在我的大多数个案中，意识的资源已经用尽了，这种情形通常可以表达为：“我被卡住了。”这一事实迫使我去找寻其背后的可能原因。每当病人问我：“你有什么建议吗？我该如何是好？”的时候，我不知道该怎样回答。因为我并不比他们知道得更多。我所知道的仅是：如果从意识层面看，我似乎已经走投无路，也就是“被卡住了”，那么，我的无意识便会对这种不堪承受的困境作出相应的反应。

陷入困境作为一种心理事件，曾在人类进步的历程中反复出现，以至于成为很多童话和神话的主题。我们都听过“芝麻开门”的故事，还有助人为乐的小动物帮助人们找到秘密通道的故事。我们也许可以这样解读它们——在时间的长河中，“被卡住”是一种典型的事件，所以诱发了这些象征性的反应与补偿。因此，我们可以期待在无意识的反应中，比如在梦中，也有一定的几率会出现相似的内容。

所以，在碰到这类情况时，我会尤其注意梦。并不是因为我相信梦一定就是我们的救星，也不是因为我有一套关于梦的神秘理论，能解清一切事情的来龙去脉；我注意梦只是因为它令人迷惘。我不知道还能到哪儿寻求帮助，所以我试图向梦寻求帮助。梦至少可以为我们呈现一些意象，或许指出一些什么，这总是聊胜于无的。我没有关于梦的理论，我也不知道梦是怎样产生的。此外，我还怀疑我处理梦的这种方式，是否够得上被称作是一种“方法”。

我像你们一样，对释梦持有一种偏见，认为它具有不确定性和武断性。但是话说回来，我认为如果长时间地、彻底地推敲一个梦的话——一再揣摩——总归是能从中找到一些什么的。当然我们找到的这些内容，并不能吹嘘它们的科学性或合理性，但它们是具有实用价值的重要线索，能够告诉病人无意识欲引导他去向何处。至于我们对梦的研究能否带来一个经得住科学验证的结论，我并不认为这个问题有多重要。如果我用科学来验证它，那纯粹是为了个人的目的，为了满足自己的欲望。只要释梦的结论对病人有意义，并能给他的生活带来动力，我就心满意足了。我对释梦的正确性只有一个评判标准，便是它是否有治疗效果。至于我的科研兴趣——即想要了解梦为什么会有治疗的效果——只能留到业余时间来探索了。

最初的梦的内容千奇百怪——我是说病人在治疗开始时告诉我的那些梦。在许多个案里，最初的梦直指过去，让人们想起那些久已遗忘、已被个体丢失的内容。正是这些丢失了的内容导致了片面性，而片面性又导致了困境以及随之而来的迷失感。用心理学的术语说，片面性会使力比多突然消退。于是，我们之前的所有活动都变得索然无味，甚至毫无意义，而我们原本为之努力奋斗的目标也失去了价值。这种情绪在有的人身上也许转瞬即逝，但在另一些人身上却可能变成慢性的症状。在这些个案中，有可能促使人格发展的途径通常隐藏在过去，谁也不了解它们，包括病人自己。但是梦可以为我们提供线索。在另外一些病例中，梦指向当下的事实，比如婚姻或者社会地位，但是病人并没有意识到它们就是问题和冲突的源头。

这些可能的情形都在理性能解释的范围内，给这些最初的梦做出看似可信的解释并不难。然而，梦经常不指向任何清晰明确的内容——尤其是当它们预示未来的时候，就更让我们费解了。我并不是说这样的梦一定具有先知性，而是说它们带有某种预期，或“侦查”到了什么。这些梦暗示着可能将要发生的事情，并且无法让外行人明白其可信性。连我都经常觉得它们不那么可信，这种时候我总会对病人说：“我不信这是真的，但还是继续跟进这个线索吧。”正如我前面说过的，是否具有推动作用才是唯一的评判标准，我们完全没有必要弄明白疗效是怎样发生的。当梦中包含了特别奇怪、令人费解的神话意象时，情况更是如此。这些梦里有某种类似于“无意识的形而上学”的东西，它们是未分化的心理活动的表达，其中酝酿着有意识思想的萌芽。

我有一位“正常”的病人，他做了一个很长的最初的梦，其中很重要的一部分是他姐姐的小孩生了病。那是一个小女孩，年方两岁。不久前，这位姐姐确实因为疾病失去了一个男孩，但是她的其他孩子都没有生病。一开始，梦中生病的小孩的意象令他十分困惑——无疑是因为它与事实不符。又由于做梦者与他的姐姐之间没有直接、亲密的关系，他也无法在这个梦里发现有关他个人的内容。后来，他突然想起，两年前他开始研究神秘主义，后来又因此接触到心理学。显然，这个小孩代表的是他对心灵的兴趣，而如果仅凭我一人，我是绝对想不到这一种观点的。从理论的角度看，这一梦中意象既可能意指任何事物，也可能毫无意义。这样说来，梦里的一样事物或一个事实是否总对应着某个固定的东西呢？我们唯一确定的是：解释梦的总是人，给事实赋予意义的也是人。这就是心理学这件事的要旨所在了。这个梦带给做梦者一种新颖而有趣的印象，即研究神秘主义可能存在某些病态之处。这一印象切中要害，因此，释梦是有效果的，不论我们怎样解释它起效的机制。对于做梦者而言，这种解释包含了反对意见，它带来一种态度的改变。这种小小的改变是我们通过理性思考不可能得到的，因此，事物重新运动起来，僵局也被打破了。

在评价这个例子时，我要打一个比方，梦意味着做梦者对神秘主义的研究存在某些病态之处。既然做梦者从梦中得到了这样一种理念，从这个角度出发，似乎我也可以谈谈“无意识的形而上学”，而且我要继续深入下去。我不仅要给病人一个机会，让他看到梦给他带来的变化，也要给自己一个同等的机会。我会把自己的猜想和意见告诉他，以期对他有益。如果我这样做是向他施加了“暗示”，我也毫不后悔，因为众所周知，我们只对那些与我们不谋而合的暗示具有易感性。即使一个人偶尔在解谜的过程中开了小差，也无伤大雅。心灵迟早会摒弃这些错误，就像有机体会自动排斥异物一样。我不需要试着去证实我对梦的分析是正确的，那只是徒劳而已，我必须做的仅仅是帮助病人发现什么能激活他——我不小心说出了事实真相。

对我来说，尽可能多地了解原始心理学、神学、考古学以及比较宗教学是很重要的，因为这些领域为我提供了宝贵的比喻，让我可以用这些可类比的东西来丰富病人联想的内容。通过齐心协力的工作，我与病人才能发现那些表面上无关紧要的内容其实充满了意义，并能够极大地提高梦的效力。于是，对那些在生活的个人层面、理性层面竭尽所能却没有找到意义、获得满足的人而言，能够走进直接经验的领域是极富激励效果的。通过这种途径，事实和司空见惯的事情都一改常态，甚至会增添一种崭新的魅力。这是因为，事物的面貌完全取决于我们怎样看待它们，而不在于它们本质上是怎样的。在生活中，就算是最微不足道的事情，只要有了某种意义，也比巨大但没有意义的事情更有价值。

我并没有低估这项工作的风险。这项工作的风险之大，就像在建造一幢空中楼阁。实际上，人们甚至会断言——这是老生常谈了——如果遵循这种步骤，医生会与病人一同陷入幻想之中。不过，我并没有把这当作一种指责，我认为它正好说中了要点。其实我在努力让病人进入他的幻想。说实话，我很看重幻想。在我看来，它实际上是男性精神所具有的母性创造力的一面。不论怎么说、怎么做，我们都永远无法抵抗幻想的诱惑。诚然，有一些幻想是无价值的、不充分的、病态的和令人不满的，每一个稍具常识的人都能一眼看出它们贫瘠的本质；但是，这并不能说明创造性的想象力也是没有价值的。人类所有的作品都源于创造性的幻想。那么，我们又有什么权利去贬低想象力的价值呢？在正常情况下，幻想是不太容易偏离正道的，因为幻想是很严肃的，它与人类和动物的本能的根源有非常紧密的联系。幻想总能借由一些令人惊奇的途径进行自我纠正。想象力的创造性活动使人类突破了“仅此而已”的局限，解放了人类的游戏精神。正如席勒（Schiller）所说，只有当人游戏的时候，他才是完整的人。

我的目标，是让病人获得一种使用其本性去体验的心理状态——一种流动性的、变化的、成长的状态，在这种状态下，再也没有什么是永远固定的，也没有什么是无药可救、顽固不化的。当然，在介绍我的技术之前，我必须先说明它的一般原则。在处理一个梦或一种幻想时，我的原则是：永远止步于对病人有效的意义上。在每个个案中，我努力的方向是让病人尽量清楚地意识到这一意义，然后他就能够认识到这一意义在超个人层面上的关联了。这是很重要的，因为如果某些很普通的事情发生在一个人身上，却被他当成了独特的经验，他的态度其实是错误的，因为他的态度过于个体化了，这会使他游离在人类社会之外。我们不仅需要一种现代的、个体化的意识，还需要有一种超个人层面的、具有历史延续感的意识。这也许听起来不太靠谱，但是经验表明，很多神经症都是由于人们幼稚地热爱着理性教育、忽视了他们的宗教冲动才引起的。今天的心理学家应该彻底地认识到，我们处理的不再是教条和信仰的问题。宗教态度是精神生活的一部分，具有无与伦比的重要性。恰恰是因为这样的宗教观，历史延续感才成为不可或缺的东西。

在技术的问题上，我问过自己，我在多大程度上是受益于弗洛伊德的呢？无论如何，我是从弗洛伊德的自由联想方法出发，想到这一技术的，所以我把自己的技术看作是对自由联想方法的进一步发展。

如果我仍要帮病人在他的梦中发现有效的元素，并且努力向他说明其所象征的一般意义，那么，从心理上说，他便依然处于孩童的状态。在这一阶段，他依赖于自己的梦，总是在问自己：下一个梦还会不会给他带来新的启发。

除此之外，他还依赖于我对他的梦的解读，依赖我用我的知识去增加他的洞察力。所以，他还是处于一种不理想的被动状态，觉得一切都是不确定的、可疑的，我们谁也不知道什么时候才是个头。这种状态就像是在一团漆黑之中摸索前行。如果处于这种状态之中，是不会有明显的治疗效果的，因为不确定感太过强烈。而且，我们还面临着这样的风险：我们在白天编织好的东西，到夜里就被解开了。什么都没有发生，什么都转瞬即逝，这是危险的。遇到这种情况时，病人常常会做一种色彩异常丰富或者特别离奇的梦，他们会说："你知道吗，如果我是个画家，我一定要把它画下来的。"也有的梦涉及摄影、油画、素描或彩色绘本，还有的涉及电影。

我从实践的角度来解读这些线索，所以在这种情形中，我会强烈要求我的病人们真去把他们的梦或者幻想的内容画下来。一般来说，我会听到这样的反对："可是我不会画。"对此我一般会回答说，现代画家也都不会画——正是因为这样，现代绘画是完全自由的——再说这里也不要求画得好看，而是要求在画画时付出努力。我所说的画画方法，与"艺术"毫不沾边，这是我最近从一位才华横溢的肖像画家的个案中得出的结论，她不得不重新开始学画，就像一个技巧拙劣的孩子——简直就像从来没有拿过画笔似的。画我们眼前的东西与画我们内心的东西完全是两码事。

于是，我的许多较为年长的病人拿起了画笔。我完全可以理解，为何每个人都把它当成一种完全没有治疗作用的业余爱好。但是，我们要记得，我们现在讨论的不是一群仍需要证明自己对社会有用的人，而是一群对社会有价值却不能从中获得意义感的人，他们找不到生活的意义，这是一个更深层也更危险的问题。成为群体之中的一份子，这只对那些尚未达到这个阶段的人才有意义和吸引力，但对那些早已体验够了的人来说，是没有意义或吸引力的。以培养群体之中的一份子为豪的“教育家”，总是否定个人生活的重要性。但是每个人迟早要去寻找自己的意义。

尽管我的病人不时会创作出一些富有艺术美感的作品，简直可以拿到现代“艺术”展上去展出了，但我仍会按照严肃美术的标准，判定它们毫无艺术价值。去除它们的艺术价值是很重要的，否则我的病人们就会想象自己是艺术家，因而糟蹋了这种练习的良好效果。这不是一个艺术的问题——或者说这不应是个艺术的问题——而是一个更重要的、超出了艺术本身的问题——对病人生活的影响。从社会的角度来看，个体生活的意义可以忽略不计，但是在画画的时候，个体生活却被赋予了至高的价值，正是由于这种价值，病人才拼尽全力去给那些难以表达的东西赋予形状，不论他们的技巧是多么粗糙和幼稚。

那么，在某些发展阶段，我为什么要鼓励病人用油画笔、铅笔或钢笔来表达自我呢？我这样做的目的与我处理梦的目的是一致的——我希望能产生疗效。在上文描述的那种孩童的状态下，病人是被动的；但是现在，他开始扮演一个主动的角色。首先，他把自己幻想中的东西画在纸上，这样也就对之进行了深思熟虑。他不仅要谈论它，还得真真切切地为它做一些什么。从心理上说，一个人每周同医生进行两次有趣的谈话是一回事——谈完了也就罢了——但是努力数个小时，用不易驾驭的油画笔和颜料创造出一幅毫无表面价值的作品，就是另一回事了。如果他的幻想确实对他没有意义的话，费力把它画出来就会非常令人厌烦，于是他就再也不会画第二次了。但是如果他的幻想似乎还有那么点儿意义，那么，他的努力就会增加幻想对他的影响。不仅如此，努力给幻想意象赋予可视化的外形，还有利于对它进行全面的研究，因此，用这种方式可以完全体验它的作用。绘画训练给幻想赋予了现实的成分，使幻想有了更大的影响力和更强的驱动力。实际上，虽然这些粗糙的画能够产生效果，但我必须承认，这种效果是难以用语言描述的。有时，病人偶尔通过绘制一幅象征性的画把自己从痛苦的精神状态中解脱了出来，而以后每当他状态不好时，他就会采取这种方法求得解脱。这样一来，他就赢取了一件无价之宝，他的独立性提高了，离心理成熟又更近了一步。通过这种方法，病人获得了具有创造性的独立——我通常会这样说。他不再依赖于自己的梦和医生的知识，而是能够通过画画给自己的内心体验赋予形式。他所画的是活跃的幻想——正是这些幻想激活了他。因此，他内心的活跃因素其实就是他自己，这个自己并不是他曾经错误认识的自己，那时他是把自我（ego）错误地当成了自性（self）；现在他找到了全新的自己，他的自我成为受到内在的生命力量所刺激的客体。在他的一系列画作当中，他尽可能全面地展现自己的内心活动，最终却发现内心活动永远是未知的、陌生的——是精神生活的隐秘基础。

我无法为你们描绘出这些发现对病人的立场和价值观的改变有多大，以及它们怎样扭转了人格的重心。自我就好比是地球，它突然发现太阳（即自性）才是行星轨道的中心，也是地球轨道的中心。

难道我们不是一直都知道事情正是如此吗？我本人相信我们是知道的。但是，我可能理智上知道某件事，但是我身上寄居的另一个人却毫不知情，所以我表面上看起来就像我不知道这件事一样。我的大部分病人都知道许多深刻的道理，但仍无法好好生活。他们为什么无法实践这些道理呢？因为出于偏见，我们都把自我放在了生活的中心——这种偏见来自对意识的高估。

对尚未适应社会和取得成功的年轻人来说，尽可能高效地塑造有意识的自我——即培养意志——是非常重要的。除了不折不扣的天才，人们不会相信自己心中任何与其意志不符的内容。人们总感觉自己是一个意志坚强的人，于是便心安理得地贬低自己心中的其他内容，或者假设它们都是意志的一部分——因为如果没有这种错误的信念，人们几乎无法适应社会。

对于已经步入后半生的病人来说，就是另一种情形了，这些病人不再需要培养有意识的意志，但是为了理解个人生活的意义，他们必须学会体验自己的内心。他们不再追求成为对社会有用的人，尽管他们并不怀疑这一目标的吸引力。他们完全知道自己所从事的创造性活动对社会并无意义，而只把它当作一种发展自我、造福自我的手段。同样，这一活动使他逐渐从病态的依赖性中解脱出来，并获得了内心的坚强和全新的自信。这些最终的成就，又反过来增强了病人的社会存在感。因为一个内心健全而又自信的人，比起一个无法与无意识和睦相处的人来说，能够更好地完成他的社会任务。

我有意避免使用理论来加重文章的分量，因此，有很多东西仍未得到说明和解释。为了更好地理解病人的画，少不了要考虑下述几点理论。这些画有一个共同特点，即轮廓和着色中都有着很明显的原始象征意义。色彩之强烈常常显得非常粗犷，也常常表现了一种原始的特质。这种特点揭示了催生这些画作的创造性力量的本质。它们是人类进化过程中的非理性的、象征性的涌动，是非常古老的，以至于很容易在考古学或比较宗教学的领域中找到与之类似的证据。因此，我们可以自信地假设，这些画主要起源于我称之为“集体无意识”（collective unconscious）的精神领域。我用“集体无意识”这个术语意指存在于全部人类心中的无意识心理活动，它不仅在今天催生出象征性的图画，在过去也是一切类似作品的源泉。这些图画起源于——也满足了——一种天生的需求。好像经由这些图画，我们便表达了一部分心灵，它回溯到了远古时代，并把远古时代的记忆与当下的意识调和在一起，使后者不再受到前者的扰动。

我还得补充一点，仅仅画出这些图像还是不够的。除此之外，我们还需要从理智上和情感上理解它们，必须将之整合到意识中，使之易于理解，并在道德上可以接受。我们必须对之进行一系列的解释。不过，尽管我经常同单个病人一起经历这个过程，却不能向一群人讲清这一过程，也不能把这一过程总结成为适合发表的形式。到目前为止，我只能零碎地描述这个过程。

事实上，我们所面对的是一个全新的领域，我们首先需要的是成熟的经验。出于某些重要原因，我不愿意匆忙地得出结论。我们面对的是意识之外的一个精神生活领域，我们观察它的方式是间接的。我们还不知道自己要探测的领域有多深。正如上文所述，我认为这是某种确定中心点的过程，因为有许多病人认为具有决定性作用的图画，都包含着这个意味。这一过程将产生一个新的平衡中心，自我就像是拐进了一个以它为中心的另一条轨道。一开始，这一过程的目标可能比较模糊。我们只能觉察到它对有意识的人格的重要影响。有意识人格的改变使病人对生活的感受变强了，使生活得以继续进行，这一事实让我们断定，这些影响也都是这一过程所固有的目的。我们也许可以把这当成另一种幻觉——但是，幻觉是什么？我们界定“幻觉”的标准又是什么？心灵之中真的存在一种我们可以称之为“幻觉”的东西吗？我们称之为“幻觉”的内容，也许是心灵中最重要的一部分——它的不可或缺，就像氧气对于有机体一样——是一种非常重要的心理真实。可想而知，心灵并不会考虑我们对真实的划分，所以，我们更为明智的做法是：任何事物只要有效，它就是真实的。

一个想探索心灵的人，不应该把心灵混同于意识，否则他就蒙住了自己的眼睛，看不到想探索的目标。与之相反，欲认识心灵，他必须认识到心灵与意识有多么不同。被我们称为“幻觉”的东西，很可能对心灵来说是真实的。因此，我们不能将心理真实与意识层面的真实混为一谈。对于心理学家来说，最愚蠢的莫过于传教士的观点，他们宣称“可怜的异教徒”的神明都是幻觉。但是，不幸的是，我们也走上了这一条武断的道路，就好像我们以为的真实就是真的，不包含一点点幻想一样。就像我们所有的体验一样，精神生活中的全部活动都是真实的，不管人们选择用什么样的名字来称呼它们。我们应当认识到心理事件的真实性——这对我们来说是至关重要的，而且，我们不能试着给它们命名。对心灵来说，精神哪怕被称为“性欲”，也依旧是精神。

我必须重申，各种技术术语和它们的变式，永远都无法触及上述过程的实质。有意识的理性概念永远也无法囊括生活。我的病人正是因为体会到了这个真理的完整的力量，才选择了象征性的表达方法。在表现和解释这些象征的过程中，他们发现了比理性的解释更有效、更能满足他们需求的东西。

第四章

心理类型理论

性格是一个人固定的、独特的形态。由于身体有形态，行为和头脑也都有形态，那么，一门综合的性格学就必须将身体的和心理的意义放在同等重要的位置。生物体神秘的同一性必然会导致这样的事实：身体的特性不仅仅是生理性的，精神的特性也不仅仅是心理上的。自然是连续的，不会将事物进行对立区分，是人类的理智建立了这样的概念以助理解。

心灵和身体的区分是一种人为的二分，这种区分无疑是建立在智力理解的基础上的，而非建立在事物的自然属性上。事实上，身体特性和心理特性十分密切地合为一体，以至于我们不仅可以从身体构造出发，对心理构造做出深远的推论，还可以从心理特性推测出相应的身体特征。确实，后一过程难度较大，但这当然不是因为身体对心理的影响比心理对身体的影响更大，而是另有原因。在以心灵为出发点的时候，我们是从相对未知的事物出发去研究相对已知的事物；那么反过来，我们则是从相对已知的事物出发，即从看得见摸得着的身体出发，这是具有一定优势的。尽管今天我们认为自己已经掌握了很多心理学知识，但与看得见摸得着的身体相比，心灵仍是相当模糊的。心灵仍是一个陌生的、几乎未经探索的领域，我们对它只有间接的认识，即我们通过意识功能来了解它，但是意识功能几乎时刻都会被蒙蔽。

既然如此，如果我们由外向内、从已知到未知、从身体到心灵去进行研究的话，似乎会更安全一些。因此，所有关于性格学的研究都是从外部世界开始的。古代的占星术甚至去探索星空，以寻找人类与生俱来的命运的线索。同样属于从外在标志来解释内在这一类别的，还包括手相术（palmistry）、加尔①的颅相学（phrenology）、拉瓦特②对相面术（physiognomy）的研究，以及近来的笔迹学（graphology）、克雷奇默③关于类型的生理学研究，以及罗夏的墨迹测验④。正如我们所见，由外向内、从生理到心

---

① [译注] 加尔（Franz Joseph Gall，1758—1828），德国神经解剖学家、生理学家，研究脑功能的泰斗级人物，他于 1796 年提出了颅相学，认为根据头颅形状即能推测出人的心理特质。

② [译注] 拉瓦特（Johann Lavater，1741—1801），瑞士诗人、相士。歌德在 1744 年认识了拉瓦特，但后来两人闹翻，歌德认为其迷信而又虚伪。

③ [译注] 克雷奇默（Ernst Kretschmer，1888—1964），德国精神病学家，提出了体格类型学，认为人分为矮胖型、瘦长型和运动型，又将人的气质分为分裂气质、躁郁气质和粘着气质三种。

④ [译注] 墨迹测验是罗夏（Hermann Rorschach，1884—1922）于 1921 年编制的一种投射测验，用于心理诊断和人格心理学领域。

理，已经有了很多方法，研究工作有必要遵循这个方向，直到我们对某些基本的心理事实已经很有把握。一旦确定了这些事实，我们就可以采用相反的研究过程了。到那时，我们就可以问：某个特定的心理状态会对应着怎样的身体特征呢？但不幸的是，我们现在的水平，甚至都不能够就这个问题给出大概的答案。我们首先要把握精神生活的基本事实，但还差得很远。实际上，我们不过才刚刚开始对心灵的内容做一些编译工作，而且得到的结果常常不尽如人意。

如果只是去描述一些人相貌如何的事实，却不能够从中推断出相应的心理特征，那便是徒劳无功的。只有当我们能够确定何等的精神特征会伴有何等的身体构造时，我们才算摸到了一些门道。身体若与心灵分离，对我们便几乎没有任何意义，反过来也是一样。当我们试图从一种生理特征推测出相应的心理特征时，我们便正在——正如前文所说——从已知的事物出发，去了解未知的事物。

可惜我必须强调：由于心理学是一门最新的科学，所以它最容易受到各种成见的影响。我们直到最近才开辟出了心理学，这一事实本身便表明，我们用了这么久，才把我们自身与我们头脑中的内容区分开来。在此之前，我们是不能够客观地研究心灵的。作为一门自然科学，心理学的确是我们的最新发现，直到现在为止，它的奇异和变幻无常不亚于中世纪时期的自然科学。直到今天，人们一直认为心理学不需要经验数据的支持，它就像是一种注定的东西，可以被凭空建立——我们仍然在这一偏见之下挣扎。但是，精神生活事件与我们息息相关，似乎是我们最了解的事。事实上，我们对之不仅是熟悉，简直是熟悉到厌倦了。我们为这些日常琐事的一成不变而感到吃惊。简而言之，我们深受精神生活的即时性之苦，要尽我们最大的努力去避免想起它们。于是，我们认为心灵具有即时性，并认为我们自己就是心灵，我们不得不承认，自己对心灵了如指掌，并且这种了解不容置疑。因此，我们每个人对心理学都有自己的一套想法，甚至会认为自己比任何人了解的都多。这种盲目的偏见使每个人都认为自己才是心理问题方面的权威，而由于精神病学家们作为一个职业群体，必须与病人的那些“无所不知”的家属或监护人周旋，所以他们也许是最先认识到这种偏见的。不过，这当然不能阻止精神病学家也摇身变成“万事通”。某一位精神病学家甚至宣称：“本市只有两个正常人——B 教授和我。”

既然今天的心理学是这样一番模样，那么，我们不得不承认，我们对这个离自己最近的事物所知甚少，尽管表面上我们似乎很是了解。不仅如此，我们还必须承认，旁观者也许比我们自己更了解我们。无论如何，在起点上，这样的原则会非常有用和有启发性。就像我已经说过的，正因为心灵离我们如此之近，我们对心理学的发现才如此之晚。作为一门刚刚起步的科学，我们缺少用以把握事实的概念和定义。虽然我们缺少概念，但我们并不缺少事实；恰恰相反，我们被这些事实环绕着——甚至被淹没了。这与其他科学的情形形成了鲜明对比，因为其他科学的首要任务是发掘事实。在其他科学中，首先要对基本数据进行分类，然后才能形成描述性的概念，用以描述某些自然规律，例如，化学中的元素周期表，以及植物中的科属分类。但是涉及心灵，一切都不同了。经验性和描述性的观点让我们迷失在了主观经验的不可遏制的洪流之中，因此，倘若在这汹涌的印象流之中产生了某些笼统的、一般性的内容，那通常仅是一种症状。由于我们自己就是心灵，所以我们不太可能对心理事件袖手旁观、不加干涉，因此，我们便失去了辨别差异和进行比较的能力。

这是困难之一。而另外一个困难在于：我们越是脱离了特定现象去研究无边无际的心灵，就越不可能通过精确测量去确定任何事物，甚至连把握事实都很困难。比如，假设我想强调某样事物不是真实的，会说它仅仅是我想出来的。我会说："我永远都不会有这种想法，除非真发生了如此这般的事情，而且我从来不像那样想事情。"我们常常听到这样一番话，它们表明了心理事实是多么地模糊，或者说在主观上心理事实是多么暧昧不明——然而实际上，心理事实与历史事实一样客观、确定。事实是：尽管附加了各种前提和条件，但我确实想到了那些事情。若要承认这个明摆着的事实，很多人都得和自己拧巴半天，还经常需要付出巨大的道德努力。这些都是我们从表面上观察到的信息去推测心理事实的时候所遇到的困难。

现在，我进一步缩小了研究范围，不从表面特征出发去进行临床观察，而要对从临床观察推断出来的心理数据进行调查和分类。这一工作的第一项结果，是关于心灵的描述性研究，这使得我们能够建立一些关于心灵结构的理论。然后将这些理论用于实践，最终发展出了心理类型的概念。

临床研究建立在对症状的描述上，从描述症状到对心灵的描述性研究的距离，堪比从纯粹的病例症状到细胞或代谢的病理机制的距离。也就是说，对心灵的描述性研究能够揭示头脑深处的心理过程，那是临床症状的根源。正如我们所知，这种洞察是通过分析的方法获得的。如今，我们之所以对导致神经症症状的心理过程已经有了相当的了解，正是因为我们对心灵的描述性研究已经发展到一定程度，使我们能够诊断出“情结”。不论在模糊的心灵深处还发生了些什么——关于这一问题，仍是众说纷纭——有一点是确定的，即所谓的“情结”（具有一定自主性的情绪性内容）起了重要的作用。“自主情结”（autonomous complex）这种表达方式经常遭到反对，尽管在我看来，这些反对都站不住脚。无意识中的积极内容的行事方法，除了“自主”一词，我找不到更好的词来形容它。这一术语准确地表达了这样一种事实：情结能够抵抗意识的意图，并且想来就来，想走就走。根据我们对情结的了解，它们是不受有意识头脑控制的心理内容。它们从意识之中分裂出来，独立地存在于无意识之中，随时准备着去阻止或者加强意识的意图。

对情结的进一步研究，不可避免地要涉及其起源的问题，于是产生了很多不同的理论。除理论之外，我们从经验中得知，情结永远包含着某种类似冲突的内容——可能是情结导致了冲突，也可能是冲突导致了情结。无论如何，冲突的特征——包括震惊、骚乱、精神痛苦、内心挣扎——也正是情结的特征。在法语中，它们被称作“黑色的野兽”，而我们把它们称为“壁橱里的骷髅”。它们是“脆弱之处”，我们不愿意想起它们，更不愿意听别人提起，但是它们总是会用最不受欢迎的方式，频繁地闯进我们的头脑里。它们总是包含着某些记忆、愿望、恐惧、责任、需求或观点，那些东西我们从来没有真正学会处理，于是，情结不断地用烦扰的，甚至有害的方式妨碍着我们的意识生活。

显然，情结代表了一种广义的自卑——这种表述必须马上加上一个限定：有情结并不一定代表着自卑。情结只是意味着存在一些不合时宜的、无法同化的、冲突着的东西——既可能成为一种障碍，也可能会激励人们付出更大的努力，因此是通往新的成功的开端。所以，从这个角度上说，情结是精神生活的焦点或者节点，我们不希望人们是没有情结的。诚然，情结是必不可少的，否则精神活动就会陷入致命的死寂。但是，情结也代表着个体未解决的问题，是他遭受了失败的节点——至少当下是如此——还是他不能逃避又无法克服的东西——也就是所谓的“弱点”。

情结的这些特征，揭示了它的起源。显然，情结起源于适应社会的要求与个体本质上无力迎接这一挑战之间的冲突。从这个角度说，情结这种症状，能够帮助我们诊断个体的性格。

经验告诉我们，情结是各种各样的，但是在仔细的比较之下，情结也显示出了少数几种典型的基本模式，它们全部起源于童年的早期经验。这是理所当然的，因为个体的性格在童年时期就已形成了，性格是固有的，而不是在生活中获得的。因此，父母情结是一种最初的冲突的表现，即个体的本质达不到现实对他的要求，而与现实形成了冲突。这种情结的最初表现形式只能是父母情结，因为父母是孩子最初遇到的、能与之发生冲突的现实。

因此，父母情结的存在并不能告诉我们太多有关个体本质的信息。很快，实践经验便告诉我们：关键并不在于父母情结的存在，而在于这种情结在个体生活中起了哪些特别的作用。我们发现了人与人之间很显著的变异，但只有少量变异可以归因于父母的那些特别之处。通常，几个孩子受到了同样的影响，但是每个孩子的反应却截然不同。

这种差异备受我的关注，因为我相信，通过它们可以辨别个体独有的性格。在一个神经质的家庭中，为什么一个孩子表现为歇斯底里症，而另一个却表现出强迫性神经症，第三个则患上了精神病，但第四个却根本没有异常呢？“神经症也挑人”这一问题，弗洛伊德也遇到过，它抹杀了父母情结的病因学意义，把问题转到了做出反应的个体及其特有的性格上。

尽管我不太赞同弗洛伊德对这个问题的解答，但我自己也回答不了这个问题。其实，我认为现在提出“神经症挑人”这个问题，并不是正确的时机。在尝试回答这个难题之前，我们必须先透彻地了解个体作出反应的方式。试问：一个人在遇到障碍时会作何反应呢？例如，我们来到溪边，溪上没有桥。上流太宽，我们跨不过去，只能跳过去。在采取行动之时，我们会调用一个复杂的功能系统，也就是心理动力系统。它发展得很完善，只需要启动就可以自动运行。但是在启动它之前，会发生一个纯粹的心理事件，也就是说，我们要决定该采取怎样的行动。此后的活动则是选择某种方式来解决问题，这就因人而异了。但重要的是，我们极少，甚至从不把这些事件视为特征，因为我们常常是当局者迷，只有事后才能对自己评价一二。也就是说，就像我们能够支配心理动力装置一样，我们在做决定时也有一个专门的心理装置，它是依据习惯来运行的，因此也是无意识的。

至于这个心理装置是什么样的，则众说纷纭。唯一确定的是，每一个个体都有自己熟悉的一套做决定和克服困难的方法。一个人可能会说他觉得有趣便跳过了小溪；另一个人则说是因为别无选择；第三个人说遇到的每个障碍都是挑战，他想克服这些障碍；第四个人没有跳过小溪，因为他不想白费力气；然而第五个人无动于衷，因为他看不出去对岸的迫切必要。

我专门选择了这个通俗的例子，是想说明这些动机看起来是无关痛痒的。确实，它们看起来并不重要，所以我们置之一旁，想用我们自己给出的解释来取代它们。可是正是这些变异为我们提供了宝贵的洞察力，让我们得以考察个体的心理适应系统。换作另外的生活情景，如果考察那位因为有趣而跳过小溪的人，我们很可能会发现，他做或不做一件事，大多要看那件事能够给他带来多少快乐。我们还会观察到，那位因为别无他法才跳过小溪的人，在过日子的时候也十分谨慎，但是不情不愿，总是不能痛快地作出决定。在这些例子中，专门的心理系统时刻处于一种马上就可以执行决定的状态。这类例子我们可以轻易地想出许多。它们之间千差万别，就像水晶一样变化多端，但是尽管如此，我们仍能识别出它们属于哪个类别。就像水晶有一些相对简单的基本特征，个人态度也展现出特定的基本特征，我们能够据此将之归类。

从远古时代起，人们就反复尝试将个体分为各种类型，以期把混沌的事物理出条理来。我们已知的最早尝试，是东方的星相学家将三个星座分为一组，对应着风、水、土和火四种元素。在十二宫图中，风象星座是由“属气的”三个星座组成的，即水瓶座、双子座和天秤座；火象星座则由白羊座、狮子座和人马座组成。根据这种古老的观点，生于这些星座的人们都具有某种共同的性质，以及相应的性格和命运。从这种古代星相体系中，萌生了古典生理类型理论，四种性格与四种体液一一对应。起先用黄道十二宫来表示的四种性格，后来借用了希腊医学中的生理学术语，才有了粘液质、多血质、胆汁质和抑郁质。这些术语都表示假想中的体液。众所周知，这种类型理论绵延了大约 17 个世纪。至于星相学的类型理论，它至今都没什么变化，但是居然再度流行起来，这使受过教育的人士啧啧称奇。

回望历史可以让我们清醒地看待这一事实——我们当代对类型理论的创造，是太阳底下无新事了——尽管科学意识使我们无法再用那些古老的、基于直觉的方法来处理这个问题。现在，我们必须重新回答这个问题——给出的答案得能够满足科学要求才行。

现在，我们所要面对的，是类型问题中的主要困难——该选取何种标准或条件。星相学的标准很简单，它是根据星座来的。至于人类性格中的元素怎样被归结到黄道十二宫和星星上去，这一问题可以追溯到蒙昧的史前史，现在的我们是回答不了的。希腊人按照四种生理特质进行分类，是以个体的外貌和行为为标准的，我们当代对生理类型的划分也是这样做的。但是，我们应该去哪里寻找心理类型理论的分类标准呢？我们再来看上文提及的数位个体横跨小溪的例子。我们应该怎样、从何种角度去为他们固有的动机分类呢？一个人为了快乐，另一个人为了避免麻烦，第三个人则深思熟虑，没有跨过小溪，诸如此类。若要列举出各种可能性，那将会不胜枚举，同时也丝毫无益于分类。

我不知道其他人会怎样完成这个任务。所以我只能告诉大家我自己是怎样着手解决这个问题的，我会接受人们的指责，说我解决问题的方法纯属个人偏见。其实，这种指责完全正确，所以我并不打算反驳。也许我可以引用哥伦布的事例来宽慰自己：哥伦布凭借主观想象和错误的假设，走了一条被当代航海家们废弃的航线，但是他最终却发现了新大陆。不管我们在看什么，不管我们怎样去看，我们终究只能用自己的眼睛看。因此，一门科学不可能是由一个人创造的，而是由许多人一同创造的。个体贡献了自己的力量，从这个层次上说，我才敢讲一讲我个人看待事物的方法。

我的职业常敦促我思考个体的特殊性。而且，多年间我治疗了无数对夫妻，常常需要让丈夫和妻子的立场在彼此眼中变得合理起来，因此，我必须得建立一些通用的真理。例如，我说了无数遍这样的话："您看，您的妻子天性积极，所以您不能指望她的全部生活都以家务为中心。"这就是一种类型理论的开端，也是一种统计学上的真理——人们的天性确实有积极的，也有消极的。然而，我并不满足于这个老套的真理。因此，接下来，我就试图说明，有些人有思考的天赋，有些人则不喜欢思考，因为据我观察，表面上天性消极的人，在深谋远虑方面其实并不消极。他们首先要思索当前的情境，然后才采取行动。而由于他们习惯这样做，所以当实际情况要求不假思索地立即行动时，他们总是会错失时机，因而被误解为消极的。在我看来，不思考的人总是不假思索地投身于一件事中，只有事后才会发觉自己竟跳进了坑里。所以，可以认为这些人是"非思考型"的，这样说似乎是比"积极"更为恰当。在特定情况下，前瞻性思考是一种非常重要的行为，与那些不计一切代价、必须马上行动的人的焦灼相比，这是一种更为合理的行动程序。不过，我很快就发现，一个人的犹豫并不总是因为前瞻性思考，而另一个人的当机立断也不一定是因为不思考。前者的犹豫可能是出于习惯性的胆怯，或至少是一种类似于习惯性退缩的东西，就好像面对的是一项无法完成的任务一样；而后者的迅捷行动，则常常是由于自信能够掌控外物。基于这种观察，我提出了一种典型的差异：有一类人，在需要对某种境况做出反应时，会马上退一步，就好像一句无声的“不”，之后他们才能做出反应；另外一类人，在面临同样的情况时，会立即上前，马上做出反应，表现得非常自信，认为自己的行动无疑是正确的。所以，前一类人与客体之间的关系是消极的，而后一类人与客体之间的关系是积极的。

于是我们便知道，前一类人对应的是内倾型态度，后一类人对应的是外倾型态度。不过，这两个术语本身并没有多少意义，它们就好像莫里哀（Molière）笔下的布儒瓦先生发觉自己平时说话都像散文一样优美，但也没有什么效果一样。只有当我们意识到某种类型所具有的其余特征时，两类人之间的差别才有了意义和价值。

一个内倾或外倾的人，不可能在每一方面都是内倾或外倾的。术语“内倾”，意味着一切心理事件都按照我们所假定的内倾型行为的方式发生。所以，如果只是描述某一个体是外倾型的，其实说明不了什么，就像证明一个人身高 6 英尺（约 1.83 米），或者他的头发是棕色的，或者头型比较圆。这类陈述除了其表面的意思，并不能说明更多。但是，“外倾”其实还有更深远的含义。它的意思是说，如果一个人是外倾型的，那么他的意识和无意识都有一些明确的特性，他整体的行为方式、与他人的关系，甚至生活的轨迹，都会表现出某些典型的特征。

内倾与外倾是两种典型的态度，有着本质上的差异，它们关系到整体的心理过程，是习惯性反应的基础，不仅决定了行为方式，还决定了主观体验的性质。不仅如此，它们还决定了无意识补偿活动的可能的种类。

一旦确定了习惯性反应是怎样的，便可以肯定我们已经抓住问题的要害了，因为习惯性反应一方面控制着外在的行为，另一方面也影响着相关的体验。某种类型的行为会导致相应的后果，对这些后果的主观理解就形成了经验，而经验又会反过来影响行为，这样一来，个体的命运之轮便转动起来。

毫无疑问，我们涉及的习惯性反应是一个关键点，不过除此之外，还有一个微妙的问题，即我们能否圆满地描述这些习惯性反应的特征。即使在充分了解这一特殊领域的人之中，也存在着分歧。在我关于类型的著作①中，我收集整理了能找到的所有支持我观点的资料，但是我也清楚地说明，我并不认为我的理论是唯一正确或唯一可能的类型理论。我的理论非常简单，它仅仅对比了内倾型与外倾型，但不幸的是，简单的公式最容易受到质疑。它们轻易掩饰了现实的复杂性，如此欺骗我们。我是体会到了这一点才这样说的，在我刚刚发表第一篇关于类型构想的文章时，就沮丧地发现，我莫名其妙地被绕进去了。有些地方出错了。我在尝试用太过简化的方式来解释太过复杂的事物。新发现总是带给我短暂的欢欣鼓舞，但随后我就会

---

①《心理类型》（*Psychological Types*），哈考特-布雷斯出版社，伦敦。

发现什么地方出错了。

现在我认识到一个不可否认的事实：虽然人可以归类为内倾型和外倾型，但是这种区分并不能尽述两种类型的人之间的全部区别。事实上，同种类型的人之间的区别很大，以至于我不得不质疑之前的观察是否准确。我差不多用了10年的时间去观察和比较，才打消了这个疑虑。

同种类型的人之间也存在很大的差异，这个问题使我陷入了不曾料到的困难中，有很长的一段时间，我都无法解决这个困难。在观察和辨识这些差异时，我并没有遇到太大困难，但是一直以来，分类的问题一直困扰着我。我该用怎样的术语来描述这些性格呢？这是我第一次切身体会到，心理学实际上是非常年轻的学科。心理学只是一些武断而混乱的观点罢了，而那些出自书房或诊所、从学富五车的学者们主神一般的大脑中自发产生的观点，就算是优秀的部分了。我无意冒犯，但还是忍不住奉劝心理学专家们，也须去看看女性的心理、中国人的心理以及澳大利亚原住民[①]的心理。心理学必须囊括所有的生命，否则我们会一直被困在中世纪。

我发觉，在混乱的当代心理学之中，是找不到可靠的分类标准的。我只能去创造它们——当然不是凭空创造，

---

① ［译注］澳大利亚黑人（德语 Australneger，英语 Australian Negroes），源自19世纪至20世纪中叶的人种理论，用以称呼澳大利亚和塔斯马尼亚原住民的术语。后来随着人种理论被否定，这一术语也被认为带有种族歧视色彩而不再使用。

而是建立在很多先辈宝贵的准备工作的基础上，他们的名字将永远闪耀在心理学的历史中。

借由观察，我挑选出了某些心理功能作为分类标准，用来区分我们所讨论的各种差异，但是由于篇幅限制，我不可能涉及全部的观察。我只想在自己能把握的范围内，讲述我对它们的理解。我们必须认识到，一个内倾型的人在客体面前并不是简单地表现出退缩和犹豫，相反，他的行为方式是有规律可循的。而且，内倾型的人并不是在所有方面都有同样的表现，他们有自己特殊的行为方式。就像狮子的前爪是它力量充沛的部位，所以它用前爪去袭击敌人或者猎物，而不是像鳄鱼一样使用尾巴，而我们的习惯性反应也有同样的特点，即运用我们最信赖、最有效的功能，所以习惯性反应体现了我们的力量所在。尽管我们在做出反应时偶尔也会暴露出弱点，但是占支配地位的功能会驱使着我们去创造或者寻找某些情境，并避免另一些情境，因此，我们获得了独特的、与他人不同的经验。一个聪明人会凭借自己的智慧去适应社会，而不会像一个蹩脚的拳师一样，尽管偶尔他也会在愤怒中动粗。在努力生存和适应的过程中，每个人都本能地利用自己最发达的功能，习惯性反应正是基于其背后的功能而进行分类的。

于是现在问题变成了——怎样才能用普通的概念将全部功能加以分类，以便从混乱的偶然事件中将它们区别出来呢？在社会生活中，很早以前就有了一种类似的粗略分类，那就是我们的农民、工人、艺术家、学者、士兵等按职业划分的类型。但是这种类型划分与心理学没有太大关系，因为——就像某个著名学者的一句刻薄的话——哪怕是所谓的专家，也有只会“掉书袋”而没有真本事的呢。

类型理论应该更加精细。比如，仅仅说聪明是不够的，因为聪明的概念太笼统，也太模糊了。几乎任何行为只要进行得顺利、迅速、有效并符合目的，都可以用聪明来形容。聪明和愚蠢一样，与其说是一种功能，不如说是一种方式，这种词只能告诉我们一种功能运行得如何。道德标准和美学标准也都是这样的。我们必须指明，在个体的习惯性反应背后，最主要的功能是什么。因此，我们必须得求助于一样东西，第一眼看去，这与 18 世纪的老派学院心理学非常相似；但实际上，这样东西只是我们的日常用语和流行观念，每个人都会接触到它，也完全可以理解它。这样说吧，当我说“思考”时，只有哲学家才不懂我的意思，普通人都能够理解它。人们每天都在用这个词，而且使用的都是它最普遍的意思，尽管如果突然让人们说出“思考”的确凿含义的话，人们会觉得十分尴尬。“记忆”和“感情”这些字眼也是如此。不论给它们下个科学的定义，然后将其变为心理学的概念是多么困难，它们在日常用语当中都很容易理解。语言是一个意象库，它建立于经验之上，所以太抽象的概念不容易产生，就算产生了，也会由于不接地气而很快消亡。但是思考和感觉是如此真实，所以在每一种超过原始水平的语言里，都有准确无误的词来表达它们。因此，我们可以断言，不论科学上怎样定义这些复杂的心理事实，这些表达是与非常确切的心理事实相吻合的。比如，虽然科学上还未能给意识下一个令人满意的定义，但是每个人都知道意识是什么，而且没有人会怀疑这一概念对应着一种确切的心理状况。

就这样，我从日常用语中的概念出发，自己构造了一套关于心理功能的概念，然后以它们为标准，来辨别同一态度类型的人之间的差别。例如，我用通俗的意义来理解思考（thinking），因为我注意到一个事实：许多人习惯性地思考得更多，因此他们在做重要决定时也更加深思熟虑。此外，他们也利用思考来理解和适应世界，不论遇上什么事，都会充分考虑、进行反思，或者至少也会对照一下经过充分考虑得出的原则。而另外一些人，则明显地忽略了思考，更重视情绪因素，即情感（feeling）。他们坚定地遵循着情感制定的“政策”，只有在极少数情况下才会思考。这一类人与前一类人形成了鲜明而妥帖的对比。如果其中一类人与另一类人成为生意伙伴或者结为夫妻，这种对比就会格外突出。不论是外倾型还是内倾型，一个人都可能会偏重于思考，不过他思考的方式是带有其态度类型特征的。

然而，诸如此类的支配性功能，还是不能解释人与人间的所有差异。我称之为“思考型”和“情感型”的两类人，也有某种共通之处，我找不到比“理性”更合适的词来称呼它。没有人会反对思考的本质是理性的，但是当我们谈到情感时，就会有一些不同的意见，而我并不会简单地否定这些意见；相反，我能够坦然承认，我曾为了情感这一问题而绞尽脑汁。不过，不必用各式情感定义令这篇文章徒显佶屈聱牙，我只想简要地阐述我自己的观点。主要的困难在于，“情感”一词在不同情况下有多种用法。在德语中尤其是这样，在英语和法语中也有类似的现象。因此，首先，我们必须谨慎地区分情感和感觉（sensation）这两个概念，后者是用来指感觉过程的。其次，我们必须意识到，悔恨的“情感”与“感觉”天气将要突变，或者“感觉”我们持有的铝矿股票将会上涨，是绝不相同的。所以我建议将“情感”一词用在第一个例子上，而放弃将之用在后两个例子上——仅就心理学术语而言。在后两个例子中，当涉及感觉器官时，我们应该用“感觉”一词，而当涉及某种不经过有意识的感觉体验的认知时，我们则应该用“直觉”（intuition）一词。这样一来，我把“感觉”定义为通过意识感官得到的知觉，而把“直觉”定义为通过无意识的内容和联结获得的知觉。

显然，我们若是争论这些定义是否恰当，可以争个没完没了，但是这种讨论终究只是一个术语的问题。就好比我们在争论一只动物到底该叫作“美洲豹”还是“山狮”，但我们需要的，只是知道这个词意指何物就足够了。心理学是一个未经开发的研究领域，我们首先要确定的是它所采用的特定语言。众所周知，温度可以用列氏度、摄氏度或者华氏度来测量，只是我们必须说明我们使用的是哪个体系。

这样一来就明了了，我认为情感本身是一种功能，其与感觉和直觉是不同的。如果一个人狭义地把情感和感觉、直觉混为一谈，那么，他必定不会认为情感是理性的。但是如果把情感与感觉、直觉区分开来，那么，就可以清楚地看到，基于情感的价值观念以及使用情感做判断——也就是情感——不仅是理性的，而且和思考一样，是有识别力、有逻辑并前后一致的。一个思考型的人可能会认为这样的说法有些奇怪，但是只要我们意识到下面一点就能理解这种说法：一个思考功能出类拔萃的人，其情感功能往往是欠发达的、比较原始的，因此也容易与其他功能相混——而这些其他功能，往往是非理性的、缺乏逻辑或者价值判断的，也就是感觉和直觉。感觉和直觉在本质上就与理性功能相悖。当我们思考时，目的是做出判断或者得出结论，当我们运用情感时，目的是恰当地评价某种事物；而另一方面，感觉和直觉却是知觉性的——通过它们，我们得以知晓发生了什么，但是并不加以解释或者评价。它们并不依照原则而有选择地发挥作用，而仅仅是感知正在发生的事情。而“发生的事情”完全是自然的，因此它本质上是非理性的。任何的推理模式都不能证明到底存在着多少行星，或是多少种热血动物。缺乏理性是一种缺陷，需要思考和情感的补偿——而理性也是一种缺陷，需要感觉和直觉的补偿。

有很多人的习惯性反应是非理性的，因为他们主要依靠的是感觉或直觉。他们不能二者兼用，因为感觉和直觉是对立的，就像思考和情感也是对立的。当我试图用自己的眼睛和耳朵来判断实际发生了什么时，我无法同时给梦和幻想让路，去觉察偏僻处还有些什么。但这正是直觉型的人的做法，他们会充分发挥无意识及客体的作用，所以很容易看出，感觉型与直觉型是两个极端。不过，在此我不便一一列举非理性类型之中外倾型和内倾型之间的有趣差异。

我更想补充的是：当一种功能备受倚重时，通常会对其他功能产生什么影响。我们知道，一个人永远不可能兼备一切长处，永远不可能是完美的，他在获得某种品质的同时，是以牺牲其他品质为代价的，他永远不会是完整的。那么，那些没有通过训练得到发展、未被日常应用的功能又会怎样呢？它们会停留在一种原始、幼稚的状态，经常是半意识的，甚至是无意识的。这些相对不发达的功能构成了每种类型的特定劣势，是整体性格的一部分。思考功能格外突出的，总是伴随着情感方面的劣势，而感觉和直觉之间也是互损的。一种功能是否突出，很容易便可以从其强度、稳定性、一致性、可靠性和在适应中的作用中判断出来。但是一种功能是否处于劣势，就不太容易描述或者辨别了。一个本质上的评价标准是：处于劣势的功能缺乏自足性，所以我们需要依赖于他人和环境；此外，它还会使我们情绪容易波动以及过分敏感，它是不可靠的，也是模糊的，还会使我们易受暗示的影响。当运用劣势的功能时，我们总是处于不利地位，因为我们不能掌控它，甚至会沦为它的牺牲品。

我在此只能简略地介绍心理类型理论的基本观点，因此，我便不用这种理论对个体的特征和行为进行详尽地描述了，为此我深感遗憾。迄今为止，我在这个领域所取得的全部成果便是提出了两种总体上的类型，我称为“外倾型”和“内倾型”。除此之外，我还提出了一种包括四个元素的分类标准，即思考、情感、感觉和直觉。其中的每一种功能都会随着总体态度的差异而略有不同，因此就产生了八种变化。我曾被人责问过，为什么我提出了四种功能，而不是更多或者更少。因为经验事实告诉我，功能就只有这四种。但正如下面的考虑所表明的，这四种功能实现了某种完整性。感觉建立起事实，思考让我们得以知晓其意义，情感告诉我们其价值，最后直觉指出事实背后可能的来龙去脉。这样一来，我们就能完整地确定自己在现下的世界中的方位，就像用经度和纬度能够确定某个地点的地理位置一样。这四种功能有点像罗盘上的东南西北，它们和东南西北同样武断，但也同样不可或缺。我们可以把四个方向任意转动几度，也可以给它们取一些其他的名字。但这仅仅是一个习惯和理解的问题罢了。

然而我必须坦承，在心理学研究的旅程中，我是无论如何也不会放弃这个罗盘的。每个人都钟爱自己的观点，但我并不只是因为这个明显的、充满人情味的理由才重视这个类型理论的，而是有一个客观的理由，那就是它能够提供一个用于比较和定位的体系，为长期少有人研究的批判心理学提供基础。

第五章

人生的不同阶段

探讨人生的发展阶段是一项艰巨的工作，因为它意味着要刻画出人类从出生到死亡的完整的心理生活。在本文短小的篇幅之内，我只能勾勒出大致的线条，而且请大家务必理解，本文并不会涉及不同阶段中的正常心理事件。反之，我们会局限于处理“问题”，也就是要描述那些困难的、有疑问的或者模棱两可的内容；简而言之，就是讨论一些具有多重答案的问题——而且这些答案还总是受到质疑。因此，我们在很多时候必须进行批判性思考。而且——更糟糕的是——我们有时必须不加怀疑地接受一些事情，而有时也必须专心致志地进行猜测。

如果心理生活只由浮于表面的事件构成——像在原始水平上那样——我们只需要坚信经验主义就可以了。但是，文明人类的心理生活中充满了问题，我们若是不从问题入手，简直就无法进行思考了。我们的心理过程在很大程度上由沉思、怀疑和尝试构成，而对原始人的无意识的、直觉的头脑来说，这些几乎完全是陌生的。这些问题的存在，当归功于意识的发展，它是文明送给我们的一件可疑的礼物。正是因为人类背叛了本能——人类把自己与本能对立起来——才创造了意识。本能是自然的，它的目的是延续自然；而意识只能去追求文明或者反叛文明。就连被卢梭式的渴望鼓舞而回归自然时，我们也是在“教化”自然。只要沉浸在自然之中，我们就是无意识的，我们生活在本能的庇护之下，而本能是没有任何问题的。我们所有属于自然的部分都在回避问题，因为问题就是疑云，疑云笼罩之处，到处都是不确定性和可能存在的分歧。当有几条路都可能走得通时，本能便不能再指导我们了，使我们陷入恐惧之中。因为此时需要意识来做一个确定的、不容置疑的、毫不含糊的决定——而这是自然曾经一直在为她的子孙们所做的事情。于是，我们陷入了一种人性的恐惧，担心意识——普罗米修斯式（Prometheus）的胜利[①]——终究也无法取代自然来为我们服务。

于是，这些问题使我们进入孤立无援、与外界隔绝的境地，我们被自然抛弃，被驱赶到意识的领域。我们无路可走。从前我们依靠自然事件的指引，现在我们不得不依靠意识来做出决定、解决问题。因此，每一个问题都可能

① ［译注］根据古希腊神话，在人类刚刚诞生之时，普罗米修斯教给人类天文、地理、航海、烹调、建筑、医药等各式知识。

拓宽意识——但是也需要我们告别幼稚的无意识和对自然的信任。这种需要是一个非常重要的心理事实，它构成了基督教的一个基础的象征性教义，即纯粹的自然人的牺牲——无意识的、质朴的人由于吃了天堂里的苹果，而开启了他悲惨的命运。《圣经》中人类的堕落，是将意识的启蒙当作一种诅咒。事实上，我们起初正是这样看待问题的，每一个问题都逼迫着我们发展意识，使我们离无意识的、童年的天堂越来越远。我们每一个人都想逃离自己的问题；如果可能的话，人们压根不想提起问题，或者最好不承认问题的存在。我们希望自己的生活简单、确定而波澜不惊——因此，问题成为禁忌。我们选择确定的事物，而不要任何疑云——只要结果，不要实验——我们甚至没有发现，只有穿过疑云才能获得确定性，只有通过实验才能获得结果。人为否认问题的存在并不能带来确定感；恰恰相反，我们需要更广泛、更高级的意识，带给我们所需要的确定感和清晰感。

这段引言虽然比较长，但是我认为它非常必要，因为它澄清了我们这个主题的性质。当我们必须处理某个问题时，我们会本能地拒绝尝试穿过那条昏暗模糊的路。我们只想听到毫不含糊的结果，全然忘记了我们只有纵身投入黑暗，然后再浮现出来才能获得结果。但是要穿透黑暗，我们需要唤起意识所能提供的全部的光明力量；就像我前面所说的，我们甚至必须全身心沉浸在猜测之中。因为在处理心理生活中的问题时，我们会不断地遇到各个知识分支的独有领域的原则问题。我们打扰并激怒了神学家和哲学家、物理学家和教育家，我们甚至在生物学家和历史学家的领域中摸索前行。这种过火的行为不是出于我们的傲慢，而是因为人的心理由多种因素综合而成，而这些因素也是各个研究分支所专门研究的主题。人正是从自身、从自己的独特构造中创造了科学。各种科学即是人类心灵的表征。

所以，如果我们问自己一个不可回避的问题——“为什么人会有问题，跟动物的世界是如此不同呢?”——我们就会发现那个难解的思想之结，那是若干世纪以来，成千上万个智慧的头脑没有解开的一个结。我不想在这个混乱的杰作上付出西西弗斯式（Sisyphus）的劳动①，在人类一直尝试回答这个问题的过程中，我只想讲一下我在其中做出的贡献。

没有意识，就没有问题。因此，我们可以换一种方式问这个问题——意识是怎样产生的呢？没有人可以给出确定的答案，不过我们可以观察处于意识形成阶段的小孩。只要留心，每一名家长都可以看到。我们所能观察到的便是：当小孩辨识出某人或某物——当他“认识”了一个人

① ［译注］西西弗斯触犯了众神，诸神为了惩罚他，要他把一块巨石推到山顶，但巨石每每未上山顶就又滚下山去，于是西西弗斯就不断地推石上山，永无止境地做着同样徒劳无功的事情。

或一样事物时——我们就会觉得小孩开始有意识了。毫无疑问，这正是天堂中的智慧树结出致命果实的基础。

那么，在这个角度上，辨识和认识又是什么呢？我们所说的“认识”了一样事物，是指我们成功地把一个新的知觉与已经建立起来的情境联系起来，并且将新的知觉和情境同时保存在我们的意识中。所以，“认识”是建立在心理内容之间的有意识联系之上的。我们无法认识一个毫无关联的内容，甚至不能够意识到它们。于是，我们所能观察到的第一个意识阶段，便是将两个或多个心理内容联系起来。在这个阶段，意识仅仅是零散的，局限于少数几个联结的表征，这些内容也不会存在于记忆中。事实上，在生命的最初几年，是没有连续的记忆的，至多有一些记忆的孤岛，就像无边黑暗中的一盏孤灯或发光体。但是这些记忆孤岛跟最初的心理内容的联系已不是一回事了，它们包含了更多的、更新的内容。这些内容非常重要，正是这一系列相互关联的内容，构成了所谓的“自我”。自我——就像最初的一系列内容一样——对意识而言是一个客体，因此，小孩在一开始总是会用客观的方式称呼自己，也就是用第三人称。只有等到再晚些时候，当构成自我的内容本身充满了能量时（这很可能是练习的结果），主观的感觉，或者说“自我感”才会产生。毫无疑问，从这一刻起，小孩就开始用第一人称来称呼自己了。在这个阶段，连续的记忆开始出现。所以，连续的记忆本质上是自我记忆的连续。

意识处于幼稚阶段时是没有问题的。这时主体还不能被依靠，因为小孩本身仍然完全依靠于父母。这就好像小孩还没有完全出生，他仍然笼罩在父母的心理氛围中。心理上的出生，以及随之而来的把自我与父母有意识地区分开的过程，一般发生在青春期，伴随着性生活的突然出现。生理上的变化通常伴随着心理上的革命。因为身体的各种症状经常毫无节制地表现出来，这便强调了自我。因此，这个时期有时被称为“无法承受的年纪”。

在青春期之前，个体的心理生活基本上被冲动所控制，很少或者根本不会遇到问题。甚至当外界局限与主观冲动发生冲突时，这些局限也不会让个体与自己发生矛盾。他要么服从这些局限，要么绕过它们，始终与自己保持一致。他还不能认识到问题带来的内部的紧张状态。只有当外界局限变成内部的障碍时，也就是一种冲动与另一种冲动发生冲突时，才会引发内部的紧张状态。用心理学的术语来说，便是紧张状态——即与自己有分歧的状态——是由问题引发的，这个问题便是一系列的自我内容与另一系列同样强度的内容同时出现了。这第二个系列，由于它的能量价值，与自我情结在功能上具有同等的重要性，我们可以称之为“另一个自我”或“第二个自我”，在某些情况下，它可以夺过第一个自我的主导权。这便造成了个体与自己的疏远——这种状态就表示问题出现了。

综上，我们可以做如下的概述：意识的第一个阶段由辨识或“认识”构成，是一种无序而混沌的状态。第二个阶段——自我情结的发展——是一种独裁化的或一元化的阶段。在第三个阶段，意识又前进了一步，它由人对自己的分裂状态的认识构成，这个阶段是二元化的。

到这里，我们才进入了实际的主题，也就是人生阶段的问题。首先我们必须讨论青壮期。它的大致范围是从青春期到中年之间，这里的中年是指35岁到40岁左右。

可能有人会问，为什么我会选择人生的第二个阶段作为开始。难道没有关于童年时期的困难问题吗？对于父母、教育者和医生来说，儿童复杂的心理生活当然具有非常重要的地位，但是在正常情况下，儿童并没有真正属于自己的问题。只有当一个人长大了，他才会对自己产生疑问，与自己发生分歧。

我们都已经非常熟悉青壮期各种问题的起源了。对于大多数人而言，这个起源是：迫于生活压力而匆忙地终结了童年的梦想。如果个体做好了充足的准备，其向职业生涯的转变可能就会比较顺利。但是，如果一个人放不下那个与现实矛盾的幻想，肯定就会生出问题来。所有人在初尝生活滋味的时候都会有一些臆测——有时它们是错误的。也就是说，这些臆测可能并不符合一个人所处的环境。于是常常会出现问题，比如，期望过高、对困难的低估、盲目乐观或态度过于消极，等等。这些臆测名目繁多，它们引发了最初的意识问题。

然而，引发问题的并不总是主观臆测与外界事实的冲突，也有可能是内在的、心理上的扰乱。即使在外部世界一帆风顺的时候，这种扰乱也可能存在。扰乱了心理平衡的，经常是性冲动；同样常见的还有自卑感，自卑来自让人不堪重负的敏感。甚至在无须多么费力就能够适应外部世界的时候，这些内在的困难仍可能存在。似乎对于年轻人来说，如果他们不得不为生存而奋力挣扎，那就得以幸免于内在的问题；相反，如果他们由于各种原因而很容易适应外部世界，却会遇到性欲的问题，或者来自自卑感的冲突。

那些自身性情就伴随着问题的人，他们通常是神经质的，但是如果把问题的存在与神经症混为一谈，那就大错特错了。二者之间有明显的区别，神经症是一种疾病，因为患者意识不到自己的问题；而一个性情不佳的人并没有病，他只是遭受着意识问题的折磨。

青壮期有着无穷多种个体化的问题，如果试着从中抽提出一些共同的、根本的因素，我们就会发现，差不多每一个案例都有一个特殊的特征：他们多少都会固着于童年阶段的意识——一种对命运的力量的抗拒，而这种力量无所不在，将我们卷入这个世界之中。我们身上的一些东西希望我们保持儿童状态；它们希望我们是无意识的，或者最多能够意识到自我；它们希望我们排斥一切陌生的事物，或者至少让事物服从于我们的意志；它们还希望我们什么也不做，或者沉溺于追逐我们自己的快乐或权力感。在这种倾向中，我们可以看到一些类似于物质的惯性的东西；相较于二元论阶段，它要保持迄今为止的状态，即较低的意识水平、较为狭隘和自私自利。因为在二元论阶段中，个体发现自己被迫承认和接受一些不同的、陌生的事物，并把它们当作自己生活的一部分——如同是“另一个我”。

二元论阶段的本质特征是生命视域的扩展——以及对这种扩展的抵抗。诚然，这种扩展——或者用歌德的话说，这种“舒张”——早在二元论阶段之前就开始了。它开始于出生的时候，那个时候孩子便脱离了母亲子宫的狭窄限制；从那时起，它就平稳地增长，直至达到某个临界点，由于受到了问题的困扰，个体便开始抵抗它。

如果一个人把自己变成另外的、异质的“另一个我”，而让最初的自我消失在过去，那么他会变成什么样呢？我们也许会以为这是个颇为实用的办法。从布道时所说的要抛弃以前的亚当，追溯到原始民族的再生仪式，可见宗教教诲的目的，就是要把人转化成一个崭新的——活在未来的——人，并消除陈旧的生活形式。

心理学告诉我们，从某种意义上讲，心灵中没有什么是陈旧的，亦没有什么会真正地、绝对地消亡。就连使徒保罗也有一根刺加在他的肉体上。如果有人退回过去，来保护自己免于接触新鲜陌生的东西，那么，他就会陷入神经症的状况；如果有人只认同新的东西，而背离了过去的话，结果也是一样。他们之间唯一的区别是：一个人疏远了过去，另一个人则疏远了未来。从本质上说，二者做着同样的事情，他们都紧抓着一种狭隘的意识状态不放。解决的办法就是利用对立的张力——其存在于二元论阶段中——来粉碎它，然后建立一种更广阔、更高级的意识。

如果能在人生的第二个阶段就完成这一任务，那将是很理想的——然而障碍正在于此。一方面，自然丝毫不在乎更高层次的意识；但是另一方面，意识也丝毫不在乎自然。而且，社会也不认为心灵的这种特长有多重要的价值；社会总是赞赏成就，而不是人格——在大多数情况下，后者只有在人去世后才会受到赞赏。既然如此，我们有必要采取一种特殊的方式来解决这个问题：我们迫使自己去做力所能及的事情，使某些才能凸显出来，因为只有这样，一个有能力的个体才能成为一个社会人。

成就、成材等都是我们的理想，它们似乎可以引导我们走出各种问题的困扰。在我们扩展和巩固心理存在的探索过程中，它们就像是我们的北极星——能帮我们扎根于这个世界；但是，它们不能引导我们发展出更广阔的意识，也就是我们所说的“文化”。不管怎么说，在青壮年阶段，这种过程是正常的，在任何情况下，它都比在问题的海浪中随波逐流好得多。

所以，这个两难问题经常用这种方法来解决——过去给我们的一切都要适应未来的可能和需求。我们若将自己局限于力所能及的事情，就意味着放弃一切其他的潜能。有的人会失去一部分宝贵的过去，有的人则会失去一部分宝贵的未来。每个人都有一些朋友或者同学，他们曾经是前途无量、理想主义的年轻人，然而数年后再相遇的时候，他们似乎已经变得干涸，被圈在了一个狭隘的模具中。他们都是使用了上述解决办法的例子。

然而，人生的严肃问题永远都不能彻底解决。如果什么时候它们看似完全解决了，那么就说明有什么内容被遗漏了。问题的意义和目的并不在于最终的解决，而在于我们不停地去解决它。单是这一点就能帮助我们免于头脑愚笨和僵化。对于青壮年时期的问题的解决而言，即将自己局限于力所能及的事情，也有一样的作用。不过在更深的层次上，这只是暂时有用，但不能持久。当然，在社会上给自己赢得一席之地，或者转变天性使其适应现实，在任何情况下都是非常重要的成就。这不仅是与外界的斗争，也是与内在的斗争，堪比儿童保卫自我的战斗。我们必须承认，这场战斗几乎是观察不到的，因为它在暗中发生；可是，当我们看见有人多年来一直固守着幼稚的幻想、成见和自私的习惯时，我们就能够意识到这场战斗消耗了多少能量。那些在青壮期引领我们走进生活的理想、信念、引导性的观念和态度，也是这样——我们为了它们而奋斗、承受痛苦并获得胜利，它们与我们自身的存在合为一体，我们似乎也变成了它们，因此我们欢欣鼓舞、理所当然地要使它们永垂不朽，就像孩子在世界面前展现自我，却顾不上自己——有时甚至存心伤害自己。

当我们离中年越来越近时，当我们更成功地扎根于我们的个人立场和社会地位时，我们似乎步入了正途、找到了正确的理想和行为准则。因此，我们便把它们当成了永远有效的东西，一成不变地死守着它们，并把这当成一种美德。我们完全无视了一个基本事实，即获得社会嘉奖的代价往往是个性的萎缩。生活中有很多应该体验的方面，但它们却被丢在了储藏室，与许多尘封的记忆在一起。有时，它们甚至成为灰烬覆盖下的烧灼的煤炭。

统计显示,40 岁上下的男性的精神抑郁症的发病率有所上升。而对于女性而言，神经性障碍通常会出现得更早一些。我们可以看出，在这一人生阶段——35 岁至 40 岁之间——酝酿着人类心灵的一次显著变化。起初，这个变化并不明显，也不惊人，它更经常地表现出一些间接标志，似乎这一变化是起源于无意识的。通常情况下，它就像一个人的性格发生了缓慢的改变；在另外一些案例中，则像是某些在童年时期本已消失的特征又出现了；又或者是某些倾向和兴趣逐渐变弱，一些其他的倾向和兴趣出现并取而代之。此外，我们还经常可以看到，一些迄今为止都被接受的信念和原则——特别是道德方面的原则——开始变得严格，并且越来越顽固，到50岁时，就到达了一种偏狭而狂热的境地。在这一时期，好像有什么威胁着这些原则的存在，因此需要更加强调它们。

青春之酒并不总是随着年龄的增长而日益清澈，它时常会变得浑浊。上述这些表现，在偏激之人身上看得最是清楚，它们迟早都会显现出来。我认为，如果一个人的父母一直健在，那么这些表现经常会延缓出现。那就像是这个人的青年期被过度延长了。在一些父亲长寿的男病人身上，我尤其可以看到这一点。而父亲的死亡则会导致太过急促的——几乎是灾难性的——成熟。

我认识一位虔诚的教会执事，他从40岁起，就道德和宗教问题表现出了日益增长的不宽容态度，最后到了令人无法忍受的程度。同时，他的性格也越来越差。最终，他变成了阴郁低劣的、纯粹的所谓“教会的支柱”。他就这样直到55岁，突然有一天夜里，他从床上挺身坐起，对他的妻子说：“现在我终于明白了！我其实就是一个地道的流氓。”这种自我意识很快就带来了后果。他在晚年过得非常放纵，挥霍掉了自己的大部分财产。他真是个好样的，能够从一个极端直接倒向另一个极端！

成年期常见的神经症扰动都有一个共同的特征：它们流露出一种企图，想把青年的心理性格带入所谓的“谨慎周到”的年纪里来。谁没见过那些多愁善感的老先生们，天天拿着他们学生时代的旧事炒冷饭，他们只有通过回忆当年的英雄事迹，才能重获生活的热情——其余时候，他们只能做一个无望而麻木的市侩老人。当然，他们也有一样不可小觑的好处：他们不会得神经症，顶多是无聊透顶、俗不可耐罢了。会得神经症的是另外一种人，他们既不喜欢当下的每一件事，也永远不会欣赏过去的事。

正如青壮期的神经症患者无法逃脱童年一样，中年期的神经症患者无法逃脱他的青年时代。他在老去的灰色想法面前退缩，而且，他觉得这种前景令人无法忍受，于是拼命往后看。就像一个幼稚的人在面对未知的世界或人时会退缩一样，成年人在回避着人生的后半部分。就好像要他去完成一项未知而危险的任务；又好像他面临着牺牲和损失，而这种牺牲和损失是他无力承受的；或者好像他迄今为止的生活都是那样美好和珍贵，他不能够失去它。

也许这实际上是对死亡的恐惧？我认为这个可能性不大，因为通常死亡还远得很，而且只被看作一个抽象的事物。经验告诉我们，这一转化中所有困难的基础和原因，都包含在心灵深刻而特殊的变化之中。为了描述它的特征，我得用太阳每天的轨迹来打个比方——不过，这个太阳被赋予了人类的感情和意识。每天早晨，太阳从无意识的夜间的大海中升起，俯视着宽阔明亮的世界，随着太阳在天空中的位置越来越高，世界也逐渐变得更加宽阔。太阳自身的升高导致了其作用领域的扩展，太阳将从中发现自己的意义，它会把上升到最高的那一点——洒下最广阔的恩泽——当成目标。带着这种信念，太阳追寻着它到达至高点的无法预见的轨迹；之所以无法预见，是因为太阳的旅程是独一无二的、是个体化的，而且无法提前算出它的至高点。在正午的钟声敲响之时，太阳开始下降。下降意味着上午曾经被珍视的所有理想和价值观的逆转。太阳陷入了自我矛盾之中。似乎它应该收回自己的光线，不再放射光线。光和热变弱了，最终彻底消失。

这些比方都相当蹩脚，但是至少不比别的比方更加蹩脚。有一句法国谚语以犬儒式的态度总结道："愿年轻人有智慧，愿老年人有精力。"

幸运的是，我们人类并不是朝升夕落的太阳，如果是这样的话，对我们的文化价值观是很不利的。但是，我们身上确实有某些类似于太阳的东西，所以，我们才喜欢说"人生的早晨""人生的春天"或者"人生的傍晚""人生的秋天"。这些说法不只是多愁善感的老话，事实上，它们表达的是一个生理学的真理，而且也是一个心理事实：人的气质会随着太阳的逆转而发生改变。特别是在南方种族中，我们可以观察到，年长的妇女的声音会变得粗哑低沉，唇部开始长出胡须，面部表情变得严厉，还会出现一些其他的男性气质。而另一方面，男性则由于出现了女性气质而导致其男性气质有所减弱，例如，身体变得肥胖，面部表情也变得柔和起来。

在文化人类学文献中，有一篇有趣的报道记载了一位印第安武士的故事。在这位武士中年的时候，印第安部落崇拜的大神出现在了他的梦中。大神对他宣布，从此以后，他必须坐在妇女和儿童中间，穿女性所穿的服饰，吃女性所吃的食物。他顺应了这个梦，但是并未因之丧失自己的声誉。这个梦真实地表达了人生处于正午时分——也就是生命开始走下坡路的时候——的心理进化。人们的价值观以及身体都开始发生逆转，进入了相反的方向。

我们也许可以把男性气质、女性气质及其心理成分比作储存在一个特别的仓库里的物质，在生命的前半段，对它们的使用是不平衡的。一个男人大量地消耗自己的男性物质，所以只剩下少量女性物质，于是他不得不开始使用这些女性物质。女性的情形正好相反：这时她正好可以使用那些剩下的男性物质。

与生理领域相比，这种转化在心理领域表现得更加明显。一位四五十岁的男性放弃了自己的生意，而他的妻子则挑起大梁，开了一家商店，这位男性时不时地去搭把手——像这样的情况是否经常发生呢？有很多女性，40 岁以后才具备社会意识，开始意识到自己的社会责任。在现代商业生活中——特别是在美国——40 岁或 40 岁以上的人突然发生精神崩溃的情况非常普遍。如果我们对这些患者稍加研究，就会发现真正崩溃的东西其实是一直以来作为支柱的男性的生活方式，而今只剩下一个女性化了的男人。反过来，我们也可以观察到，同样在这些商业圈里，女性在生命的后半部分发展出了一种非同寻常的男子气概和敏锐性，她们把情感和同情心推到了一边。这个逆转经常伴随着各种各样的婚姻灾难，不难想象，当丈夫发现自己有柔弱的感情、妻子发现自己有敏锐的头脑时，将会发生什么。

最糟糕的是，在有知识、有教养的人士尚未意识到这些转化有发生的可能性时，它就已经发生了。他们毫无准备地开始了人生后半部分的旅程。也许我们应该为40岁以上的人设立专门的学校，让他们学习如何应对即将到来的生活及其要求，就像普通的学校教给年轻人关于世界和生活的知识一样。可惜的是，我们没有这样的学校。我们毫无准备地步入了人生的下午；更不幸的是，我们迈出这一步时怀有一种错误的预期，以为已掌握的真理和理想会像之前一样为我们服务。但是，我们不能按照上午的程序来度过下午——因为在上午显得很伟大的东西，到了下午就会变得渺小；上午的真理，到了下午就会变成谎言。我为很多年长的人做过心理治疗，浏览了太多灵魂中的秘密，所以对这一基本事实坚信不疑。

上了年纪的人们应该知道，他们的生活不是走上坡路，也不会继续扩展，相反，一种无情的内在过程迫使其生活开始收缩。对年轻人来说，过分关注自己几乎是一种罪恶——当然也是一种危险；但是对老年人来说，认真关注自己是一种责任，也是必要之举。在把光芒洒遍世界后，太阳又将光芒收敛，来照亮自己。老年人也应当这样做。但是许多老年人却甘愿变成忧郁症患者、吝啬鬼、教条主义者，去吹捧所谓“已逝的”或“永恒的青春”——这些做法都是可悲的代偿，试图逃避照亮自己，也是错以为前半生的原则也能用于后半生的必然后果。

我刚才说我们没有为40岁以上的人开办的专门学校。其实，这样说也不尽符合事实。因为在以前，宗教一直发挥着这种学校的作用，但是，今天还有多少人这样看待宗教呢？在老年人之中，又有几个人真正地在这所学校里学习过，为生命的后半部分——衰老、死亡和永恒——做好了准备呢？

如果长寿对于人所属的物种没有意义的话，人必定不能活到七八十岁。因此，人生的下午必有其意义，不可能只是人生的上午的可怜累赘。毫无疑问，上午的意义在于个体的发展，在于我们要扎根于外部世界，在于种族的繁衍以及照顾我们的孩子。这显然是自然的目的。但是当这一目的已经实现——甚至超额完成——以后，难道我们还要毫无理智地继续挣钱、扩大征服领域以及拓展生活吗？如果一个人把上午的法则——也就是自然的目的——带到了下午，他必然会付出伤害灵魂的代价，就像一个抱着童年的自我不放的年轻人，必然会因为这个错误在社会上遭遇失败一样。挣钱、立足于社会、成家和繁衍后代，这些仅仅属于自然，而不属于文化。文化超越了自然的目的。

那么，文化会不会是人生后半部分的意义与目的呢？

在原始部落里，我们可以看到，老年人几乎永远都是神秘事物与戒律的守卫者，而部落的文化传承正体现在这些神秘的事物和戒律上。我们的情形又是如何呢？我们的老年人拥有的智慧——他们珍贵的秘密和眼界又在何处呢？我们的老年人大都在与年轻人竞争。在美国，父亲与儿子以兄弟相称，而母亲恨不能成为女儿的妹妹，这几乎就是人们的理想。

我不知道这种混乱在多大程度上是对从前过分强调年长为尊的反弹，又在多大程度上可以归咎于错误的理想。这类理想无疑是存在的，但怀有这种理想的人的目标在过去，而不是将来。因此，他们总是努力地想要回到过去。我们应当体谅这些人，因为前半生的目标人人皆知，但后半生的目标却不那么显而易见。生命的拓展、有用于人类、拥有精湛的技艺和举足轻重的社会地位、精明地操纵儿女步入合适的婚姻以及取得好的职位——这些目标难道不够吗？可惜很多人都认为上述意义或目标并不够，因为他们觉得衰老便是生命的萎缩，会让他们早先的理想褪色、失效。当然，如果人们已经畅饮了生命的美酒，饱尝了生活的滋味，他们现在对待一切事物的感受就会大不相同；也就是说，如果他们在年轻时纵情地燃烧过，他们就能十分享受老年的平静。但是我们不要忘了，只有极少数的人懂得生活的艺术；因为生活的艺术是一切艺术中最杰出也最罕见的。又有几人能优雅地饮尽生活之酒呢？所以，大多数人真的不曾活过——可能有时他们拼尽了全力都无法做到。这样一来，他们便怀着未得到满足的索求之心步入了老年，这不可避免地令他们回头张望。

对这个群体而言，回头张望是极其致命的，而给未来设定一个预期或目标则是不可或缺的。这也是为什么所有伟大的宗教都许诺有一种死后的生活，这能使普通人得以带着与前半生同样的坚持和目标度过后半生。当代人认为，扩展生命和勇攀高峰是合理的目标，但是对死后的灵生却持怀疑态度，认为这不可思议。然而，只有当生存不幸得让我们宁愿它结束时，或者当我们确信太阳在下沉——“去照耀远方的民族”——之际也付出了与攀登顶峰一样的坚持和努力时，生命的结束——死亡——才会成为目标。但是在今天，信仰变成了一门深奥的艺术，这使人们——尤其是受过教育的人——很难树立信仰。人们通常会认为诸如永生的这类问题时常自相矛盾，而且拿不出令人信服的证据。在当今世上，“科学”成为流行语，人们对之深信不疑，总是想要用“科学”证明一切。但受过教育、懂得思考的人明白，想用科学证明永生这类问题简直是无稽之谈。坦白地说，我们对这类问题一无所知。

既然如此，我们是不是也同样无从得知一个人死后会发生什么呢？答案既不是肯定的，也不是否定的。因为我们无法用科学的方法确凿地证明这一点，所以我们问这个问题，就好比问火星上是否有人居住。就算火星上有常驻民，他们也一定不在乎我们是肯定还是否定他们的存在。他们也许存在，也许不存在。所谓的“永生”，也是这么一回事——因此，我们不妨把这个问题搁置不提。

但是本着我那颗医生的良心，我必须就此问题再补充一个要点。我观察到，一种有目标的生活与漫无目的的生活相比，通常显得更好、更富足，也更健康；顺应时间的溪流，比逆流而上要更好。在心理治疗师看来，一个不肯向生活道别的老人，就像一个不能接受生活的年轻人一样软弱、病态。事实上，这两类病例体现了同样的幼稚贪婪、等量的恐惧、相等的固执任性。作为一名医生，我相信在死亡之中发掘出一个目标，以便当事人能够为之奋斗，是符合卫生学的——如果我可以用“卫生学”这个词；在死亡面前退缩是不健康、不正常的，这会剥夺后半生存在的意义。因此，我认为宗教关于死后灵生的教义符合心理卫生的立场。如果我知道自己住的房子在两个星期内就会倒塌，那么，我全部重要的功能都会被这一想法所损害；如果情况相反，我会感觉很安全，那么，我就可以正常、舒适地居住在这里。因此，从心理治疗的角度看，合适的做法是把死亡仅仅看作一次转变——当作生命历程的一个环节，毕竟我们无法衡量生命的范围和长度。

大部分人并不知道身体为什么需要盐分，可是尽管如此，人们依然出于本能需要而摄取盐分。心灵的事也是这样。从远古时代起，绝大部分人就感到有必要相信生命是延续的。因此，心理治疗的要求不会让我们误入歧途，而是引导我们走向人类已经踩出的康庄大道。所以，我们关于生活意义的想法是正确的，尽管我们并不理解它背后的道理。

我们总是清楚自己在想什么吗？我们唯一理解的思考，是那种像一个公式一样，放进去什么，就算出来什么的思考。这就是智力活动。但是除了智力活动，还有一种使用原始意象来进行的思考——这些象征比人类的历史还要古老，它们从创世之初便根植于人类心中，而且源远流长，历经千秋万代，至今仍然是人类心灵的根基。只有当我们与这些象征和谐共处的时候，我们才有可能过上完满的生活，也才会由此获得智慧。这无关信仰，也无关知识，只是因为我们的思考与无意识原始意象之间的一致性。这些意象是我们一切有意识思想的根源，而这些意象之中便包含了死后的灵生。这些意象与科学是截然不同的。它们不仅是想象力不可或缺的前提，还是第一手的数据——科学也不能随意否定它们存在的权力和正当性。科学只能把它们当作既定事实，就像探索甲状腺的功能一样去探索其功能。在 19 世纪以前，甲状腺之所以被认为是一个没用的器官，仅仅是由于人们的无知。如果今天我们说原始意象毫无意义，那么，我们便也犯了同样的目光短浅的毛病。在我看来，这些意象好比心灵的器官，我得万分谨慎地对待它们。有些时候，我不得不对某位年长的病人说：“你心里的上帝，或者说你的永生信念消退了，所以你的心理代谢出了毛病。”古代的不死药，即长生不老药，其意义远比我们以为的更深刻。

在这里，我想再次提及太阳的比喻。人生就像日升日落，可以分成四个部分。第一部分在东方，它是童年——在这种状态下，我们对别人来说是问题，但我们不曾意识到自己的问题；第二和第三部分则被意识问题充满了；到了最后一个部分——极高龄的时期——我们又退回到那种不用担心自己意识状态的情况中了，再一次变成了别人的问题。当然，童年和极高龄是截然不同的，可是它们也有一个共同点——二者都沉浸在无意识的心理事件中。儿童的心智会渐渐成熟，超越无意识的阶段，所以其心理过程——虽然也不太容易观察——并不像老年人的心理过程那样难以观察，因为老年人重新被无意识所淹没，并逐渐消散在无意识中。童年和老年是没有意识问题的人生阶段，因此在这里不做讨论。

第六章

弗洛伊德与荣格——对比的视角

弗洛伊德的观点与我本人观点之区别，着实该由圈外人去讨论，因为圈外人不曾受到我们二人观点的影响。我能足够公正地看待自己的观点吗？凡人能够做到这一点吗？我觉得不能。假如我听说有人完成了这一壮举，堪与孟豪森公爵[①]比肩，我一定会觉得他的观点是从别处借来的。

然而，名义上的作者并不拥有那些广为接受的观点；恰恰相反，作者其实是这些观点的奴仆。令人印象深刻、被尊奉为真理的观点，都有一些共同的特点。尽管它们出现在某个特定的时间点，但它们却是永恒的；它们产生于生机勃勃的心灵王国，在这个王国里，个体那转瞬即逝的

---

① ［译注］孟豪森公爵（Baron Münchausen），又译敏豪森公爵、敏希豪生公爵，是德国作家鲁道尔夫·埃里希·拉斯伯（Rudolf Erich Raspe，1737—1794）《吹牛大王历险记》（*Münchhausens Unglaubliche Abenteuer*）一书中虚构的人物。该人物的特点是喜欢吹嘘编造的经历，例如，在月球上漫步、拽着自己的头发把自己拉出沼泽等。此处的引申含义是“夸张地讲述编造的自传故事”。

思想，就像一棵植物一样，萌芽、开花、结果，旋即又枯萎、死亡。这些观点并非来自某一个体的个人生活之中。我们不曾创造这些观点；相反，是观点创造了我们。当然，在谈及某个观点时，我们不可避免地要进行自我剖析，它们不仅会揭示出我们心中光鲜亮丽的一部分，也会揭露出我们心中的阴暗之处和个人缺陷。对心理学的观点而言，尤其是如此。它们除了来自生活最主观的一面，还能从哪儿来呢？从客观世界中获得的经验能帮助我们避免主观成见吗？难道不是有一种经验，即便是最理想状态下的，都在很大程度上等价于主观解释吗？换个角度看，主体也是一个客观事实，是世界的一部分。来自主体的问题，归根结底也是从最普遍的土壤中长出来的，正如最罕见、最奇异的有机体也生长在地球上，也依赖地球的滋养，与我们共享一个地球。最主观的观点，恰好也最接近自然、最接近生命有机体，因此，应当被认为是最真实的。可是，到底什么是真实呢？

出于心理学的考虑，我认为最好不要以为我们今天所处的位置能让我们对心理的本质作出“真实的”或“正确的”断言。我们所能做到的最多只是真实地表达。我所说的“真实地表达”，是指公开宣布并详细记录一个主体所注意到的任何事物。有的人可能会强调这些材料得以表达的形式，并因此认为，他创造了从自身发现的这些事物。有的人则可能会强调自己扮演的是观察者的角色；他意识到了自己的接纳状态，并坚信自己所观察到的材料是自发出现的。而真实就在这两种极端之间。真实的表达就是给观察到的事物赋予合适的形式。

不论现代心理学家的志向多么远大，他们都无法取得比正确的接受方式或合适的表达方式更高的成就。我们目前的心理学，只是一些个体将他们在自己身上发现的东西所进行的描述而已。他们的表述形式有时是恰当的，有时则不是。由于每一个体都或多或少会偏向于某种类型，他所宣称的就可以被视为对某一群人的相当有效的描述。而且，既然其他类型的人也同属于人类，我们就可以断定这些描述也同样适用于他们，只不过不那么契合罢了。弗洛伊德关于性欲、幼儿期的快感、它们与“现实原则”相冲突的言论，以及他对乱伦等问题的言论，皆可看作对他本人的心理构成的最真实表达。他为在自己身上发现的东西赋予了恰当的形式。我并非弗洛伊德的反对者；只是因为弗洛伊德本人及其门生的短浅目光，我才被当成了反对者。任何一个经验丰富的心理医生都会承认，他们至少遇到过数十个完全符合弗洛伊德的基本描述的案例。通过公开宣称在自己身上的发现，弗洛伊德推动了一个人类伟大真理的诞生。他倾尽一生，拼尽全力创立了一门心理学，而这门心理学正是对他自身存在的系统性说明。

我们是什么样的人，决定了我们用什么样的眼光看待事物。而他人与我们不同，他们看待事物、表达自己的方式也与我们不同。弗洛伊德最早的门生之一——阿德勒就是一个典型例子。他与弗洛伊德研究了同样的经验素材，但分析素材的方式与弗洛伊德完全不同。阿德勒对事物的描述与弗洛伊德的同样有说服力，因为他也代表了一个普遍的类型。我知道这两个学派的支持者都会说我讲错了，但是我希望历史和客观公正的人们能够证实我的话。在我看来，这两个学派应该受到同等的指责，因为他们过分强调了生活病态的方面，并过于绝对地从缺陷出发去理解人类。弗洛伊德不能理解宗教体验的事实恰好证明了这一点，他的著作《一种幻象之未来》（*The Future of an Illusion*）清楚地体现了这一点。至于我本人，则是倾向于从健康、安稳的角度去看待人类的，而不是用弗洛伊德的著作所强调的观点去看待病人。弗洛伊德的学说绝对是片面的，因为那是从与头脑的神经症状态有关的事实中总结出来的，该学说也仅适用于神经症状态。有了这些限制条件，尽管弗洛伊德的学说内容有误，但它真实有效，因为错误本身也是学说的一部分，都反映了一个更大的真实。总而言之，弗洛伊德的学说并不是一门关于健康头脑的心理学。

弗洛伊德心理学的病态之处在于：它建立在一种未加批判的，甚至无意识的世界观之上，这非常容易导致人类的经验和理解变得狭隘。弗洛伊德的一大错误就是他忽视了哲学。他不曾批判地思考过自己的前提以及观点的基本假设。但是，不难看出这种批判性思考是非常必要的；如果弗洛伊德批判性地审视过自己的假设，他绝不会像在《梦的解析》（*The Interpretation of Dreams*）中做的那样，把自己罕见的心理倾向幼稚地公之于众。他起码会遇到我曾遇到的那些困难。我从未拒绝过哲学批判这杯苦甜参半的酒，但是我总是克制地饮用它，每次只抿一小口。反对我的人可能会说，这样喝得太少了；可是我的感觉告诉我，这样已经太多了。自我批评太容易污染人的天真，而天真是任何一个有创造性的人都不能缺少的无价财富和珍贵天赋。总之，哲学批判使我看到，每一种心理学——包括我本人的在内——都带有主观告解的特征。不过，我必须防止我的批判力破坏了我的创造力。我清楚地知道，我所说的每一个字，都带着与我自己——特别的、独一无二的自我——有关的东西，而自我有其独特的历史的世界。甚至我在处理临床资料时，也一定是在谈论自己。但是，我只有无条件地接受这个事实，才能够为人类认识自己的事业作出贡献——弗洛伊德也希望为这一事业作出贡献，而且不管怎样，他确实贡献出了自己的力量。知识不仅仅建立在真理之上，也建立在错误之上。

也许此刻的问题就是要接受这样一个事实，即每一种心理学学说都带有其创造者的主观色彩，这便导致了弗洛伊德与我的深刻差异。

我认为，这一差异主要在于我与弗洛伊德看待世界的角度不同，我总是试图把自己从无意识的、未经批判的假设之中剥离出来。之所以说“我试图”，是因为没有人能够肯定自己已经逃离了所有无意识的臆断。至少我尽量让自己避开那些愚蠢的偏见，也是因此，我倾向于承认各种各样的神的存在，只要它们活在人们的心灵之中。我毫不怀疑自然本能或驱力是人类生活的推动力，不论我们称之为“性欲”还是“权力欲望”；但是，我也毫不怀疑这些本能与精神发生了冲突，因为它们不断地与其他事物发生冲突，那我们为何不把这种事物称为“精神”呢？我远不了解精神的本质是什么，我也同样不了解本能是什么。二者于我而言同样神秘，但是我亦不能用同样的语言来描述它们。那将是对二者的彻底误解，自然界中是不存在误解的，只有在人们所谓的“理解”的领域中才会出现误解。本能和精神当然会超出我的理解范围。它们只是一些术语，被用来指代一些巨大的力量，而我们并不了解这些力量的本质。

显而易见，我认为一切宗教都具有积极价值。在宗教象征中，可以发现我在病人的梦和幻想中遇到过的形象。在宗教的道德说教中，可以看到与我的病人所做的相同或相似的努力，也就是说，我的病人在自己的洞察力或灵感的引导下，找到了应对生活内部压力的正确方法。典礼、仪式、入会仪式、苦行禁欲，以及它们的各式变体，都令我极感兴趣，我把它们看作与生活的天然压力建立适当关系的方法。同样地，我也认为生物学和自然科学的经验主义具有积极价值，它们体现了从外在世界着手，去理解人类心灵的艰难努力。而诺斯替教[①]，则是从相反方向进行的、同样惊人的尝试——即向内在寻求与宇宙有关的知识的尝试。我心目中的世界，既包括一片广阔的外在领域，也包括一片同样广阔的内在领域；人类站在二者中间，时而面对这边，时而面对那边，然后依据自己的心境和性格，把其中一边当作绝对真理，否定或者牺牲了另一边。

当然，这个场景只是假设性的，但是这一假设的重要性令我无法将之舍弃。我认为，这一假设既是探索性的，也经受得住实践的考验，甚至一般常识便能够支持它。这个假设显然来自我的内在领域，尽管是外在领域中的实证研究使我发现了它。这个假设不仅促成了我的类型理论，还使我与一些对立的观点，比如弗洛伊德的观点，得以调和一致。

我发现一切事物都包含着对立的活动，并从中发展出了我的心理能量概念。我认为，心理能量来自对立双方的运动，就像物理能量能朝着两个方向变化一样，即存在着暖和冷、高和低这样的对立概念。弗洛伊德最初认为性欲

---

① ［译注］诺斯替教（Gnostic religions），得名于古希腊语中“真知”（gnosis）一词，指公元二三世纪时存在的一系列宗教流派，其共同框架是：有一位高于所有尘世现实的“善神”；我们所见的世界则由一位“半神”创造，他通过将属于神圣的上层世界的气体与邪恶的物质混合，形成了下层的拥有肉身的人类；人类需要意识到自身的神性来得到救赎而返回神界。

是唯一的心理驱动力量，直到我与他分道扬镳后，他才指出其他心理活动也可能有同等的作用。与弗洛伊德不同，我一直认为各种心理驱力或力量都属于能量的范畴，以避免片面地讨论驱力（drives）或冲动（impulses）。因此，我从不单独谈论驱力或力量（forces），而谈论“价值强度”①。我说这些并不是想否认性欲在心理生活中的重要性，尽管弗洛伊德顽固地认为我是否认它的。我的目的仅仅是为“性”这个被滥用的术语划出一个界限，因为它有可能毁掉一切关于人类心灵的讨论；我只想让性欲回到它适合的位置上去。常识不断地向我们呈现这样一个事实，即性欲只是一种生存本能——一种心理生理功能——尽管它含义深远、意义重大。

毫无疑问，性欲这一领域目前十分混乱。众所周知，当我们牙疼的时候，我们往往无暇他顾。而弗洛伊德所描述的性欲正是一种对性的痴迷，每当需要迫使或引导病人改变一种错误的态度或情境时，这种痴迷就出现了。这是对性欲的过分强调，会使性欲在大坝后面不断上涨；只要通往发展的渠道一打开，它马上就退回到正常的水位。性欲被困在对父母、对关系的怨恨之中，被困在家庭情境下

---

① 参见《分析心理学文稿》（*Contributions to Analytical Psychology*）一书中的文章《论心理能量》（*On Psychical Energy*），哈考特-布雷斯出版社，伦敦，1928。
［译注］价值强度（value intensities），是对意识及无意识产物的能量强度的定量估计。荣格认为，人们拥有一个心理价值系统，具备完善的测量功能。

那无聊的情感纠葛之中，这些东西经常造成生命能量的阻断。这种阻断往往会表现为一种性欲，即所谓的“婴儿期性欲”。这并非真正的性欲，只是用一种不自然的方式去释放来自生活的另一个范畴的紧张感。然而，在泛滥的洪水之中，划桨又有何用？头脑清醒的人都知道，此时最重要的是要开凿一条泄洪的渠道。若要改变态度或者开始新的生活方式，我们应该努力找到释放被阻隔的能量所需要的势差。如果做不到这一点，就会陷入恶性循环之中，而实际上，这正是弗洛伊德学派的心理学的危险所在。它并不能指明道路，帮助人们走出生物本能的无法更改的循环。这种无望感令人像使徒保罗一样呼喊：“我真是苦啊，谁能救我脱离这必死的躯体呢？”而一位有智慧的人走上前来，大摇其头，借用了浮士德的话说：“你所意识到的不过是一种冲动。”这就是肉体的束缚，它向前可以追溯到父亲和母亲，向后可以追溯到传承了我们血脉的孩子——与过去“乱伦”，也与未来“乱伦”，这就是家庭情境下永恒的原罪。我们无法从这种联结中解脱出来，除非借助于生活中与之相反的冲动，借助于精神的力量。只有“上帝的孩子”，而非血肉之躯，才拥有自由。在恩斯特·巴拉赫（Ernst Barlach）的家庭生活悲剧小说《死亡之日》（*Der tote Tag*）的结尾，母亲化作的魔鬼说道：“怪哉，人们竟不能够理解上帝就是他的父亲。”这也是弗洛伊德永远不能理解的事情，所有赞同他的观点的人，也都不能理解此事。他们永远都意识不到这一事实的重要性。神学帮不了这些人，因为神学要求虔诚，而虔诚是不能凭空创造的：虔诚在本质上是一种慈悲的天赋。现代人亟需重新发现精神生活，我们必须重新亲自去体验。只有这样，才能打破将我们囚禁于生物本能中的魔咒。

对于精神问题的看法，就是我的观点与弗洛伊德的观点的第三个区别。我因此还被指责为神秘主义者。但是，不论在何时何地，人类总会自动发展出宗教式的表达方式，从远古时期起，人类的心灵之中就充满了宗教式的感情和观念，而这一事实并非是我促成的。看不到人类心灵这一特征的人，一定是盲目的，而那些想要把它忽悠过去，或者把它“启蒙”掉的人，则都没有认清现实。弗洛伊德学派的成员，包括弗洛伊德本人，都具有父亲情结，那么，他们又如何能够把人从棘手的家庭情境中解放出来呢？父亲情结被固执地、敏感地捍卫着，它其实是未被理解的宗教虔诚的外壳，是用生物学和家庭关系表现出来的神秘主义。至于弗洛伊德关于“超我”的观点，只不过是试图暗中在心理学理论的外表下掺入耶和华的古老意象。但是，当一个人做此类事情时，偷偷摸摸倒不如开诚布公地说出来。就我而言，我更愿意使用人们熟悉的名称来称呼事物。历史的车轮不会倒转，从原始的入会仪式开始，人们的精神生活一直在前进，这一点不可否认。我们允许科学划分出不同的研究领域，提出有局限性的假设，那是因为科学本来就是这样运作的；但是，人类的心灵不能分割开来。心灵是一个整体，意识是心灵的一部分，心灵是意识之母。科学思维只是心灵的一个功能，因此，它永远也无法穷尽生活的一切可能性。心理医生不该戴着病理学的有色眼镜来看待世界；他永远都不应该忘记，生病的头脑也是人类的头脑，尽管处于疾病状态，但是它也是人类整体心理生活的一部分。心理治疗师必须能够看到，正是因为自我与整体的联系被切断了，失去了与人类和精神的联结，它才会生病。正如弗洛伊德在《自我与本我》（*The Ego and the Id*）中所说的，自我的确是“恐惧之地”，但是只有当它没有回归到“父亲”和“母亲”那里时才是如此。① 弗洛伊德再一次遇到了尼哥底母②的问题：“一个人能够再次进入母亲的子宫，然后重新诞生吗?”见微知著，历史在今天重现了，这个问题如今再一次成为现代心理学的争论中心。

数千年来，入会仪式一直在教导人们如何获得精神上的重生，但奇怪的是，人们一次又一次地忘记了神圣重生的意义。这当然无法证明精神生活的强大；而且，这种误解将导致严酷的惩罚，比如神经症的衰退、极度痛苦、萎

---

① ［译注］“父亲”和“母亲”此处分别指精神和自然。

② ［译注］尼哥底母（Nicodemus），《新约圣经》第四卷《约翰福音》中的人物。神学家查尔斯·埃利科特（Charles Ellicott，1819—1905）认为，尼哥底母并非不理解“重新诞生”的含义，而是通过提问排除“重新诞生”不可能表示的含义，从而引出其真正的含义，即精神上的重生。

缩和贫乏。把精神排除在生活之外易如反掌，但是一旦我们这样做了，生活也就变得平淡了——它变得没滋没味。幸运的是，古代入会仪式的核心教义一代代地流传下来，这一事实证明了精神的力量是常在常新的。人类之中总会不时出现一些人，他们理解上帝是我们的父亲这一事实所具有的重要意义。因此，世界并没有失去肉体与精神的平衡。

弗洛伊德与我的不同之处在于：我们的基本假设有本质区别。假设是不可回避的，这样一来，如果装作我们没有假设，那就错了。所以，我讨论了最根本的问题，以这些内容为出发点，才能够更好地理解弗洛伊德与我的观点之间的多种细微差别。

第七章

原始人

“原始的”（archaic）一词，意为最初的（primal）、最早的（original）。若要讨论涉及当代文明人类的重要事情，显然是一件最费力不讨好的任务，但是若要讨论原始人，我们便明显站在一个更有利的位置。当我们讨论现代人的时候，我们试着使用一种俯视的视角，但是实际上，我们也抱有与所讨论的对象一样的成见，也被同样的偏见蒙蔽。然而，在讨论原始人的时候情况就不同了，我们离他们生活的时代和世界已经很远了，我们的智力也远比他们要发达。因此，我们明显比他们站得更高，得以俯视他们的世界，检视这个世界对他们而言有何意义。

上一段的最后一句话限定了本文所要涉及的主题。若不是我限制自己只对原始人的心理生活进行探讨，我将无法在如此短小的篇幅里描绘出原始人的样貌。我的主要目标是使这幅图画尽可能地富有信息量，因此，不会涉及人类学中关于原始民族的发现问题。一般在谈及人类时，我们并不会想到人的解剖学——颅骨的形状或者肤色，我们所指的通常是人类的心理世界、意识状态和生活方式，这些都属于心理学的研究对象。所以当谈论原始人的时候，我们将主要谈论原始人的心理。尽管这是一则限定条件，但它实际上拓宽了我们的主题，因为原始的心理过程不只是发生在原始人的身上。当代的文明人也表现出了这些原始的心理过程，远不止于零星出现的现代社会生活中的“复古”现象。实际上，每一个文明人，不论他的意识的发展水平如何，在心灵深处他都仍然是一个原始人。就像人的身体让我们与哺乳动物紧密相连，并且呈现出许多早期进化阶段的遗迹，甚至可以追溯到爬行动物时代一样，人的心理也是进化的产物，如果去追溯它的起源，我们将看到大量的原始特征。

当我们刚开始接触原始民族，或刚开始阅读关于原始人精神的科学著作时，我们一定会深深地觉得原始人十分陌生。作为原始社会心理学领域的权威，莱维-布留尔[①]本人永远都坚持认为，“前逻辑的”（pre-logical）头脑状态与我们的有意识观点之间存在着显著差异。原始人无视明显的经验教训，断然否认最明显的因果联系，而且不懂得用偶然或者因果来解释事物，只是简单地把“集体表象”

① ［译注］莱维-布留尔（Lucien Lévy-Bruhl，1857—1939），法国哲学家，为社会学与社会人类学的创立作出了贡献，主要研究领域是原始人的心智。

(collective representations）当作依据，似乎对他这样一个文明人而言，这一切都很难理解。布留尔使用“集体表象”这一术语，表达的是当下广泛流传的、具有不言自明的真理性的观念，比如关于精神、巫术、草药的作用等的原始观念。虽然我们完全能够理解人可能会死于衰老或者致命的疾病，但是原始人却不能理解。当老年人死去的时候，他们不相信这是因为衰老。他们争辩道，还有人活得更老呢。同样，没有人会因疾病而死去，因为有一些人也得了同样的病却康复了，还有一些人根本没有得这种病。对于他们来说，真正的原因永远是巫术。杀死一个人的，要么是精灵，要么是巫术。很多原始部落认为，战死沙场是唯一的自然死亡。还有一些部落甚至认为，战死沙场也不是自然死亡，因为他们相信，杀死一名战士的，或者是巫师，或者是带魔法的武器。这种古怪的观念，有时还会导致更加令人印象深刻的事情。例如，欧洲人射杀了一条鳄鱼，在鳄鱼肚子里找到了两条脚链。当地土著认出这两条脚链是某两名妇女的财产，她们在不久前被鳄鱼吃掉了。这件事当即引起了对巫术的指责。关于这件非常自然的事情，欧洲人永远也不会加以怀疑，但是土著用布留尔称为“集体表象”的预留观念，对它进行了出乎意料的解释。土著解释道，不知道是哪位巫师召唤了鳄鱼，命令它把那两位妇女带走。鳄鱼执行了这一命令。可是，鳄鱼肚子里的脚链又该如何解释呢？土著坚持认为，鳄鱼从来不吃人，除非接受了这样的命令。作为奖赏，是巫师把脚链赠予鳄鱼的。

头脑的“前逻辑”状态的特征之一是解释事物时的反复无常，上面的故事就是一个绝好的例子。所谓的“前逻辑”，是指以我们的眼光看，这样的解释是完全不合逻辑的。但是，我们之所以对原始人有这样的印象，是因为我们的初始假设与原始人截然不同。如果我们像他们一样，相信有巫术和神秘力量的存在，而没有所谓的“自然因素”，就会觉得他们的推断其实非常合理。事实上，原始人的逻辑性与我们没有差别。只是他们的预设与我们不同，他们与我们的区别仅在于此。原始人的思想和行为建立在与我们不同的假设之上。在面对一切不同寻常并因此使人困扰、害怕和惊慌的事物时，他们都会将之归咎于我们所说的超自然起源。当然，对于原始人而言，这些东西不是超自然的；相反，这些东西是他们经验世界的一部分。当我们说“这栋房子被雷劈中，所以烧毁了”的时候，我们感觉自己在描述事件的自然顺序。当原始人说“一位巫师使用雷电点燃了这栋房子”的时候，他们同样也感觉自己描述了事件的自然顺序。在原始人的经验中，所有事件——不论多么稀奇古怪、骇人听闻——都能用类似的原因来解释。当他们用这种方式解释事物时，就和我们一样——并不曾检查自己的假设。对他们而言，疾病和所有小毛小病都是精灵或巫术造成的，这是毫无疑问的，就像我们的先验结论是疾病是由自然原因导致的。我们不会把疾病归因于巫术，原始人更不会把它归因于自然。从根本上讲，原始人的精神活动与我们并无区别。正如我所说的，他们与我们的区别，仅仅在于他们的预设与我们不同。

人们往往以为，原始人的情感和道德观念都与我们不同——他们头脑的“前逻辑”状态也与我们不同。毫无疑问，他们的道德标准与我们是不同的。如果问及一位黑人酋长如何区分好和坏，他会说：“如果我偷来了敌人的妻妾，就是好的；但是如果敌人偷走了我的妻妾，那就是坏的。”在一些地区，踩别人的影子是非常无礼的，而在另外一些地区，在剥海豹皮的时候如果没有用石刀，而用了铁刀，便是不可饶恕的罪孽。但是，让我们收起伪装吧。难道我们不也认为用钢刀吃鱼、在屋里戴帽子、叼着雪茄问候女士是罪孽深重的吗？对我们而言，以及对原始人而言，这一切皆与伦理无关。有的杀手是真诚而忠实的，有的人虔诚地、本着良心地施行残酷的仪式，也有的人从正义的信念出发去杀人。原始人也和我们一样匆忙地对伦理态度作出评价。他们的好与我们的好是一样的，他们的坏与我们的坏也是一样的。只是好或坏的表现形式不同罢了，进行伦理判断的过程是一样的。

人们往往认为原始人拥有比我们更敏锐的感官，或者说他们拥有与我们截然不同的感官。但是，他们高度发达的方向感、听觉和视觉完全是因为日常生活的需求造成的。如果他们碰到了从未经历过的情形，他们也会反应得很慢、非常笨拙。有一次，我给一些视力像雄鹰一样敏锐的土著猎人看杂志上的图片——那是连我们的孩子都能一眼认出的人形。可是，猎人们颠来倒去也看不出图片上是什么，最后，他们中的一个人用手描绘着人形的轮廓，终于说道："这是白人。"其他人都向他致以热烈的欢呼，仿佛这是一个重大的发现。

很多土著人表现出来的异常精确的方向感，其实是练习的结果。他们需要在森林和丛林中辨别方向的能力，这是非常必要的。就连欧洲人，只要在非洲待上一小段时间，也会开始留意一些标志物——那些他们曾经做梦也不会去注意的东西，尽管有指南针，他们还是担心迷路以后会束手无策。

没有证据能够表明原始人的思想、情感和感知方式与我们有根本的区别。他们的心理功能在本质上与我们相同——唯独他们主要的假设与我们是不同的。相对来说，他们的意识范围是否比我们狭窄，他们能否进行专注的精神活动，都变得无关紧要了。但最后这一点，确实会令欧洲人备感奇怪。举例来说，我和土著人聊天从来超不过两个小时，因为到了这个时间他们总会宣布自己累了。他们说聊天太难了，虽然我不过是随意地提了一些非常简单的问题。但是在外出狩猎或旅行时，这些土著人却表现出了令人惊讶的专注力和耐力。比如，我的信使可以一口气跑

75英里（约120千米）。我还看到过一名怀孕6个月的妇女，在华氏95度的高温下，背上背着一个孩子，一边吸着大烟斗，一边围着篝火跳了几乎一整夜的舞，居然没有累坏。我必须承认，原始人在面对自己感兴趣的事情时，能够非常专注。换作我们试着专注于不感兴趣的事情，我们很快也会发现自己的专注力是多么薄弱。其实我们也同原始人一样，都依赖情感的潜流。

的确，原始人比我们更单纯、更幼稚，在好和坏的方面都是这样。这本身并不令人感到奇怪。然而，当我们接近原始人的世界时，我们会感到有什么东西非常奇怪。我尽我所能对此进行了分析，这种感觉主要来源于原始人的基本假设与我们不同——或许我可以这么说，他们生活在一个与我们不同的世界里。在我们不了解他们的预设时，他们是一个难解的谜，但是如果我们了解了他们的预设，这一切就变得相对简单了。我们同样也可以说，如果我们了解了自己的预设，原始人就不再是一个谜了。

我们的预设是一种理性的预设，认为每件事都有一个自然且可知的原因。我们对此深信不疑。也就是说，因果关系就是我们最神圣的信条之一。在我们的世界里，一切看不见的、无规律的和所谓的“超自然力量”都没有合法的地位——除非我们跟随现代物理学家的脚步，去探索微小、神秘、匪夷所思的原子世界。但是，原子世界离我们习以为常的这个世界太远了。我们本能地反感看不见的观念和无规律的力量，因为我们不久前才刚刚逃离了梦和迷信的可怕的世界，为自己构建了一幅与理性意识相称的宇宙图景——这是人类最新且最伟大的成就。我们正处于一个服从理性法则的世界中。虽然我们还不知道一切事物的原因，但是我们总有一天会发现它们，而这些发现也将符合我们的理性预期。这就是我们的理想，我们认为它是理所当然的，而原始人也是这样看待他们的假设的。当然，有时也会发生偶然事件，但它们仅仅是意外，而且我们也为它们构造了专门的因果关系。我们的头脑热爱秩序，讨厌偶然事件。偶然事件用一种好笑却也恼人的方式，打乱了事物原本可以预料的发展进程。就像我们讨厌无形的力量一样，我们也讨厌偶然事件，因为它们容易使我们联想起撒旦的门徒，或者戏剧中牵强出场解围的神。它们是我们深思熟虑之时最糟糕的敌人，威胁着我们的一举一动。它们公然违背理性，理应受到鄙视，但是我们还是不能不给它们应有的位置。阿拉伯人对它们表现出的尊敬比我们要多。他们在每封信里都写上“Insha-allah”，意思是“如真主所愿”，因为他们认为只有这样信才能寄到。尽管我们不愿意承认偶然因素的存在，尽管事物的确遵循着普遍规律，但是不能否认，我们随时随地都会碰到不可预料的偶然事件。还有什么比偶然更不可见，更无规律呢？又有什么比偶然更难以避免，更让人烦恼呢？

如果仔细考虑一下这个问题，我们可能会说，事件的因果联结的确遵循着普遍规律，但这一理论只在大约一半的时间里是有效的，在其余时间里，偶然的魔鬼则趁机而入。偶然事件也有其自然的原因，我们总是悲哀地发现，这些原因也是司空见惯的。偶然事件之所以让我们烦恼，并不是由于它的原因是未知的；它们让我们烦恼的地方在于：它们通常不商量地就落到我们头上。至少它们给我们的印象是如此。偶然事件总是恼人的，就连最地道的理性主义者也会诅咒它。不管我们怎样解释一个偶然事件，都无法改变我们会受到它的影响的事实。我们的生存状态越是服从于规律，我们就越能避免偶然事件，也就越不需要避开偶然事件。但是，每个人还是要考虑到偶然事件发生的可能，甚至有时会对之抱有期待，虽然官方“信条”并不赞成这种信念。

我们有一个假设，或者说是一种积极的信仰：每一件事都有自然的原因，而且它们起码是可知的。但是与此不同，原始人认为，每一件事都是由看不见的、无规律的力量造成的，也就是说，每一件事都是一个偶然。只是他们不用“偶然”这个词，而是称之为“意图”（intention）。在他们看来，自然原因只是表象而已，不值一提。例如，三名妇女去河边打水，一条鳄鱼咬住了中间的那名妇女，把她拖进了河里，我们对事物的看法会使我们断定，中间这位妇女被咬住纯属偶然。在我们看来，鳄鱼咬住她这一事实其实非常自然，因为这些动物有时的确会吃人。但是对原始人来说，这一解释完全抹杀了事实，没有提供与这个激动人心的故事有关的任何信息。原始人认为我们看待事物的方式流于表面，甚至是荒谬的——他们是对的，因为如果这件事没有发生，我们也一样可以用纯属偶然来解释。欧洲人的偏见使我们很难发现，我们所采用的这种方式其实对事情的解释程度很低。

原始人对解释有更高的期望。我们所说的偶然，对他们而言是一种不受掌控的力量。因此，咬住站在中间的那位妇女，便是鳄鱼的意图——这对原始人而言是一目了然的。如果鳄鱼的意图不是这样，它就会去咬另外两个人当中的一个了。但是，鳄鱼为什么会产生这种意图呢？它们通常是不吃人的。这一断言是正确的——就像撒哈拉沙漠通常不下雨的命题一样正确。鳄鱼的确是胆小的动物，很容易受惊。再加上数量较少，它们杀的人实在是少之又少，所以，它们吞下一个人是意料之外的、非自然的事件。这样一个事件需要得到解释。如果按照鳄鱼的意愿，它是不会夺人性命的。那么，又是谁命令它这样做的呢？

原始人作出判断的基准来自周围世界中的事实。当出乎意料的事情发生时，他们理所当然地感到吃惊，并希望了解具体原因。在这方面，他们的行为是与我们完全一样的。但是，他们比我们更进了一步。他们对偶然的不可控力量有多种理论。我们说："这仅仅是偶然。"他们却说："这是深谋远虑的意图。"他们强调的是因果链上的混乱而令人困惑的缺口——这些事件不具备科学所预期的因果联结，它们是一般事件的另外一半。他们在很久之前就适应了符合一般规律的自然；他们畏惧的是无法预测的偶然事件，这些事件的力量使他们看到了一种不受控制、无法估量的作用者。他们是正确的。他们害怕每一件不合常规的事情，这是情理之中的。我曾在埃尔贡山（Mount Elgon）南部地区待过一阵子，那里有很多食蚁兽。食蚁兽是一种胆怯的动物，在夜间活动，所以比较少见。如果在白天看见一只食蚁兽，土著人会认为这是一件离奇的、违反自然的事情，他们惊讶的程度不亚于我们发现了一条偶尔逆流上山的小溪。如果真的发现水突然克服了重力作用，我们也会感到极为忧虑。我们知道环境中有大量的水，很容易想象，如果水不再遵循万有引力定律将会发生什么。原始人对于他们的世界里所发生的事件，也是这样看待的。他们非常熟悉食蚁兽的习性，但是当它们中的一只违背了自然规律的时候，这一只的作用范围就变得无法估计了。原始人对事物的本来面目有着深刻印象，如果一件事违背了他们的世界的规律，就会使他们暴露在无法预测的可能性之下。这种例外无疑是一个不祥之兆、一个凶兆，堪比彗星或日食、月食。因为在他们看来，食蚁兽出现在白天并不是一个自然事件，所以其背后必然有某种看不见的力量。这种力量可以使宇宙的法则失效，这种惊人的存在必然会唤起不同寻常的安抚措施和自我保护行为。他们必须喊来邻近的村民，不惜一切代价地把那只食蚁兽挖出来杀死。然后，那个看见食蚁兽的人的最年长的舅舅必须祭献一头牛，而他自己则要下到祭献坑里，接受牛的第一块肉，随后他的舅舅和其他参加仪式的人也都得吃肉。这样一来，来自自然的危险无常的力量就被抵偿了。

对我们来说，如果水不明原因地开始往山上流的话，我们肯定会感到惊恐，尽管我们对白天看见食蚁兽、一个新生的白化病人或者日食、月食之类的事情并不感到吃惊。我们知道这些事件的意义和作用范围，但是原始人不了解。对他们来说，普通的事件组成了连贯的整体，这个整体包含着他们自己和其他所有的造物。因此，他们极其保守，只做人们日常所做的事情。不论哪里出现了打破整体连贯性的事情，他们都会感觉自己富有秩序的世界出现了裂缝。一旦出现裂缝，任何事情就都有可能发生了——天知道会发生什么。所有引人注目的事情都马上同这个异常事件联系起来。有一回，一位传教士在他的房子前面竖起了一根旗杆，以便在星期天升起英国国旗。可是这个无辜的娱乐活动使他付出了惨重代价。这一举动是奇特且令人不安的，而且片刻之后，一场毁灭性的暴风雨从天而降，当然，旗杆就成了罪魁祸首。这足以引发一场反对该传教士的起义。普通事件的规律性，使原始人在他们的世界里拥有一种安全感。在他们眼中，每一个例外事件都是一股不可控的力量所发出的威胁性举动，它们必须被抵消。它们不只是暂时地打乱了事物的正常进程，还预示着其他不祥的事件。

倘若我们认为上述事件十分荒谬，那是因为我们都忘了自己的祖父母和曾祖父母是怎样看待世界的。一头初生的牛犊拥有两个头、五条腿；邻村有只公鸡下了一个蛋；一位老太太做了个梦，彗星出现在天际，邻近的小镇发生了火灾，翌年就爆发了战争。从远古时期直到18世纪，历史都是以这种方式记载的。对事实的罗列，虽然对我们而言毫无意义，对原始人而言却非常重要，极具说服力。而且，与我们的预期截然相反的是，他们这样想恰恰是正确的。他们的观察力颇为可靠。他们从古老的经验得知，这种联结是真实存在的。我们觉得这只是把孤立、偶然的事件堆叠起来，是毫无意义的——这是因为我们只关注独立的事件及其具体原因——但在原始人看来，这种排列却完全符合逻辑，包含了一系列征兆和它们预示的事件。邪恶的力量致命地爆发了出来，其表现方式是完全连贯一致的。

双头牛犊与战争是同一回事，因为牛犊是战争的预兆。原始人认为这种联结是不容置疑和令人信服的，因为他们认为就世上的事物而言，偶然事件的变化无常要比符合规律重要得多。由于他们细致地观察不同寻常的事物，他们比我们更早发现偶然事件都是成组或者连续发生的。所有从事临床工作的医生都知道病例会重复出现这一规律。维尔茨堡（Wurzburg）有一位年长的精神病学教授，每当遇到特别罕见的临床病例时，他总是说：“先生们，这绝对是一个独一无二的病例——但是明天我们一定会遇到一个与它完全一样的病例。”在我于一所精神病院工作的8年中，也亲身观察到了这样的事情。有一次，医院接诊了一位病人，他处于罕见的意识朦胧状态——这是我第一次见到这种病例。一天后，我们又接诊了一位相似的病人，但也是最后一个。“病例复现”是诊所里的一个玩笑，但是从远古时代起，“复现”就是原始科学中的一个事实。最近有一位研究者大胆地提出了这样的说法：“魔法就是丛林中的科学。”毫无疑问，占星术和其他的占卜方法也可以被称为“古代的科学”。

规律性发生的事很容易观察到，因为我们可以有所准备。只有当事件的进程被一种难以捉摸的不可控力量打断时，我们才需要知识和技能。通常，部落里最聪明、最敏锐的人肩负着观察事物的重任。他的知识必须足够解释所有不同寻常的事物，他的技术也必须足以战胜这些事物。他是偶然事件这一主题的学者、专家和行家，同时他还是部落传统知识档案的看守者。他受到人们的尊敬和畏惧，享有高度的权威，但是又不那么伟大，因为他所在的部落背地里相信，邻近的部落里有一位更优秀的巫师。最好的药从来都不能在近处找到，而只能从尽可能远的地方寻得。我曾在一个部落里待了一阵子，他们对其年长的巫师非常敬畏。但是，人们只在牛和人有小毛病的时候去请教他。遇到任何严重疾病时，他们就会请来一位外面的权威——花费重金从乌干达请来的一位巫师——这种行为与我们别无二致。

偶然事件通常都成系列或者成组出现，数量或多或少。有一条古老的、久经考验的预报天气的规律是说，如果连续几天都下了雨，那么明天也会下雨。常言道："祸不单行。"还有一句是："要么不下雨，要么雨倾盆。"这些众所周知的智慧就是原始的科学。人们相信它们，并且敬畏它们，然而受过教育的人却嘲笑它们——直到不同寻常的事情落在他们自己头上。我要讲一个颇不愉快的故事。我认识一位女性，有一天早晨，她被床头柜处传来的一种特殊叮叮声吵醒了。她四处搜寻了一会儿，发现了声响的来源：她的大玻璃杯子的顶部裂了一圈，大约有四分之一英寸（约 0.64 厘米）宽。她觉得非常奇怪，就按铃又要了一只玻璃杯。大约 5 分钟后，她又听到了同样的叮叮声，杯子的边缘又裂开了。这一次，她感到非常地不安，便让人拿来第三个玻璃杯。不到 20 分钟，同样的叮叮声响了起来，杯子的边缘又裂开了。这种事故接连发生了三次，已然是太多了。她当即放弃了对自然原因的信仰，取而代之的是"集体表象"——相信是一种不可控制的力量在发挥作用。许多现代人都遇到过这种事情——如果他们还不算太顽固的话——当他们遇到无法用自然的因果关系解释的事物时，就会改变信仰。天性使得我们倾向于否认这类事情的真实性。它们令人不快，因为它们打乱了世界的有序过程，似乎什么都有可能发生。它们对我们产生的这种影响说明，原始的头脑还没有消亡。

原始人相信存在不可控制的力量，这绝非人们通常认为的无中生有，而是以经验为基础的。我们总是说他们迷信，其实将偶然事件分组是有一定道理的。不同寻常的事件在同一个时间和地点发生，是有一定概率的。我们不能忘了，在这个方面，我们的经验并不是完全可信的。我们的观察并不充分，因为我们的视角引导我们忽略了一些事情。例如，严肃地讲，我们绝不会把下列事件当作一个序列：清晨，有一只鸟飞进了你的房间；过了一个钟头，你在街上目睹了一起车祸；到了下午，一位亲戚过世了；而晚上你的厨师把汤锅打翻在地；夜里你走在回家的路上，又发现钥匙不见了。原始人不会忽视这一系列事件中的任何一环，因为每一环都响应了他们的预期。而且他们是正确的——我们不情愿承认，他们是多么正确。他们焦虑的预期是合情合理的，而且非常有用。他们认为，这样的一天是不祥的，所以这一天应该什么事都不做。在我们的世界中，这样想会被当成迷信，应当受到斥责，但是在原始人的世界里，这却是非常合宜的精明。相比我们受保护的、富有规律性的生活，在原始世界里，人们遭遇的偶然事件要多得多。到了荒郊野外，你是不敢乱碰运气的。欧洲人很快就领会到了这一点。

如果一个普韦布洛印第安人感觉情绪不对，他就不去参加男人们的会议。如果一个古罗马人在离开家的时候被门槛绊倒，他就会放弃一天的计划。这在我们看来是愚蠢的，但是在原始的生活条件下，这样的一个凶兆至少会令人变得谨慎。当我不能完全掌控自己时，我的身体活动就需要一定的约束；我的注意力变得容易分散；我还会有点儿心不在焉。我会因此撞到什么东西，抑或被绊倒，失手掉了什么，又或者忘记了什么。在文明情境下，这些事情都无足轻重，但是在原始森林里，这些则意味着致命的危险。在布满鳄鱼的河流上有一座桥，是一根被雨水浸透的树干，走在上面，踏错一步都将是致命的。又好比我把指南针丢在了茂密的草丛中，忘了给步枪装子弹，无意间闯进了丛林中犀牛聚集的地方。如果我心事重重，就有可能踩到一条鼓腹毒蛇。如果在夜幕降临时，我没有及时穿上防蚊靴，那么 11 天后，我就有可能死于热带疟疾的发作。如果在洗澡时忘了闭上嘴巴，是足以导致致命的痢疾的。对我们而言，注意力不集中是导致这些事故的自然原因。对原始人而言，这些事故是与客观条件相符的凶兆，或者巫术。

但是，也许这不只是注意力不集中的问题。我曾游览过位于埃尔贡山南边的基多希（Kitoshi）地区的卡布拉斯（Kabras）森林。在那里，我走在茂盛的草丛中，差点踩着一条鼓腹毒蛇，但在关键时刻跳开了。下午，我的同伴打猎回来，面色惨白，四肢发抖。他险些被一条 7 英尺（约 2.13 米）长的树眼镜蛇咬着，这条蛇从一个白蚁巢上猛地扑向了他的后背。毫无疑问，如果他不是在最后关头一枪打中了这条蛇，他一定会被咬死。到了晚上 9 点，我们的营地遭到一群饥饿的鬣狗的围攻，头一天它们就把一个人从睡梦中吓醒并且抓伤了。虽然我们点着篝火，它们还是冲进了厨师的小房间，吓得他尖叫着翻过栅栏跑了出来。在那以后，我们的整个旅行过程中再也没有遇到过事故。这样的一天使我们当中的黑人想入非非。对我们来说，这只是事故频发的一天罢了，但是对他们来说，这却是一个凶兆的必然后果，那个凶兆发生在我们进入荒野的第一天。那一天，我们试图渡过一条小溪，但是连人带车带桥全部掉了进去。当时这些黑人就对视一眼，仿佛在说："看吧，这下开了个好头。""屋漏偏逢连夜雨"，这时一场热带雷雨倾盆而下，把我们淋成了落汤鸡，让我发了好几天烧。在我的朋友外出打猎险些遇难的那个晚上，我们两个白人坐下来面面相觑，我忍不住说："我感觉麻烦从很早之前就开始了。你还记得我们出发之前，你在苏黎世给我讲的那个梦吗?"他做过一个令人印象深刻的噩梦：他梦见自己在非洲打猎，突然遭到一条树眼镜蛇的袭击，他吓得大叫一声，惊醒过来。这个梦使他非常不安，这会儿他承认说，他认为这个梦预示着我们之中一个人的死亡。他当然觉得死的会是我，因为我们总是希望死的是"别的家伙”。但是后来他得了严重的疟疾，在鬼门关走了一遭。

一个生活在世界上某个没有毒蛇、没有疟蚊的角落里的人，阅读这样的对话会觉得不以为然。我们必须想象着热带夜空那天鹅绒般温和的蓝色，原始森林中巨树的枝干投下的巨大阴影，夜间的神秘声响，孤独的篝火旁边搁着一把上了镗的步枪，落下了的蚊帐，烧开后可饮用的沼泽水，还有最重要的，一位欧洲血统的南非老人清醒地表达的一个信念：“这里不是人类的国度——而是上帝的国度。”这里的掌权者不是人类，而是自然——动物、植物和微生物。了解了与这种地方相匹配的心境之后，我们便能够理解，为什么在别处无关痛痒的事物，在这里却显露出了意义。这个世界有着不受羁绊的、变化无常的力量，原始人不得不每天与之周旋。对他们来说，异常事件不是儿戏。他们有自己的结论：“这个地方不好”——“今天不吉利”——他们遵循了这些警告，谁又知道他们因此而避免了多少危险呢？

“魔法就是丛林中的科学。”一个预兆会使原始人立即调整行动计划，放弃已有计划，转变心灵的态度。考虑到偶然事件通常是接连发生的，以及原始人并没有意识到心理因果关系，这些都是非常有利的举动。而我们则片面地强调所谓的“自然原因”，因此才学会了区分什么是主观的和心理的，什么是客观的和自然的。但是对于原始人来说，在外部世界中，心理状态和客观事物是一元的。碰到了超乎寻常的事物时，并不是他们被震惊了，而是事物本身非常惊人。而代表了超自然的神力——是具有魔力的。我们所说的想象和暗示的力量，在他们看来是从外部作用于他们的无形力量。他们的国家既不是一个地理实体，也不是一个政治实体，而是一片包含了他们的神话、宗教和所有思想感情的领土，虽然他们并没有意识到它的这些功能。他们的恐惧存在于某些“不吉利”的地方。死去的人的灵魂栖居在这片或那片树林中；山洞里住着魔鬼，任何进入山洞的人都会被勒死；在远处的山上生活着巨蟒；那边的山头埋葬了传说中的国王；任何妇女若接近这眼泉水，或那块石头，或那棵树，都会受孕；蛇魔守护着浅滩；一棵参天大树会讲话，能呼唤某些人的名字。原始人是不具备心理的。他们的心理事件都以客观方式发生在外部世界。就连梦见的事物，对他们来说好像也是真的，这就是他们之所以关注梦的唯一缘由。我们的埃尔贡搬运工坚持认为，他们从不做梦——只有巫师才会做梦。当我问巫师的时候，他宣称在英国人来到这里以后，他就没再做过梦。他告诉我，他的父亲仍然会做“重要的”（big）梦，得以知晓羊群在何处停留，母牛将在何处生产，以及什么时候会发生战争或虫灾。现在，地区委员成了那个无所不知的人，而他们自己则变得一无所知了。某些巴布亚人（Papuan）甚至认为，大部分鳄鱼也投靠了英国政府，巴布亚人连同这位巫师都对英国当局逆来顺受。有一名土著罪犯从当局手里逃跑了，刚巧在过河的时候被鳄鱼严重咬伤了。因此他们得出结论说，这条鳄鱼一定是属于警方的。他告诉我，现在上帝在英国人的梦里讲话，不再对埃尔贡人的巫师讲话了，因为掌权的是英国人。梦的活动范围已经转移了。有时土著人的灵魂会出窍，巫医就把它们捉住，关在笼子里，好像它们是鸟一样；有时一些陌生的灵魂迁来，并带来疾病。

这种心理事件的投射方式，造成了人与人、人与动物、人与事物之间的独特关系，颇令我们费解。有一次，一个白人射杀了一条鳄鱼。接着就有一群人从临近的村子里跑出来，激动地要求他赔偿。他们解释说，这条鳄鱼是他们村的某个老太太，因为在开枪的一瞬间，她过世了。这条鳄鱼显然是她的丛林灵魂（bush-soul）。另一个人射杀了一只猎豹，因为这只猎豹正准备袭击他的牛。就在那一刻，邻村的一位妇女死了。这表明她与猎豹是一体的、等同的。

布留尔发明了一个词，叫作“神秘参与”（participation mystique），用来代指这些奇特的关系。我窃以为“神秘”一词选得不够妥当。原始人并不认为这种事有什么神秘之处，而是把它们当成绝对自然的。只有我们才觉得它们奇怪，因为我们对这些心理现象一无所知。其实在实际中，这种现象也发生在我们身上，只是我们表达它们的方式更加文明。在日常生活中，我们常常会认为别人的心理过程与我们的是一致的。我们以为，能使我们愉悦或向往的事物，也同样能使别人愉悦或向往，我们认为不好的事物，对别人来说也同样是不好的。直到最近，我们的法庭才采取了一种符合心理规律的立场：在宣布判刑的时候承认犯罪的相对性。单纯的人们仍然痛恨"上帝可为之事，我们不可为"的教义。"法律面前人人平等"仍然是人类的一项伟大成就，至今没有什么能够超越它。我们仍然把所有罪恶和恶劣品性归咎于"别的家伙"，而不愿意承认自己身上也有这些特性。这也就是为什么我们必须批评和攻击这些罪犯。然而，在这种情况下，卑劣的"灵魂"不断地在人与人之间迁移。世界上满是衣冠禽兽和替罪羊，就像从前的世界里满是巫师和狼人一样。

心理投射是心理学中最普遍的事实之一。它与布留尔所说的神秘参与相同，但是布留尔认为神秘参与是原始人独有的特征。我们不过是给它起了另一个名字，并且我们通常不承认自己做了这种事。我们意识不到自己身上的问题，却从邻居身上发现了它们，然后据此对待我们的邻居。虽然我们不再让他们喝下毒药，也不会烧死他们或者钉死他们；但是我们怀着最深刻的信念，宣布一定要用道德裁决来伤害他们。我们指责他们的内容，通常恰恰说出了我们自己恶劣的一面。

道理很简单，原始人的头脑处于未分化状态，不能进行自我批评，所以他们比我们更容易产生投射。对他们来说，每件事情都全然是客观的，他们的语言也明显地反映了这一点。如果我们稍微发挥一点幽默感，就能想象出一个豹女的样子。我们经常把人比作鹅、母牛、母鸡、蛇、公牛或者驴子。这些都是用来挖苦人的绰号，我们对这些意象都很熟悉。但是当原始人赋予一个人丛林灵魂的时候，其中并不含有道德裁决的毒素。原始人太自然了，是不会那样做的；他们太关注事物本身的样子了，所以不会轻易作出判断，因此也就不像我们一样乐意施加道德裁决。普韦布洛印第安人一本正经地宣称，我属于熊图腾——换句话说就是，我是一头熊——因为我爬下梯子的时候不像别人一样面向梯子，而是背向梯子，手的姿势就像一头熊。如果是欧洲人说我有熊性，缘由可能和原始人基本一样，只是含义稍微有一点差别。当我们在原始社会中遇上丛林灵魂这一主题时，曾觉得它非常奇怪，但是现在它与许多其他事物一样，变成了我们的一种修辞手法。如果我们要具体地解释我们的比喻，就要使用一种原始的观点。例如，我们有一个医学术语，叫作“处理病人”(handle a patient)，其具体的含义是把手放到病人身上——用手来进行治疗，而这正是巫师对病人所做的事。

我们难以理解丛林灵魂，是因为我们被这种具体的看待事物的方法给弄糊涂了。我们无法把“灵魂”想象成一个实体，可以迁移并寄居在野生动物体内。当我们描述某人像一头驴子时，我们并不是说他在各个方面都与驴子这种四足动物相吻合。我们的意思只是他在某一方面很像驴子。至于问题中涉及的这个人，我们只是抽离了其性格或者心灵中的一个部分，用驴子的意象加以具体化。所以，对于原始人来说，豹女是一个人，只是她的丛林灵魂是豹子。既然原始人眼中的一切无意识心理生活都是具体的、客观的，他们就会假设：如果一个人可以被形容为豹子，那么他就拥有豹子的灵魂。如果这种具体化再进一步的话，他们还会假设：这个灵魂以豹子的形态居住在丛林里。

这些由心理事件的投射所带来的身份认同塑造了一个世界，其中不仅包含人的肉体，还包含人的心理。在某种程度上，人们融入了这个世界。人们绝不是这个世界的主宰，而只是世界的一部分。拿非洲的原始人来说，他们远不会去赞颂人类的力量。他们做梦也想不到要把自己当成造物主。他们的动物分类学的顶端不是人类，而是大象，其次是狮子，然后是豹子或者鳄鱼，最后才是人类和更小型的动物。他们从来不曾想过自己能够支配自然；只有文明人才会企图支配自然，并且竭尽全力去探索自然的因果规律，以对自然的秘密一探究竟。正因为如此，文明人非常痛恨不可控制的力量，并否认它们的存在。因为它们的存在无异于证明文明人支配自然的企图终究是徒劳的。

总而言之，我们可以说，原始人的突出特点在于他们对待变幻无常的偶然事件的态度，他们认为，在天地之间，偶然因素要比自然原因更重要。偶然事件有两个特点：一方面，它们在实际中通常成系列出现，另一方面，它们通过无意识心理内容的投射——换言之，也就是“神秘参与”——而被赋予了目的性。当然，原始人没有对此进行分辨，因为他们的心理事件投射得太彻底了，使得心理事件与自然事件融为一体。对于他们来说，意外事件是一种不受操控且有预谋的行为——是一种有生命的存在所进行的干涉——因为他们没有意识到，只有当他们投入了自己的惊讶或恐惧的力量时，不同寻常的事件才能影响他们。说到这一点，我们的确进退维谷。一样事物是美的，是因为我们把美赋予了它吗？众所周知，很多伟大的头脑都曾纠结过这样一个问题——究竟是太阳的光芒照亮了世界，还是人类的眼睛凭借它与太阳的关系而看到了世界呢？原始人相信是太阳的作用，而文明人相信是眼睛的作用——不管怎样，他们至少都进行了思考，而没有犯诗人的通病。为了支配自然，人们必须褪去自然的心理属性；为了客观地看世界，他们必须收回一切原始的投射。

在原始世界里，一切都拥有心理属性。一切都被赋予了个人心灵的元素——或者我们应该说，是人类心灵的元素、集体无意识的元素，因为那时还不存在个人的心理生活。在这一点上，我们应当铭记基督教那神圣的洗礼的意图，洗礼对人类的心理发展起着至关重要的作用。洗礼赋予人类独特的灵魂。当然，我的意思并不是说洗礼仪式本身是一个具有魔力、立竿见影的行为。我的意思是，洗礼的观念把人与其对世界的原始认同分离开来，让人变成了能在世界上立足的人。洗礼最深刻的意义就是将人提高到这一层次，它意味着超越了自然的、拥有精神的人的诞生。

在无意识的研究中有一条公理，即当时机成熟时，每一个相对独立的心理内容都会被赋予人性（personify）。我们可以在精神病人的幻觉和通灵中得到最清晰的例证。无论何时何地，当一个有自主性的心理成分被投射出去，就会形成一个看不见的人。这就解释了普通的降神会上的魂魄，以及原始人能够看见的鬼魂。如果某项重要的心理内容被投射在某个人身上，他就变成了超自然的神力——也就是说，他被赋予了创造异常效应的能力。他或者她就成为巫师、女巫、狼人，等等。原始人相信，巫师会捕捉游走在夜间的灵魂，并把它们像鸟一样关在笼子里，这恰好证明了这一点。心理投射使巫师获得了超自然的神力，使得动物、树木和石头开口说话，因为它们是心理上的活动，使人不得不信服。出于这一原因，一个精神病患者任由自己的声音支配，却束手无策。被投射出去的是他自己的心理活动。他自己就是那个用他的声音说话的人，就像他是那个听到、看见并且服从的人，只不过他意识不到这一点。

从心理学的角度看，原始人非常自然地相信，偶然不可控制的力量是与魂魄和巫师的意图相互联系的，因为这是从他们眼中的事实里所能得到的必然结论。关于这一联系，我们不该自欺欺人。如果我们对一位聪明的土著人解释我们的科学观点，他也会认为我们迷信得可笑，没逻辑得丢人。他相信世界因为太阳而明亮，而不是因为人的眼睛。我的一位朋友名叫山湖，是普韦布洛的一名酋长，有一次，他非常严肃地让我解释清楚，因为我说出了奥古斯丁（Augustinian）的教义——太阳不是神，是神创造了太阳。他指着太阳，颇为生气地说："周行不殆的太阳是我们的父亲。眼见为实。所有的光线和生命都来自他——一切事物都是他创造的。"他太过激动，竟无语凝噎，终于发出一句感慨："甚至连独自进山的人，离了他都无法生火。"这些话将这一原始立场完美地表达出来，即支配着我们的力量源自外部世界，我们只有凭借这股力量才能得以生存。对我们来说，宗教思想仍然保持了这一原始的心理状态，尽管我们这个时代已经没有了神，但是无数人仍是这样想的。

在谈及原始人对变化无常的偶然所持的看法时，我曾表达过，这种态度是服务于某种目的的，因而具有意义。我们能否暂时在这里大胆地假设，原始人对不可控力量的信仰是合理的，因为这是以事实为依据的，而不仅仅是心理学的观点？这个假设听起来颇为惊人，但是，我并不打算才出狼窝，又如虎穴，去证实巫术是真实存在的。我只想探讨一下，如果我们跟从原始人，假设一切光明都来自太阳、事物本身是美丽的、一个人的部分灵魂是一只豹子，那么，我们将得到什么样的结论呢？我们如果这样做了，便接受了超自然神力的原始观念。根据这种观念，美丽的东西使我们感动，但美丽不是我们创造的。某一个人确实是魔鬼——我们并没有把自己的罪恶投射到他身上，从而把他变成了魔鬼。有些人——他们的人格具有超自然神力——他们本身就令人钦佩，而不是我们的想象力使然。超自然神力的概念认为，外部世界有着某种存在，它们会造成这些异乎寻常的效应。一切存在都会起作用，否则就不是真实存在的了。事物的真实来自其固有的能量。存在是一种力场。我们可以看出，原始人的超自然神力观念，本质上是一种粗糙的能量理论。

到目前为止，我们尚能轻松地领会这种原始的观念。但若我们试着引申其中暗含的意义就会遇到困难，因为这是所谓的“心理投射过程”的反过程。这些暗含的意义是这样的——不是我们的想象力或畏惧为巫医赋予了魔力；与此相反，是巫医本身就具有魔力，他把自己的魔力施放到了我们身上。鬼魂不是我们头脑的幻觉，而是由于自身意志出现在我面前的。尽管这些命题都是对超自然神力观念的合理推论，我们却犹豫再三、不愿接受，到处去找更能让我们舒心的心理投射理论。这一问题无非就是：在总体上，灵力——也可以说是灵魂或无意识——是从我们内心产生的吗？抑或，心灵实际上是在意识的早期阶段，借助于有其自己意图的、不可控的力量从外部产生的，从而只是在心理发展的过程中，逐渐占据了我们的内心吗？分裂的心理内容——在此借用现代的术语——曾是个体心灵的组成部分，还是从一开始就是独立存在的心理实体，是原始观念中的鬼魂、祖先的灵魂之类的东西呢？在人类的发展过程中，它们是否逐渐在人类身上呈现，又逐步地在人类心中构筑起了这个现在被我们称为“心灵”的世界？

这一整套观念令我们备感危险矛盾，但是我们有能力理解类似的事情。宗教导师和普通教员都认为，在人的心灵之中，可以植入以前没有的东西。暗示和影响的力量就是一个实证；甚至最时兴的行为主义也利用了同一原理。心灵建构的复杂性的观点，以普遍信仰的原始形态表现出来——例如，鬼上身、祖先的灵魂转世、灵魂的迁移，等等。当有人打喷嚏时，我们仍然在说：“愿上帝保佑你。”这个意思就是说：“我希望新的灵魂对你无害。”在我们自身的发展历程中，我们经历了许多矛盾冲突，最终形成了统一的人格，我们所经历的是一个复杂的心理成长过程。既然人体是由一些孟德尔单位所携带的遗传信息构建的，那么人类的心灵似乎也有可能是以类似的方式构建的。

我们今天的唯物主义观点有一种倾向，该倾向也存在于原始思想之中。二者皆可以引申出一个结论，即个体不过是一个合成的物体：首先，他是由自然因素合成的；其次，他也是由偶然事件合成的。出于这两种原因，人类的个性并不是独立存在的，而是客观环境中的力量偶然作用的产物。这是再彻底不过的原始世界观，根据这种观点，单个的人绝不是独一无二的，而是可以与其他人相互交换的，是可有可无的。由于狭隘的因果论，现代唯物主义又回归到了原始人的立场上。不过，唯物主义者要比原始人更加激进一些，因为他们更加系统化。原始人的长处在于他们的体系是不一致的，他们把超自然的人格当成一个例外。在历史的长河中，这些超自然的人格被尊崇为神圣人物，他们是英雄和国王，服下了返老还童的食物，与众神一样长生不老。在原始社会中，可以找到这种个体不朽及价值永存的观念，比如相信有鬼魂的存在，还相信在古老神话中的那个时代，死亡尚没有因为人类的疏忽和愚蠢的错误而降临到世界上。

原始人没有意识到他们观念里的矛盾。我们的黑人行李搬运工言之凿凿地告诉我，他们并不知道自己死后会遇到什么事情。据他们所说，人死了就是死了；他不再呼吸，尸体被抬到丛林中，土狼会吃掉尸体。但这只是他们白天的想法，到了晚上就变得截然相反：死者的灵魂便四处游荡，给牛群和人类带来疾病，袭击并勒死夜行的旅人，还会发起其他的暴力活动。原始人的头脑中充满了自相矛盾的想法。这些矛盾会令一个欧洲人非常犯愁，但他却忘了，在欧洲的文明之中，也有着非常相似的内容。我们有一些大学，不屑于讨论神圣干涉的观念——但是，神学却是课程设置中的一部分。一位从事自然科学研究的工作者会认为，如果说一个动物物种之内的细微差异是上帝所为，简直就是耍流氓，但是他头脑的另一处，却存放着非常完善的基督教信仰，每到星期天都会拿出来展示一番。我们何必因为原始人的自相矛盾而大惊小怪呢？

原始人的初级思想是不可能衍生出哲学体系的。它们只向我们提供了一些自相矛盾之观念。然而，正是这些内容构成了一切精神活动的不竭源泉，成为各个时代、一切文明所探讨的问题。原始人的“集体表象”，真的具有深远意义吗？还是仅仅看上去意义深远呢？我回答不了这个难题，但是我可以讲一下我在埃尔贡的山区部落的观察。我四处搜寻和打听有关宗教观念和仪式的蛛丝马迹，可是接连几个星期都毫无发现。土著人允许我看所有的事物，并且将一切信息向我敞开。我不用翻译帮忙便可以与他们交谈，因为许多老人能讲斯瓦希里语（Swahili）。最开始，他们还不太情愿，但是当我们熟络之后，他们便友善地接纳了我。他们并不了解宗教习俗。但是我没有放弃，终于皇天不负有心人，在又一次毫无收获的谈话将要结束的时候，一位老人感慨道：“清晨太阳升起的时候，我们走出茅屋，将口水吐到掌心，然后举手迎向太阳。”我让他们给我表演一下这个仪式，并进行确切地描述。他们把手放在嘴前，使劲向手心吐口水或吹气。然后把手掌翻向外，迎向太阳。我问他们这种举动有何意义——他们在手上吐口水或吹气是为了什么。这个问题我是白问了。“一直都是这样做的。”他们回答道。若想得到一个解释，根本是不可能的，于是我彻底确信，他们只知道做什么，但不知道这样做的原因。他们并不觉得自己的举动有什么特别的意义。他们也用同样的动作来迎接初升的月亮。

让我们做一个假设：如果我是头一回来到苏黎世，我来这里的目的是要调查当地的习俗。首先，我在市郊安顿下来，附近有一些人家，我逐渐与这几家的主人建立起邻里间的交往。然后，我对缪勒先生和梅耶先生说："请给我讲讲你们的宗教习俗。"两位先生都吓了一跳。他们从来不去教堂，也丝毫不了解教堂，并特别否认他们有遵循任何的宗教习俗。某天清晨，我吃惊地发现缪勒先生在做一件奇怪的事情。他在花园里忙碌地跑来跑去，藏起彩蛋，并放好特别的兔子玩偶。我抓他抓了个现行。"你为什么要向我隐瞒这个如此有趣的仪式呢?"我质问他道。"什么仪式?"他反诘道，"这不算什么啊，复活节的时候人人都这样做。""可是，这些玩偶和彩蛋又有什么意义呢——你为什么要把它们藏起来?"缪勒先生愣住了。他真的不知道，就像他对圣诞树的意义不了解一样。但是，他却会做这些事情。他就像原始人一样。埃尔贡人的祖先们是否知道他们在做什么呢？很可能是不知道的。原始人只是在做他们所做的事——只有文明的人才会试图去理解他们所做的事。

前面所描述的埃尔贡仪式有什么意义呢？显然，这是一种对太阳的祭献，对于这些土著而言，太阳是蒙根

(mungu)[1] ——也就是超自然力量，是神圣的——但是仅在它升起的那一刻是这样。如果他们向掌心吐口水，是因为根据原始人的信仰，唾液中包含着个人的超自然力量，具有治愈、驱邪和维持生命的力量。如果他们向掌心吹气，是因为气是风和灵魂——是 roho[2]，在阿拉伯语中是 ruch，在希伯来语中是 ruach，在希腊语中是 pneuma[3]。这种行为意味着“我把我活生生的灵魂献给上帝”。这是一种无言的、动作式的祈祷，换作语言就是“天父！我将我的灵魂交在你手里”。这一举动难道仅是一个巧合吗，还是这一思想早在人类出现之前就已经在酝酿了呢？我只好保留这一个问题了。

① ［译注］蒙根（mungu）是斯瓦希里语中的“神”。
② ［译注］roho 是斯瓦希里语中的“精神”。
③ ［译注］pneuma 有灵魂、精神、元气的含义。

第八章

心理学与文学

既然心理学的研究对象是心理过程，显然它也可以被用来研究文学，因为一切科学和艺术都是由人类的心灵孕育出来的。一方面，我们可以用心理学来解释艺术作品的形成；另一方面，也可以用心理学揭示人之所以具有艺术创造力的原因。可以看出，心理学家面对的是两个独立的、不同的任务，必须用不同的方式去进行研究。

在谈论艺术作品时，我们所面对的是复杂心理活动的产物——但是这一产物很明显地具有目的性，而且是有意识的。而在谈论艺术家时，我们所面对的则是其心理结构。在前一种情况下，我们得试着对一项有明确界定的、具体的艺术成就进行心理分析；而在后一种情况下，我们得试着分析一名活生生的创造者那独一无二的人格。尽管这两项任务紧密相关，甚至相互依存，但是它们双方都无法为彼此提供答案。当然，也许我们能够根据艺术作品推断出艺术家的特点，或者反之，但都只是推论罢了，不能妄下结论。这最多只是可能正确的推测，或侥幸猜对了。如果了解歌德与母亲的特殊关系，的确能够帮助我们理解浮士德的叹息："母亲们——母亲们——这个词古怪地震响着!"但是，尽管我们准确地发现了歌德与浮士德两人之间的深刻联系，但我们还是无从得知歌德对他母亲的依恋究竟是怎样酝酿出了《浮士德》（*Faust*）这出戏剧。反过来说，虽然我们从浮士德身上看到了歌德的影子，但也得不出什么恰当的推理。《尼伯龙根的指环》（*The Ring of the Nibelungs*）并没有给我们任何线索，令我们得以发现或明确推断出瓦格纳（Wagner）偶尔喜欢穿女装的原因，尽管尼伯龙根那英勇的男性世界与瓦格纳本人病态的女人气之间，的确存在着某种隐秘的联系。

心理学当前的发展状况，并不能满足我们对科学的期待，让我们得以建立起严密的因果关系。只有在心理—生理本能和反射等领域中，我们才有把握建立因果关系。但是一旦涉及了心理生活——这是一个远比生理本能和反射更复杂的领域——心理学家就只好满足于对事情进行某种程度的天马行空般的描述，以及对复杂得惊人的头脑的生动描绘。在做这件事的时候，心理学家绝不能对任何一种心理过程断章取义，说它是"必然的"。如果事情不是如此，如果心理学家可以在一件艺术作品及其艺术创作过程中发现因果关系的话，那么他会剥夺艺术研究的立足点，让艺术研究降格成为心理学的一个特殊分支。诚然，心理学家永远不会放弃在复杂的心理事件中寻找和确立因果关系的要求。一旦他放弃了，就相当于否定了心理学存在的正当性。然而，他也永远也无法全面地实现这一要求，因为生活具有创造性的一面在艺术中得到了充分的表达，艺术阻断了一切理性构想。对刺激的反应可以用因果关系来解释；但是，创造性活动与单纯的反应截然相反，人类永远也无法理解它。我们只能依照创造性活动的表现形式对其进行描述；我们可以模糊地感觉到它，但永远无法整体把握它。心理学和艺术研究总是相辅相成，二者并不会相互矛盾。心理学有一条重要的原则：心理事件是可以被推测的。而艺术研究的一条原则是，不论我们讨论的是艺术作品，还是艺术家本人，心灵的作品都只是它本身，有着它自身的意义。尽管两条原则都有一定的局限性，但它们都是相对正确的。

Ⅰ 艺术作品

心理学家对文学作品的研究，与文学批评家对文学作品的研究有着本质区别。对后者来说至关重要、颇具价值的内容，对前者来说也许毫无用处。那些备受争议的文学作品，往往是心理学家最感兴趣的。而所谓的“心理小说”，根本不像那些顶着文学头脑的人所假设的那样，能给心理学家带来帮助。总体上看，这样的小说也只是小说而已。它独自完成了心理学的解释，心理学家所能做的，不过是对它的解释进行批评或者进一步加强。至于某一位作家究竟如何写出了某一部小说的关键问题，它显然也回答不了，不过我想把这个普遍性的问题放到这篇文章的第二部分去讨论。

对心理学家最有帮助的小说，是那些作者未完成对人物的心理学解释的小说，这样方为分析和解释留下了余地，甚至这种表现手法，能吸引心理学家去分析和解释。这种写作风格的典型例子是贝诺[1]的小说，还有哈格德[2]式的英国小说，也包括柯南·道尔（Conan Doyle）所采用的手法，他创作了最为群众所喜闻乐见的侦探小说。我认为，梅尔维尔（Melville）的《白鲸》（*Moby Dick*）是最伟大的美国小说，它也属于此类作品。最令心理学家感兴趣的，就是这种激动人心却又避免了明显的心理刻画的作品。这类故事建立在内隐的心理假设之上，那么，既然作者的这些假设是无意识的，它们便纯粹地呈现出来，等待批判性的观察。与此相反，在心理小说中，作者试图重新编排素材，把它们从粗糙的偶然性水平，上升到心理暴露和启发的水平上——这一过程通常会模糊或遮盖作品本身

① ［译注］皮耶·贝诺（Pierre Benoit，1886—1962），法国小说家、编剧，代表作《亚特兰蒂达》（*L'Atlantide*）。

② ［译注］亨利·莱特·哈格德爵士（Sir Henry Rider Haggard，1856—1925），英国小说家，代表作有《所罗门王的宝藏》（*King Solomon's Treasure*）和《她》（*She*）等。

的心理学意义。门外汉正是在这类小说中了解“心理学”的；但心理学家所面临的真正挑战却是另一类小说，因为只有心理学家才能赋予它们更深层的意义。

至此，我所谈论的都是小说，但是我所论述的心理学事实却不局限于小说这一种文学艺术形式。我们在诗人的诗作中也会遇到这一事实；在比较戏剧《浮士德》的第一部和第二部时，我们遇到的也正是这一事实。女主角格雷琴的爱情悲剧已经包含了解释，心理学家没法增加任何解释，因为诗人已经用更优美的文字写明了一切。但不同于第一部，第二部却是需要解释的。素材的极端丰富和想象力的爆发，超出了诗人的构思能力，使得任何内容都不再能解释其自身，从而导致每一行诗句都令读者感到有必要解释。《浮士德》的两个部分以极端的方式表明了文学作品的心理学差异。

为了强调这种心理学差异，我想把第一类艺术创作称为“心理类”（psychological），把第二类称为“幻觉类”（visionary）。心理类作品的素材来自人的意识领域——比如，生活中的教训、感情上的震撼、激情的体验以及整体人类命运的危机——这些内容组成了人的意识生活，特别是人的情感生活。诗人在心理上同化了这类素材，使它们从老生常谈升华为诗性的体验，并给它们赋予了新的表达方式，把读者平日里回避、忽视或仅以一种模糊的不快感知觉到的内容完全带进意识里，使读者更清晰、更深刻地洞察它们。诗人的任务是说明并阐释意识的内容，还有人类生活中无法逃避、永恒不变的，或悲伤，或快乐的体验。诗人没有给心理学家留下任何工作，除非人们希望心理学家能够解释浮士德爱上格雷琴的原因，或者格雷琴杀死自己骨肉的动机。这些主题旨在塑造人类的命运，它们无数次地重复着，使得治安法庭和刑事法典千篇一律。它们没有一丝晦涩，因为它们充分地解释了自身。

无数的文学作品都属于这个类型，比如很多以爱情、环境、家庭、犯罪和社会为主题的小说、说教诗、抒情诗、悲剧和喜剧。不论具体采用了哪种文体，心理类艺术作品总是取材于人类意识经验的广阔领域——也可以说，取自生动的生活中最明显的问题。我把这一类型的艺术创作归为心理类，是因为它们的活动没有超出心理可理解的范围。它们之中的一切——包含经验以及艺术表现形式——都在人们的理解范围之内。就连基本经验本身，虽然是非理性的，但也没什么奇怪的；不止如此，它们从人类诞生起就被熟知了——例如，激情及其命中注定的后果、人向多舛的命运的屈服、集美丽与恐怖于一身的永恒的自然。

《浮士德》第一部和第二部之间的深奥差异正体现了心理类和幻觉类艺术创作的区别。后者的特征与前者全然相反。在幻觉类艺术创作中，用于艺术表达的素材，不再来自熟悉的经验，而是来自某种存在于人类头脑深处的陌生事物——这意味着我们面对着一条将我们与史前时代隔开的时间鸿沟，或者一个超人类的、非黑即白的世界。这是一种原始的经验，超越了人类的理解能力，因此人类有可能会被它压垮。这种原始经验的宏大使得它意义深远、富有力量。它生自永恒的深处，它是陌生的、冰冷的、多面的、恶魔的和怪诞的。它是永恒混沌里的一个可怖而又荒诞的个例——用尼采的话说，是对人类的反叛——它粉碎了人类的价值标准和审美标准。比起生活中的外显经验，这些诡异而无意义的烦扰幻象，不论从哪个方面看都超出了人类的情感和理解范围，因此，它们对艺术家的才能提出了截然不同的要求。生活中的外显经验不会撕开宇宙的面纱，也不会超越人类力所能及的范围，因此，它们本身就颇为符合艺术的要求，虽然有时它们也感人至深，却非常契合艺术的需要。然而，原始经验彻底地撕碎了世界井井有条的假象，使我们窥见充满着尚未形成的东西的未知深渊。它是另一个世界的幻象吗？还是被遮蔽的精神的幻象？或者是早在人类出现之前的万物起源的幻象？又倘或是尚未出生的未来世代的幻象？我们无法断定它是什么，或者它什么都不是。

造形，变形，

不灭精神的永恒娱乐。①

---

① 摘自歌德《浮士德》（第二部），原文为：Gestaltung，Umgestaltung，Des ewigen Sinnes ewige Unterhaltung.

这类幻象处处可见，比如《黑马牧人书》（*The Shepherd of Hermas*）、但丁（Dante）的作品、《浮士德》第二部、尼采的酒神精神[①]、瓦格纳的《尼伯龙根的指环》、斯皮特勒（Spitteler）的《奥林匹亚的春天》（*Olympischer Frühling*）、威廉·布雷克（William Blake）的诗、僧人弗朗切斯科·科隆纳（Francesco Colonna）的《寻爱绮梦》（*Ipnerotomachia*）[②] 以及雅各·波墨（Jacob Booehme）的具有哲理与诗意的断续语句。原始经验用更局限、更具体的方式为哈格德的小说提供了素材，从而产生了《她》，而贝诺也是一样，主要是《亚特兰蒂达》，对库宾（Kubin）则主要是《另一方面》（*Die andere Seite*），对迈林克（Meyrink）主要是《绿色的脸》（*Das grüne Gesicht*）——我们可别低估了这本书的重要性，对格莰（Goetz）主要是《没有空间的王国》（*Das Reich ohne Raum*），对巴拉赫则主要在《死亡之日》中。这个书单可以列很长。

在论及心理类艺术创作时，我们永远不需要思考素材是怎样构成的，它的意义又是什么。但是，只要我们涉及幻觉类艺术创作，就必须要直面这些问题了。我们感到吃

---

① ［译注］指《悲剧的诞生》（*Die Geburt der Tragödie aus dem Geiste der Musik*）一书。

② ［译注］《寻爱绮梦》的英文又作 *Hypnerotomachia Poliphili*，是 1499 年出版的一部寓言传奇作品，附有精美插图。荣格曾称赞此书中的梦的意象已经蕴含了他的原型理论。

惊、震惊、迷惑，我们产生了戒心，甚至厌恶——而且我们需要得到评注和解释。我们想到的不是日常的人类生活，而是梦和黑夜里的恐惧和头脑深处的黑暗，我们时不时忧心忡忡地体会着它们。大多数的读者都对这类作品持否定态度——除非它以低俗的内容哗众取宠——就连文学评论家都为该类作品感到尴尬。的确，但丁和瓦格纳让我们更容易理解这类作品。但丁的作品通过介绍历史事实、瓦格纳的作品通过神话事件，给这些幻觉经验披上了一层外衣，因此，历史和神话有时就成为这类作家所使用的素材。但是，写作的动力和更深层的意义都不在于历史和神话，二者皆来自幻觉经验。哈格德通常被当作一个小说家，这是可以理解的。但是对他而言，故事实际上是一种用于承载重要素材的手段。不管故事情节怎样地掩盖了内容，后者的重要性都远胜于前者。

在幻觉类艺术创作中，素材来源的模糊性很是奇怪，它与我们在心理类创作中所发现的恰好相反。我们甚至会怀疑，这种模糊性是否是作者有意为之。我们会自然地去假设——弗洛伊德心理学也是这样鼓励我们的——这种怪诞的黑暗背后，隐藏了一些高度个性化的经验。我们希望借此解释我们窥见的奇怪的混沌，并理解为什么有的时候诗人好像在故意向我们隐瞒他的基本经验。从通过这种方式看待问题，到宣称我们正在处理的是一种病态的、神经质的艺术，中间只有一步之遥——既然幻觉类作品的创作者所使用的素材具有精神病人的幻想的某些特点，那么这一步便是合理的。反过来说也是对的，我们经常在精神病人的精神作品中发现一些本该在天才的作品里发现的丰富内涵。追随弗洛伊德的心理学家当然倾向于把此处探讨的作品当成一个病理学问题。他们会假设我所说的“原始幻觉”背后其实是一种隐秘的个人经验——也就是说，一种未被意识观念接受的经验——然后再试图解释幻觉中的奇异意象，称之为“掩蔽形象”，并假设它们代表了对基本经验的尝试性隐藏。按照他们的观点，这也许是一种爱的体验，它在道德上和美学上与整体人格不能相容，或至少与有意识头脑中的某些假设不符。为了达到这种效果，诗人通过他的自我对这些经验进行了压抑，使它们变得难以辨认（变成了无意识的），病态的幻想工厂就此开始运作。此外，这种用虚构代替现实的尝试往往不尽如人意，所以，它们总是重现于一系列的原创性形象中。这就解释了荒谬的、恶魔的、怪诞的和堕落的幻想形象大量出现的现象。一方面，它们是不被人们所接受的经验之替代品；另一方面，它们也帮忙隐藏了这些经验。

尽管关于诗人性格和心理气质的讨论严格来讲应该属于本文第二部分的内容，但是在这里，我不得不提及弗洛伊德对幻觉类艺术作品的观点。一方面是因为它的影响面之广；另一方面则是因为它是目前唯一一种广为人知的尝试——想用“科学”来阐释幻觉类素材来源的尝试，或者创造一个理论来解释这种古怪的艺术创作背后的心理过程。我认为，我本人关于这个问题的看法并没有被大多数人所了解，或者理解。因此，我想要在这里对之进行简要阐述。

如果我们坚持认为幻觉源于个人经验，那么我们必然会把幻觉当作二手的——当成是现实的替代品。这样一来，我们便剥夺了幻觉的原始属性，仅仅把它视为一种症状。于是，孕育着万物的混沌便缩减成了一种心理紊乱。这样解释幻觉让我们大感安心，因为这使得我们的宇宙图景恢复了原本的井然有序。由于我们讲求实用和理性，我们并不期望宇宙是完美的；我们接受这些不可避免的瑕疵，称之为“变态”和“疾病”，并理所当然地认为人性中难免会有这些缺陷。被揭露出来的深渊令人害怕，向人类的理解力提出了挑战，因此被当作幻象去除了，诗人既是被欺骗者，又是欺骗者。即使对于诗人来说，他们的原始经验也是“人性的——太具有人性的”，因此诗人也无法直面它们的意义，只能把它们隐藏起来。

我认为，对于这种将艺术创作归结为个人因素的解释方法，我们最好充分地了解其内涵。我们应当清楚地认识到它意味着什么。事实是，它使我们从对艺术作品的心理学研究，转移到了对诗人本身的心理气质的研究上。后者自然也是一个不可否认的重要问题，但是艺术作品就在那里，没有魔法能够使它消失。至于创造性作品对诗人本身有怎样的意义——他是把它当作一件小事、一个遮掩物、痛苦的源泉，还是一项成就——我们暂不考虑，因为当下的任务是从心理学的角度来解释作品。因此，首要的任务便是认真考虑作品背后的基本经验——也就是幻觉。我们必须认真地对待幻觉，认真程度不亚于我们对待心理类艺术作品背后的经验时那样，二者毫无疑问是同样真实和重要的。确实，幻觉体验似乎与人的一般体验相去甚远，所以我们很难相信幻觉是真实的。幻觉不幸具有晦涩的形而上学和神秘主义的特征，以至于我们觉得有义务打着善意和理性的旗号去干涉它。我们会总结道，最好不要在幻觉的问题上太认真，不然就会退入一个愚昧和迷信的世界。当然，人们颇为喜欢神秘学；但是通常来讲，我们会草率地认为幻觉体验来自丰富的想象力或诗性的情怀——也就是说，为了诗句押韵宁可破坏可理解性。有的诗人会赞成这种解释，目的是在他们自己与他们的作品之间拉开一段安全的距离。例如，斯皮特勒坚持声称，诗人歌颂奥林匹亚的春天，与唱诵“五月和煦的风啊！”其实别无二致。事实上，诗人也是人，诗人对自己作品的意见，就其主题而言，往往不是最具启发性的。所以，我们必须反驳诗人本人的意见，以捍卫幻觉体验的重要性。

我们在《黑马牧人书》《神曲》和《浮士德》等戏剧中看到了最初的爱情体验的影子——这种体验是靠幻觉来完成和实现的。我们无从假设，《浮士德》的第一部是基于正常的人类经验的，但第二部却放弃或隐藏了它；我们也无从推测，歌德在创作第一部时是正常的，而创作第二部时却陷入了神经症的精神状态之中。黑马（Hermas）、但丁和歌德可被视为近两千年来人类发展所经过的三个阶段，在他们身上我们可以看出，个人的爱情轶事不仅与重大的幻觉体验相关联，甚至明显是服从于它们的。这一有力证据来源于艺术作品本身，它排除了诗人特殊的心理性格问题，使我们不得不承认，幻觉是一种比人类的激情更加深刻、更加难忘的体验。就这一性质的艺术作品而言——我们万万不能将它们与艺术家个人混为一谈——我们必须承认幻觉是一种真切的、原始的经验，不管那些理性主义者会怎么说。幻觉不是衍生而来的，不是二手的，也不是什么东西的症状。它是真正的象征性的表达方式——也就是某个独立存在但不为人知的事物的体现。人们真切地感受到了爱情轶事这种真实的体验，而幻觉和爱情轶事是一样的。我们不需要试着去确定幻觉内容的本质是物理的、心理的，还是神秘的。它本身具有心理上的真实性，其真实程度并不亚于物理实体。人类的激情属于意识经验的范畴，但幻觉的主题却超出了这一范畴。我们通过感觉来体验已知的事物，通过直觉来体验未知的或隐藏的事物——这些事物由于其自身性质而非常神秘。一旦它们进入了意识，就会被有意地抑制或隐瞒，因此，它们自远古以来就被认为是神秘的、奇异的、欺骗性的。它们不受人类监视，而人类出于恐惧也会回避它们。人类以科学为盾牌，以理性为盔甲来保护自己。人类因为恐惧而启蒙了心智，在白天，他相信宇宙是井然有序的；在夜晚，他便努力维持这一信仰，以抵御困扰着他的对浑沌的恐惧。倘若有某种活生生的力量，其活动范围远在我们日常的世界之外，可该如何是好？人类是否有某种危险而又不可避免的需求呢？存在一种比电子更为意义明确的物质吗？我们认为我们对自己的灵魂有拥有权和控制权，是否是自欺欺人呢？科学中的“心灵”，是否不止是一个被严格限制于颅骨之内的问题，而是一扇从人类世界通往另一个世界的大门？心灵时而古怪地、不受控制地影响着人类，给人类黑夜的翅膀，使之从普通人性的水平飞跃到超越了个人使命的水平上。当我们推敲幻觉类艺术作品时，会感觉爱情轶事也只是一种宣泄——这种个人经验并不重要，不过是“神曲”的序曲罢了，而“神曲”才是至关重要的。

接触到生命的黑夜的，不只是这类艺术作品的创造者，还有先知者、预言家、领导者和启蒙者。不管这个夜间的世界有多黑暗，它并不是完全陌生的。从远古时代起，人类就已经知道它的存在了——此处，别处，无处不在；对于当代的原始人来说，它仍然是他们的宇宙图景中不容置疑的一部分。只是我们抛弃了它，因为我们害怕迷信和形而上学，还因为我们在努力建立一个意识的世界，这个世界既安全又易于控制，自然规律在其中的作用就像法律在联邦国家中所起的作用一样。然而，就算在这个世界之中，诗人也会时不时地瞥见夜间世界的居民——精灵、魔鬼和神祇。诗人知道，有一种超越了人类极限的意图，秘密地赋予了人类以生命力量；诗人能够预感到普累若麻[①]里的一些不可理解的事。简而言之，诗人能看到心理世界中的那些令原始人和野蛮人备感恐惧的事物。

从人类社会形成起，人们便一路努力地对这些晦涩的暗示加以约束。即使在旧石器时代的罗德西亚人（Rhodesian）的岩画中，那些栩栩如生的动物图案旁边也有一种抽象的图案——被一个圆圈圈住的双十字图案。这种图案时常会出现在各个文化区域，今天，我们不只能在基督教教堂里看到它们，也能在西藏的寺院里看到它们。这就是所谓的“太阳之轮”，因为它出现在人类还没有发现轮子是一种机械装置的时代，所以它并不来自外部世界的经验。太阳之轮更像是一种代表了心理事件的象征；它涵盖了内心世界的体验，就像著名的犀牛与背上的食虱鸟的图画一样，是一种栩栩如生的呈现。没有一种原始文化不具有一系列的神秘教义，在许多文化中，这种体系都是高度发达的。这些教义涉及了除白昼生活以外的隐秘事物，受到男人会议和图腾部族的保护。从原始时代起，这

① ［译注］普累若麻（pleroma），诺斯替教派中的精神世界之充满，可对比佛教之“空”或道教之“道”。

些教义就一直是人类最重要的经验。在入会仪式上，一般会将有关它们的知识传授给年轻人。古典时代的秘密宗教仪式也具有同样的作用，丰富的古代神话则是这种经验在人类发展的最初阶段中的遗迹。

因此，诗人为了最恰当地表现出他的经验而采用神话的形式，便在我们意料之中了。如果认为诗人所用的素材是二手的，就大错特错了。原始经验是诗人的创造力的源泉，我们无法彻底了解这种经验，因此需要借助于神话意象来表现它。原始经验本身不带有任何文字或意向，它是一种可以在"阴暗的玻璃杯中"窥见的幻觉。它仅仅是一种隐隐的预感，努力地想要表现出来。它像一阵旋风，卷走了所经之处的一切，将它们带到空中，这才有了我们能看得见的形状。由于任何一种方式都不能完整地表达出这些幻觉的可能含义，所以，哪怕诗人只想传达一丁点儿隐喻，也有大把的素材可以使用。此外，为了表现出幻觉的古怪和矛盾，诗人必须使用一种难以驾驭、满含冲突的意象。但丁用任意往返于天堂和地域的意象，来表现他的预感；歌德则只好借助于布罗肯山（Blocksberg）和古希腊时期的地狱；瓦格纳使用的是整个北欧神话；尼采使用的是僧侣圣典文体，重塑了传说中的史前时代的先知；布莱克（William Blake）自创了形象模糊的人物；而斯皮特勒借用了旧名称为他想象中的新造物命名。从不可言说的崇高到荒唐怪诞，这中间任何一个层次都不曾被荒置。

在解释这些生动的意象时，心理学除了收集整理各种素材以供比较、提供一些术语以供讨论之外，并不能作出更多的贡献。根据这些心理学术语，幻觉的内容叫作“集体无意识”。集体无意识的含义是，由传承的原力所构成的特定的心理气质，意识便是从集体无意识中发展出来的。在人体的物理结构中，我们能够发现进化早期阶段的痕迹，我们也同样认为，人类心灵的构造也遵循了这种系统发生规律。事实上，当意识隐去之时——比如，在梦里、在催眠状态下和在精神病案例中——一些心理产物或内容就会浮上表面，展现出心理发展的原始阶段的所有特征。意象本身有时候也具有这种原始特征，因此，我们可以认为它们源于古老的秘传教义。也常有人赋予神话主题以现代的形式。在文学研究中尤其重要的是，这些集体无意识的表现，是一种对意识态度的补偿。换言之，它们带有明显的意图，将片面的、反常的或危险的意识状态变得平衡。如果我们观察梦，便可以非常清楚地看到补偿过程的正面作用。在精神病患者身上，补偿过程也常常非常明显，但它的作用是负面的。比如一些人慌不择路地避世隐居起来，最终却发觉这是欲盖弥彰，自己最隐私的秘密早已成为众人的谈资。[①]

① 参见我的另一篇文章，《心灵与大地》(*Mind and Earth*)，载于《分析心理学文稿》(*Contributions to Analytical Psychology*)，哈考特-布雷斯出版社，伦敦，1928。

在我们谈论歌德的《浮士德》时，假设作品并不是作者本人的意识态度的补偿，那么我们必须回答的问题便是：该作品与作者所处的时代的意识观点之间，有着怎样的联系？伟大诗篇的感染力源自人们的生活，如果我们试图从个人角度去解读它，便会完全无法把握其意义。如果集体无意识成为一种生活体验，影响着整个时代的有意识观念，它便具有了创造性，这对生活在那个时代的人来说是很重要的。每件被创造出来的艺术作品，都包含着人类世代相传的神示。因此，《浮士德》触及了每个德国人灵魂中共通的东西。同样，哪怕《黑马牧人书》未被收入《新约全书》正典之中，但丁的声名也将永恒不朽。每一个时代都有特定的偏爱、偏见和心理疾病。一个时代就像一种个体，它的意识观念也有局限性，所以也需要补偿性的调整。这种补偿性调整由集体无意识负责，在难以言说的时代愿望的引导下，诗人、先知或领袖用他们的语言或行为指出了一条路，帮助人们实现盲目的追求和期望——不论后果是善还是恶，会使整个时代步向完善还是毁灭。

一个人若要谈论自己所处的时代，总是很危险的，因为当下正在发生的利害攸关的事情太多了，难以把握。因此只窥一斑便足够了。弗朗切斯科·科隆纳的《寻爱绮梦》全书讲述了一个梦境，歌颂了人类关系中的自然之爱；作者虽然并不鼓励疯狂放纵感官，却彻底抛弃了基督教的神圣婚姻观念。这本书写于 1453 年。赖德·哈格德恰好生活在维多利亚王朝的鼎盛时期，他重温了这个主题，以自己的方式加以处理；他没有用梦的形式去表现这个主题，而是带着我们去感受道德冲突的张力。歌德在《浮士德》的华美篇章中，织入了格雷琴—海伦—母亲—光荣[①]这一条朱色锦线。此外，尼采宣布上帝已死，斯皮特勒把神祇的传位与继位演绎成了一个关于季节的神话。不论诗人本身有多重要，每一位诗人都道出了成千上万人的心声，预言着那个时代的意识观念将要发生的变化。

Ⅱ 诗人

创造力，如同意志的自由性，包含着一个秘密。心理学家可以描述这两种表现的过程，但是回答不出它们所提出的哲学问题。人为什么具有创造性，这是一个谜，我们试着用各种方法去解开它，但总是无功而返，尽管如此，现代心理学依然不时涉及艺术家及其艺术作品的问题。弗洛伊德认为，通过艺术家的个人经历来解释其作品，便是解答这个问题的关键。[②] 诚然，沿着这一方向确实可能会有一些发现，因为一件艺术作品就像神经症一样，很有可能追溯到心理生活中的伤痕，即所谓的“情结”。弗洛伊

① ［译注］格雷琴和海伦是浮士德先后爱上的两位女子。

② 参见弗洛伊德关于延森（Jensen）的《格拉蒂瓦》（*Gradiva*）的文章，以及关于达·芬奇（Leonardo da Vinci）的文章。

德了不起地发现，精神症是起源于心理领域的——来自情绪状态和真实的或想象的童年经验。弗洛伊德的一些追随者，比如兰克和斯塔科尔①采用了与此线索相关的询问方法，成效卓然。毋庸置疑，诗人的心理气质始终贯穿于他的作品之中。至于个人因素会强烈影响诗人的取材和谋篇的说法，也已经是老生常谈。不过我们必须承认，是弗洛伊德学派阐述了这一影响是多么的深远，而这种影响的体现形式又是多么的奇怪。

弗洛伊德认为神经症替代了直接的满足手段。因此，他认为神经症是不正当的——是错误、逃避、借口，是选择性失明。对他来说，神经症根本就是一种不应该存在的缺陷。因为不管神经症的症状如何，都是一种扰乱，既没有道理，也没有意义，只会令人恼火，所以也很少有人敢为神经症辩白。如果认为一件艺术作品可以通过诗人的压抑来分析，那么艺术作品便与神经症平起平坐了，这是有问题的。从某种意义上讲，这也不失为一个好归宿，毕竟弗洛伊德的心理学也是这样看待宗教和哲学的。如果说这一方法仅针对艺术作品中的重要个人因素，是不会招来任何异议的。但是，如果宣称这一分析方法解释了艺术作品

① ［译注］奥托·兰克（Otto Rank，1884—1939），奥地利心理学家和精神分析师，维也纳心理分析协会首任秘书，弗洛伊德委员会成员。威尔海姆·斯塔科尔（Wilhelm Stekel，1868—1940），奥地利医生和心理学家，是弗洛伊德最早期的追随者之一。

本身，那就大错特错了。艺术作品中潜藏的个人特质并不是问题的关键；事实上，我们越是研究这些特性，就越少涉及艺术本身。艺术作品的本质远远超出了个人的生活领域，而是诗人作为一个个体，用他的精神和心灵与全人类的精神和心灵在交谈。在艺术领域中，个人特征是一种局限——甚至是一种罪过。当一种“艺术”形式本质上是个人的时，它就应该被当成神经症来对待。弗洛伊德学派的一个观点绝非全无道理，他们认为，艺术家无一例外都是自恋的——也就是说，他们带有幼稚期和自恋的特质，是未发展的人。不过，这个观点只在把艺术家当作一个普通人的时候，才是正确的，但若涉及这个人作为艺术家的一面，则是错误的。作为艺术家，他既不是自恋的，也不是恋他的，是不恋任何事物的。他是客观的、非个人的——甚至是非人类的——因为作为一个艺术家，他等于他的作品，而不等于一个人。

每一个创造性的人都有两面性，或者说是一个矛盾对立的综合体。一方面，他是一个人，有着个人的生活；另一方面，他又是一个非人的、创造性的过程。作为一个人，他可能是健康的或者病态的，因此，我们必须通过研究他的心灵构造，来了解他的人格设定。但是，如果我们想了解他具有艺术天赋的那一面，就只能去研究他的创作成就。如果我们试图通过个人因素去解释英国绅士、普鲁士军官或红衣主教的生活方式的话，就犯了一个可悲的错误。绅士、军官和主教都是非个人角色，他们的心灵构造被特殊的客观条件所限制。我们必须承认，艺术家不是一种官方的职位——恰恰相反，它更接近于真理。不过，在某一个方面，艺术家与我刚才列举的几个角色是相似的，因为艺术家的特殊气质中所包含的集体心理生活远远多于个人心理生活。艺术是一种先天的驱力，它紧抓人心，把人类变成了自己的工具。艺术家不是一个天生拥有自由意志、能够实现自我的人，而是一个允许艺术利用自己来实现它的目的的人。作为人类，艺术家也有自己的心境、意志和个人目标；但是，作为艺术家，他是一个更高级意义上的“人”——一个“集体的人”——肩负并塑造了人类的无意识和心理生活。为了完成这个艰巨的使命，艺术家有时必须牺牲幸福，牺牲那些让普通人的生活具有价值的事物。

既然如此，那么搞分析的心理学家把艺术家当成是一类特别有趣的病例，也就不奇怪了。艺术家的生活必然充满了冲突，因为有两股力量在他的身上争斗着——一面是普通人对生活中的幸福、满足和安全感的渴望，另一面则是一种无法遏制的创作激情，它超越了任何的个人欲望。艺术家们的生活通常都不那么尽如人意——有时甚至颇为悲惨——这是因为他们在作为人类和作为个人的一面做得不够，而不是因为命运不公。一个人会因为创造激情这一神圣天赋而付出巨大的代价，这几乎是一条必然的规律。

就好像我们每个人在出生时都被赋予了有限的能量资源。我们身上最强有力的部分会占据并垄断这些能量，所剩不多，便也无法再生产出有价值的东西。创造力就是通过这种方式耗尽了人的一切冲动，使得自我不得不发展出各种恶劣品质——冷酷无情、自私自利、爱慕虚荣（即所谓“自恋”）——甚至发展出各种恶习，来维持生命中的火花，不令它完全熄灭。艺术家的自恋，很像私生子的或者被抛弃的孩子的自恋，那些孩子从年幼起就必须保护自己，以不受那些不肯给予他们爱的人所造成的毁灭性影响——他们为了这一目的而发展出了恶劣品性，在此后的生活中保持着无法克服的自我中心主义，通过保持幼稚和无助的生活状态，或者通过故意违反道德规范或法律。我们为何要怀疑艺术本身就能够代表艺术家，并不用考虑个人生活中的缺憾和冲突呢？个人生活中的缺憾和冲突都是因为他是一个艺术家而造成的令人遗憾的后果——也就是说，这个人从出生的那一刻起，就被赋予了一个普通人所不能胜任的伟大任务。一种特殊的能力，意味着在这个特殊的方面需要消耗巨大的能量，因此，也就抽干了生活的其他方面。

无论诗人是否知晓他的作品正在他体内酝酿、生长和成熟，也无论诗人是否认为他自己凭空创造了作品，这些都是无关紧要的。他孕育了自己的作品，就像母亲孕育了孩子，他对此事的观点是改变不了这个事实的。创作过程具有女性特质，创作性作品来自无意识的深处——我们也可以说，来自母性的国度。每当创造力占据了支配地位，人的生活就会被无意识所控制和重塑，以对抗主动意愿；有意识自我被一股暗流卷走了，只能充当无助的旁观者。正在创作中的作品是诗人的命运，决定了诗人的心理发展。不是歌德创造了《浮士德》，而是《浮士德》创造了歌德。然而，《浮士德》除了是一种象征以外，又能是什么呢？我的意思并不是说它寓指了我们再熟悉不过的事物，而是说它代表着一种我们并不了解却生机勃勃的事物。它所表达的是一种活在每个德国人灵魂中的东西，歌德帮助它诞生了。我们能想象一个非德国人写了《浮士德》或者《查拉图斯特拉如是说》（*Also Sprach Zarathustra*）吗？这两部作品都鸣奏着德国人的灵魂中回响着的东西——雅各·布克哈特①曾经称它为"原始意象"——一种医生或人类导师的形象。从文明出现起，哲人、救助者和救世主的原型意象就潜伏在人的无意识之中，每当时代脱节或人类社会出现严重错误时，它就会被唤醒。当人们步入歧途时，他们便会感到需要一名向导、一位老师，甚至一位医生。这类原型意象是不计其数的，但是除非受到了反复无常的一般观念的召唤，它们是不会出现在个体的梦中或艺

---

①［译注］雅各·布克哈特（Carl Jacob Christoph Burckhardt，1818—1897），瑞士艺术史与文化史学家，代表作《意大利文艺复兴时期的文化：一本尝试之作》（*Die Kultur der Renaissance in Italien：Ein Versuch*）

术作品中的。当意识生活中出现偏激与错误时，这些原型意象就会被激活——可以说这一过程是“本能地”——随即出现在个体的梦里、艺术家和预言家的幻觉里，借此恢复整个时代的心理平衡。

诗人通过这种方式，满足了他所处的社会的精神需求，也是因为这一缘故，对诗人而言，他的作品比个人命运具有更加重要的意义，不论他本人是否意识到了这一点。诗人本质上只是他的作品的工具，他臣服于它，我们没有理由指望他能为我们解释其作品。他已经竭尽全力去使它成形，不得不让别人、让后人去解释其作品。一件伟大的艺术作品就像一个梦，尽管它表面上看起来非常清晰，但它并不能自我解释，而且永远都没有确切的含义。梦从来不会说“你应该”，或者说“这是真理”，它只会呈现出一个意象，如同大自然允许一株植物生长，而我们必须自己得出结论。如果一个人做了噩梦，或许意味着他很容易恐惧，或许意味着他太无畏了；如果一个人梦见一位智慧老人，或许意味着他十分好为人师，或许意味着他需要一位老师。若我们能够允许艺术作品像影响艺术家一般地影响我们，就会发现两种相反的意义微妙地融合在同一件事物中。若想把握作品的含义，我们必须允许它塑建我们，就像当初它对艺术家的塑建一样。然后我们才能理解诗人的经验的本质。可以看出，诗人从意识下的集体心理中获得了治愈和救赎的力量，但也伴随着孤独和痛苦的错误；他穿入了生活的子宫，所有人都是从这里出生的，它使得一切世事有共同的节奏，使得个体得以向全人类表达他的感受和渴求。

若要了解艺术创作的秘密和艺术的效能，我们必须回溯到神秘参与的状态——这种经验不是个体水平的，而是所有活着的人们的水平，单个人的幸福或哀痛无关紧要，全人类的存在才是重要的。因此，每一件伟大的艺术作品都是客观的、非个人的，但是它能够深深地打动每一个人。也正因为如此，不能认为诗人的个人生活对他的艺术具有非常重要的作用——那最多只是在完成创造性任务过程中的辅助或阻碍。他可以是一个俗气的人、一个模范公民、一个神经症患者、一个傻子、一个罪犯。他的个人生涯也许很老套，也许很有趣，但这些都不能够解释他为什么是一个诗人。

第九章

分析心理学的基本假设

在古典时期和中世纪，人们普遍相信灵魂是一种实体(substance)。的确，人类全体从最初起就一直坚信着这一信念。直到19世纪下半叶，才发展出了“没有灵魂的心理学”(Psychologie ohne Seele)。在科学唯物主义的影响下，每一种不可被肉眼看见、不可用手摸到的东西都值得怀疑，这些东西甚至会遭到人们的嘲笑，被认为纯属空谈。凡是不能够被感官所感知、不能够追溯到物质源头的事物，都不是“科学的”，也不会被承认是真实的。这一次观念剧变的根源并不在于哲学唯物主义，而是早就万事俱备只欠东风了。16世纪天主教会的宗教改革运动带来的精神剧变终结了哥特时代(Gothic Age)①，哥特时代崇高的强烈渴望、地域限制以及欧式的垂直思维(vertical outlook)

① [译注] 这里的哥特时代主要指哥特式建筑盛行的时期，这一艺术风格始于12世纪的法国，因文艺复兴而衰落，结束于15世纪。

烟消云散，现代的横向思维（horizontal outlook）[①] 取而代之。意识的高度不再发展，而是开始发展视野的广度，发展对整个地球的了解。这便是伟大的航海时代，通过实地探索去拓宽人类的世界观。在这之前，人们相信精神是一种实体；在这之后，人们渐渐开始认为只有物质才具有实体。终于，在接近 400 年以后，欧洲的主流思想家和研究者都认为心智完全依赖于物质，与物质之间具有因果关系。

如果说是哲学或者自然科学导致了这场彻底的转变，当然是说不通的。总有一些睿智的哲学家和科学家具有足够的洞察力和思想深度，对这种非理性的观点转变非常抵触；有些人甚至反抗过这一转变，却无人追随，他们无力抵抗流行的无理态度，更不用说那种情绪化的、认为物质世界高于一切的思潮。我们不应当认为人们的观念剧变是经由推理和思考得来的，因为没有任何推理证据能够证实或证伪心智或物质的存在。每一位有头脑的人都会相信，心智和物质这两个概念，只是两个符号，代表着未知的和未经探索的事物，这些事物会根据人的心境、性格或时代精神而被肯定或否定。一方面，没有什么能够阻止善于逻辑推断的知识分子把心灵当作一种复杂的生物化学现象，认为心灵归根结底只是电子的运动罢了；另一方面，也没有什么能够阻止他把电子那无

① ［译注］荣格在这里使用了空间的隐喻，将有关外在世界的知识称为“横向思维”，有关心理的知识称为“垂直思维”。

法预测的行为看成是电子内部精神生活的体现。

19世纪，心智的形而上学被物质的形而上学所取代，如果我们认为这件事只是知识分子的问题，那么它只是一件小事；但是如果我们从心理学的角度去看，它其实是人类世界观的一次史无前例的变革。精神的重要性被实事求是取代了；经验主义的势力范围扩张到了对每一个问题的讨论、对目标的选择，甚至是“意义”的定义上。内在的无形事件似乎不得不让位于外部有形世界中的事物，如果一样东西没有所谓的事实基础，它就是没有价值的。起码那些头脑简单的人是这样想的。

如果试图把这一非理性的观点变化看成一个哲学问题，真的是徒劳。我们最好不要费这个力气，因为如果我们坚持认为精神现象是腺体活动导致的，必定能够获得当代人的感激和尊敬，但是，如果我们把太阳核聚变解释成是创造性的世界精神（Weltgeist）所发出的，我们就会受到鄙视，被当成科学界的怪咖。然而，这两种观点同样合乎逻辑，同样地形而上，同样地武断，也同样地具有象征意义。从知识学的角度看，从人类推知动物，和从动物推知人类是同样被认可的。可是，我们都知道达克教授①在

---

① ［译注］埃德加·达克（Edgar Dacqué，1878—1945），德国古生物学家、地质学家、自然哲学家。达克认为拉马克或达尔文的进化论不够完整，提出应当采用形而上学唯心主义来补足它，称人类自几百万年前就已经出现等。类似的理论在20世纪20年代曾颇受一部分德国中产阶级及纳粹的欢迎，但其实建立在直觉之上，而忽略了化石证据。

学术生涯中遭受了多少诟病，仅仅因为他错误地违背了时代精神[1]，而时代精神是不容小觑的。它像是一种宗教，或者——甚至——是一种与理性毫不沾边的信条，其重要性在于它是衡量一切真理的绝对标准，这一点很令人讨厌，甚至常识往往也站在它那一边。

人类的推理过程永远无法超越时代精神。时代精神是一种倾向，一种感情趋势，它通过无意识影响着脆弱的心智，用一股压倒一切的暗示性力量席卷头脑。拥有与同时代的人不同的想法，在某种程度上是大逆不道、令人不安的；甚至还是不礼貌的、病态的、渎神的，也因此会危及个体的社会生活。这种人逆势而动，是非常愚蠢的。从前，人们坚信一切存在都是由上帝的意志所创造的，上帝就是精神；而到了 19 世纪，人们同样坚信一切都来自物质原因。今天，心灵不能构成实体了，与此相反，物质通过化学作用创造了心灵。这种观念的颠覆若非今天的时代精神的一个突出特征，一定会使人觉得荒唐。可是，它符合流行的思维方式，因此它是得体的、理性的、科学的、正常的。心智必须被看成物质的附属现象。如果我们不说“心智”而说“心灵”，不说物质而说大脑、激素、本能或者驱力，这个结论都是不变的。承认灵魂或心灵自身具有

① ［译注］荣格所说的“时代精神”，是指“科学精神”“实证科学所反映的 19 世纪唯物主义”。在这里，荣格对“时代精神”持批判态度，以其受害者的身份自居。参见：Sherry，J.（2010）. *Carl Gustav Jung*：*avant-garde conservative*. Springer.

实体性，是违背时代精神的，是一种异端邪说。

我们已然发现，我们祖先有一些未被理智所证实的假设，他们假设人是有灵魂的；灵魂具有实体，具有神圣性质，因此是不朽的；灵魂之中有一种固有的力量，是它构建了肉体，支持着生命，治疗了疾病，还使得灵魂能够脱离肉体、独立生活；与灵魂合作的，是一些没有实体的鬼神；在我们的经验主义的当下以外，还有一个精神世界，灵魂从那里得到了关于精神的知识，而这在可见的世界里是找不到的。然而，那些尚未超越一般意识水平的人没有发现，我们的看法就像我们祖先的观点一样自以为是、不切实际。我们认为物质制造了精神；我们认为类人猿变成了人类；我们认为饥饿、爱与权力这三种驱力的和谐运转造就了康德的《纯粹理性批判》（*Kritik der reinen Vernunft*）；我们还认为脑细胞制造了思想，并坚信这一切都不可能有第二种解释。

这种能解释一切的东西究竟是什么？它是人们重新构想出的造物主的形象，只不过这一回它没有了人的特征，摇身一变成为一种一般概念，而每一个人都理应了解它的含义。今天，意识在宽度和广度上有了巨大的扩展，可惜这扩展只属于空间维度；意识的时间范围并没有扩增，如果它的时间范围延展了，我们应该会有一种更加生动的历史感。如果我们的意识不只在当下，还带有历史延续性，我们本该想起古希腊哲学中神圣原则的类似转变，也就会更加批判地看待目前的哲学假设。然而，时代精神有力地制止了我们沉迷于这种思考。它只把历史看成一个方便快捷的论据库，使我们偶尔可以说：“哎呀，连老亚里士多德都这么说!”情况会变成这样，让我们不得不反思时代精神是如何获得这种神秘的力量的。这毫无疑问是一种最最重要的心理现象——一种根深蒂固的偏见，倘若我们不对它进行适当的思考，我们就无法讨论心灵的问题。

正如我所说的，这种用物质原因解释一切的不可抗拒的倾向，与过去四个世纪里意识的横向发展是一致的，这种横向视角是对哥特时代强制性的垂直视角的颠覆。它是群众精神的表现，因此，不能被当成个体的意识。我们在这一点上很像原始人，一开始并不能意识到我们在做什么，只有在很久之后，才领悟了自己为什么会这样做。与此同时，我们满足于用各种理性方法解释自己的行为，但它们同样是不充分的。

如果我们意识到了时代精神，就应该知道我们为什么这么喜欢用物质原因来解释一切；我们应该明白，这是因为一直到现在为止我们都在过度地使用精神解释一切事物。这一认识会使我们马上意识到自己的偏见。我们会说，我们极有可能走向了另一个极端，犯了同样的错误。我们自欺欺人地以为，我们对物质比对“形而上”的心智更为了解，于是，我们高估了物质上的因果关系，相信只有它能够带给我们对生活的真实解释。但是，物质和头脑一样地难以捉摸。我们无从了解物质的终极本质，只有当我们承认了这一点时，我们才能回归平衡。我绝不是在否认心理事件与大脑的生理结构、腺体以及整个身体之间的密切联系。我们始终坚信，意识的内容在很大程度上是由我们的感官知觉所决定的。我们都承认，我们身体的和心理的那些不变的特征，是无意识地经由遗传获得的，我们深受本能力量的影响，我们的心智能力会因为这股力量而减弱、加强或改变。的确，我们必须承认，在涉及因果、目的和意义时，人类的心灵——不论从哪个角度看——首先便贴切地反映了我们所说的物质的、经验的和尘世的一切。最终，在所有这些事实面前，我们必须扪心自问，心灵是不是归根结底只是一种次级表现——即一种附带现象——是完全依附于身体的。出于因果推理，并作为真实世界里的一个实实在在的人，我们给出了肯定的答案。只有当我们怀疑物质的全能性时，我们才能够用批判的方式检验这一科学对人类心灵所下的结论。

已经有人提出了反对意见，批评这种方法把心理事件低估成了内分泌活动；把思维当成了大脑的分泌物，使得我们的心理学无关乎心灵了。我们必须承认，从这个角度上说，心灵并不是独立存在的；它本身什么都不是，仅仅是物理过程的一种体现。我们也不能否认，这些过程也具有意识的特征——否则的话，我们就根本无法谈论心灵了；如果没有意识，我们就无法对任何事物发表见解了。

因此，意识被认为是心理生活的必要条件——这等于在说，意识就是心理本身。这样一来，当代的一切“无关心灵的心理学”研究的都是意识，完全忽略了无意识心理活动的存在。

不过，现代心理学并不止有一种——而是有好几种。考虑到数学、地理学、动物学、植物学等都只有一种，我们就会发现心理学的另类之处。心理学的门类非常多，以至于美国的某个大学曾出版了一本很厚的书，名叫《1930年的心理学流派》（*Psychologies of 1930*）。哲学就不止一种，而是有很多种，我相信心理学的流派和哲学的一样多。我之所以这样说，是因为哲学和心理学之间有牢固的纽带，它们所研究的主题是相互关联的。心理学研究的主题是心灵，而哲学的研究主题——简单地说——是世界。直到今日，心理学一直是哲学的一个独特的分支，不过现在，我们正在印证尼采的预言——心理学变得独立，占据了主导地位。它甚至威胁要吞并哲学。这两门学科具有内在的相似之处，它们都是观念体系，而它们的研究对象都不是完全直观的，所以不能够通过纯粹的经验主义方法去理解。因此，这两个研究领域都鼓励推理，这样一来，就形成了多种多样、丰富多彩的观念，不论是心理学领域还是哲学领域，这些观念都多得数不胜数。两门学科中的任意一门都离不开另一门，并且总是会为对方提供潜在的——甚至时常是无意识的——基本假设。

正如前文所说，现代倾向于用物质原因来解释事物，这导致了“没有心灵的心理学”——也就是说，使得人们认为心理仅仅是生化过程的产物。而根本就没有一种从头脑出发的现代的、科学的心理学。今天，无人敢冒险去假设存在一个独立的、不由身体决定的心灵，并在此基础上建立一门科学的心理学。精神自为一体、自有目的，精神世界的体系是自给自足的，只有建立在这种假设之上，我们才能够相信灵魂是自发的、独特的，但是人们极其不欢迎这种假设。但是我必须提到，1941 年我曾在伦敦的贝德福德学院（Bedford Colllege）参加了一场由亚里士多德学会（Aristotelian Society）、心智协会（Mind Association）和英国心理学会（British Psychological Society）联合举办的会议，其中有一个座谈会专门讨论了这一问题——上帝的概念是否囊括了每一个个体的心智？在英国如果有人质疑这几个学会的科学地位，是不会得到热情响应的，因为这几个学会的会员都是这个国家中最智慧的人。那些论断充满了 13 世纪的论调，我或许是唯一一个大惊小怪的听众。这个例子充分表明，认为存在着自主的精神的观点，在欧洲并没有消亡，也并不是中世纪之后就灭绝了的。

如果我们考虑到这一点，或许能够鼓起勇气去探讨“关乎心灵的心理学”的可能性——也就是说，一个基于心灵自主性之上的研究领域。我们不必为这项事业的不受欢迎而焦虑，因为以头脑为基础其实并不比以物质为基础更不切实际。既然我们一点都不了解物质元素怎样造就了心理事件，而且也无法否认心理事件的真实性，我们完全可以从另一个角度出发建立我们的假设，认为心灵来自精神本源，它与物质一样令我们无从理解。当然，这不会是一门现代心理学，因为现代心理学首先便否认了这种可能性。因此，不管是好是坏，我们都得先回归祖先的学说，是他们首先创造了这种假设。古老的观点认为，精神本质上是肉体的生命、是生命的鼻息，或者是一种生命力，在人们出生或者被孕育之时，精神便获得了立体的、实在的形态，在人们停止呼吸之时，精神又离开了身体。精神本身是一种没有范围的存在，又由于它在获得实在的形态之前和失去实在的形态之后都是存在的，所以它也是没有时间性的，是永恒的。当然，从现代的、科学的心理学的视角看，这种概念纯粹是想入非非。但是我们无意涉足“形而上学”，包括现代的形而上学，我们想要的是以一种没有偏见的方式考察这种历史悠久的观念，使用实证的方法检验它是否站得住脚。

人们对其经验的命名经常很有启发性。灵魂（seele）一词来自什么呢？像英语中的灵魂（soul）一词一样，它来自哥特语中的 saivala 及古德语中的 saiwalo，这两个词都与希腊语中的 aiolos 有关，aiolos 意为“运动的、彩色的、彩虹般的”。希腊语中的心灵（psyche）一词兼有“蝴蝶”的意思。而 saiwalo 与斯拉夫语中的 sila 一词有关，意为

“力量”。这些关联揭示了 Seele 一词的含义：它是一种流转的力量，也就是生命力。

拉丁语中的阿尼姆斯（animus）、精神（spirit）和阿尼玛（anima）与希腊语中的风（anemos）是一致的。希腊语中另一个表示风的词 pneuma 也有“精神”的意思。哥特语中也有类似的词，us-anan 是“呼气”的意思，拉丁语中则有 an-helare，意为“喘息”。在古高地德语（Old High German）中，spiritus sanctus 可以翻译成 atun，即“呼吸”。阿拉伯语中的风是 rih，而 ruh 便是灵魂、精神。希腊语中的心灵（psyche）也有类似的关联词，比如，psycho 意为“呼吸”、psychos 意为“凉爽”、psychros 是“寒冷”、phusa 则是“风箱”。这些关系清楚地说明，在拉丁语、希腊语和阿拉伯语中，关于灵魂的命名都与流动的空气的概念有关，即“精神的寒冷气息”。也因为这样，原始的观念认为灵魂有一具不可见的、喘息着的身体。

显然，因为呼吸是一种生命迹象，所以呼吸、运动和动力都代表了生命。根据另一种原始观念，灵魂被视为火或者火焰，因为暖也是一种生命迹象。一种古怪但并不罕见的原始观念认为，灵魂和名字是等同的。个体的名字就是他的灵魂，因此产生了一个习俗，用祖先的名字给新生儿命名，以使祖先的灵魂重生。据此可以推断，原始观念认为自我意识是灵魂的体现。把灵魂与影子等同的现象也屡见不鲜，所以踩别人的影子是一种严重的侮辱。出于同样的原因，南半球中高纬地区认为正午时分有鬼怪出没，是很危险的，因为正午时分影子变小了，意味着生命受到了威胁。这种影子的概念包含着一种观点，体现在希腊人使用的 synopados 一词中，意为“尾随的人”。他们用这个词表达出一种无形的却有生命的存在——这种感觉让人相信，影子本是死者的灵魂。

这些事例展现了原始人对心灵的体验。对他们而言，心灵是生命的源泉，是最基本的动力，还是一种客观的、真实的、鬼魂一样的存在物。因此，原始人知道如何与自己的灵魂交流；他们的灵魂会说话，因为灵魂并不是他们本人，也不是他们的意识。与我们不同，在原始人眼中，心灵不是主观事物的缩影，也不服从我们的意志；相反，心灵是一种客观的东西，它就是它自身，过着自己的生活。

这种看法被实践证明是合理的，因为对原始人甚至文明人来说，心理事件具有客观的一面。很大一部分心理事件不受我们意识的控制。例如，我们无法压抑自己的情绪，我们也不能把坏情绪变成好情绪，不能操控梦的来去。最聪明的人也会有某些无法摆脱的想法，哪怕他的意志力再强，也无法赶走它们。记忆的那些疯狂的把戏经常让我们震惊，却又无计可施，不期而至的幻想则会在任何时间闯入我们的头脑。我们相信自己是自家房子的主人，只是因为我们都喜欢自以为是。实际上，我们依赖于无意识心灵的正常运作的程度是惊人的，我们必须信任它。如果我们去研究神经症患者的心理过程，就会发现将心灵等同于意识是非常荒谬的。众所周知，神经症患者的心理过程与所谓的“正常人”几乎没有区别——在这个年头，又有谁能完全确定自己没有神经症呢?

既然如此，我们最好承认过去的观点是有道理的，灵魂具有客观真实性——它是一种独立的事物，因此也是无常而危险的。进一步假设这种神秘可怕的存在是生命的源泉，从心理学的角度来看，也是可以理解的。经验告诉我们，“我”的感觉——也就是自我意识——是从无意识生活中产生的。小孩也有心理生活，但他们没有明确的自我意识，所以早期记忆很难留下任何痕迹。我们那些有益的、有帮助的智慧从何而来?我们的热情、灵感和生活的崇高感，又从何而来?原始人从灵魂的深处感受到了生命的流动；他们被自己的灵魂散发出的生命活力深深打动，并因此相信每一种能影响灵魂的东西——每一种巫术。所以，对于他们而言，灵魂就是生命本身。他们不会幻想着能操控灵魂，而是认为自己在各个方面都依赖着它。

不管我们觉得灵魂不朽的观点有多荒谬，它对原始人来说是不容置疑的。毕竟，灵魂是一种不平常的东西。其他的一切事物都得占据一定的空间，灵魂却不能在空间上定位。当然，我们认为思想存在于我们的头脑之中，但是说到情感，我们就变得不那么确定了；情感似乎定居在心脏的区域。我们的感觉遍布整个身体。我们的理论认为，意识位于头部；但是普韦布洛印第安人告诉我，美国人疯了，他们居然相信思想位于头部，任何一个理智清醒的人都知道，人是用心脏思考的。还有某些黑人部落，认为心理功能既不在头部，也不在心脏，而是在肚子里发生的。

除了不确定心理功能的位置之外，还有一个难题。除了感觉这一特殊范畴以外，心理内容通常是没有空间性的。我们怎样给思想赋以形体呢？它们是小的、大的、长的、细的、重的、流动的、直的、圆的，还是别的什么样子的呢？要是我们想画一幅画，以四维的、非空间性的存在为内容，那么思想就是我们最生动的模特。

如果我们简单地否认心灵的存在，事情就会简单得多。可是，目前我们已经对某种存在有了直接的体验——它根植于我们可以丈量、可以称重的三维现实里，可是莫名其妙地在各个方面、各个部分都与这个现实不同，却反映了这个现实。心灵可以被看作一个理论上的点，同时也可以被看作布满恒星的宇宙。所以，如果头脑不大灵光的人认为这种矛盾的存在近乎神圣，也不足为奇。既然心灵不占据任何空间，它就没有身体。身体可以死去，但是不可见的、非物质的东西也会消失吗？不仅如此，我的生命和心灵，在我学会说“我”之前就已经存在，在“我”消失之后也依然存在，比如，我们可以在别人身上、在自己身上看到，在睡眠中或无意识状态下，生命和心灵依然是存在的。在这些经验面前，为什么还会有头脑简单的人否认“灵魂”生活在一个超脱了肉体的领域中呢？我必须承认，我在这种所谓的“迷信”里面没看出任何荒谬之处，就像我在遗传学和关于本能的研究中也找不出荒谬之处一样。

在古代文化中，自原始时代起，人们就一直把梦境和幻觉当作信息来源，如果我们记住这一点，就很容易理解为什么从前人们认为心灵包含着高级的，甚至是神圣的知识。事实上，无意识包含了阈限之下的感知，它们的范围之广简直是令人吃惊的。原始社会认识到了这一点，便把梦和幻想当作信息的来源。像印度和中国那样伟大而悠久的文明，正是建立在这一基础上的，并基于此发展出了一套自我认识的原则，在哲学和实践两方面都达到了登峰造极的高度。

认定无意识心灵是知识的一个来源，并不像西方的理性主义认为的那样，是一种妄想。我们倾向于孤注一掷地假设一切知识都来自外部。但是今天我们已经确切地知道，如果无意识中的知识能进入意识，那将意味着知识的不可估量的增长。关于动物本能的当代研究，比如关于昆虫的研究，已经通过实验得到了丰富的发现，这些发现说明，如果人能像某些昆虫一样行动，那么人的智力会比现在高得多。当然，我们无法证明昆虫拥有有意识的知识，但是常识告诉我们，它们的无意识行为方式就是其心理功能。同样，人的无意识也包含了从祖先那里继承而来的全部生活和行为方式，因此，每一个孩子在发展出意识之前，也都拥有一套潜在的心理功能体系。在成年人的意识生活中，这种无意识的、本能的功能也一直是存在的，也一直在发挥作用。这种活动为意识心灵的一切功能奠定了基础。和有意识的头脑一样，无意识也具有知觉、目的、直觉、感觉和思想。在心理病理学领域及对梦的研究中，我们可以找到足够的证据来证明这一点。心灵的有意识功能和无意识功能只有一个本质区别：意识是强烈的、集中的和转瞬即逝的，而且只指向当下的、直接注意的目标；此外，它只涉及一个个体数十年的经验素材。范围更广的“记忆”则是需要人为获取的，而且大部分来自印刷文字。无意识与意识的不同之处则在于：它不是强烈的和集中的，而是深陷于一片混沌之中；它极为广阔，能够用最矛盾的方式将最不同的元素糅合在一起；更重要的是，无意识不仅包含着不计其数的阈下感觉，还包含了世代传承的遗传因素，它们的存在本身就是物种分化的必要步骤。如果可以把无意识人格化，我们或许可以称之为“集体的人”，它结合了男女两性的特征、超越了年龄和生死，而且掌握了人类数百万年的经验，因此几乎是永恒的。如果真有这样的一个人，他将超脱于时间的变迁；对他来说，现代与公元前100个世纪中的任何一年都是一样的；他将是一个做着古老的梦的做梦者；而且由于他拥有不计其数的丰富经验，他还会是一个无与伦比的预言家。他体验过无数个时代的个人、家庭、部落和民族的生活，他对发芽、开花、凋谢的生命节奏有一种生动的感受。

不幸地——或者让我们说，幸运地——这一位集体的人是会托梦的。至少在我们眼中，集体无意识似乎是在梦中向我们显现的，但是它对自己的内容并不自知——当然我们无法确定是不是这样，正如我们对昆虫问题的不确定一样。不仅如此，集体无意识似乎并不是一个人，而更像是一条源远流长的小溪，或者意象的海洋，在我们做梦时，或头脑处于异常状态时，流入我们的意识。

无意识心灵的经验系统是巨大的，如果我们说它是一种幻觉，必然会引人发笑，因为我们看得见、摸得着的身体也是这样的一个体系。身体仍然包含着明显的原始进化痕迹，但它作为一个统一的整体有目的地运转着——否则我们就无法生存下去。任何人都不会认为比较解剖学和比较生理学是胡说八道。因此，我们也不可以把集体无意识当作幻觉，否认它是一种宝贵的知识来源，而拒绝对其进行认识和研究。

在表面上看，似乎心灵的本质是对外部事件的反映——它不仅能被外部事件所影响，还起源于外部事件。而且，我们似乎只能从外部、从意识的角度去理解无意识。众所周知，弗洛伊德曾经就试图从这个角度去解释无意识——如果无意识真的是一种伴随个体的存在和意识而产生的，或许他能够成功完成这项任务。然而真相是，无意识早已存在，它是一种世代传承的潜在的心理功能体系。意识是后来才有的无意识心灵的后辈。如果我们企图用后代的生活去解释祖先的生活，当然是不合理的；在我看来，如果把无意识当作意识的衍生物，也同样是错误的。反过来说才更接近事实。

但这是旧时代的观点了，认为个体的灵魂是基于一个精神世界体系之中的。过去的人们不会忽略这一点，因为他们意识到，有一些珍贵至极的经验隐藏在个体短暂的意识的阈限之下。这些时代不仅假设存在一个精神世界体系，还坚信这一体系无疑是一个拥有意志和意识的存在——甚至是一个人——人们把这种存在称为“上帝”，堪称存在的典型。对于旧时代的人而言，上帝是最真实的存在，是造物主，只有通过上帝，灵魂才能够被理解。在心理学上，这种假设是合理的，因为这种存在几乎是不灭的，与人类相比几近于永恒，人们有理由认为上帝是神圣的。

上文介绍了一门不以物理为基础来解释一切的心理学，它依赖于精神世界，这个精神世界的有效要素并不是物质或其特性，也不是能量状态，而是上帝，我已经指明了这其中都有哪些问题。在这个节骨眼上，我们或许可以尝试用现代哲学的能量或生命力上帝的概念，把精神和自然合为一体。如果我们只把这一举措局限于云雾缭绕的思辨哲学上，那就不会出什么岔子。如果我们使用最基础的实用心理学，就可以成功地解释日常行为，但是若在这种情形下使用上述观念的话，我们就会陷入泥沼而无法自拔。我们的这门心理学并不迎合学院派的口味，但也不追求与生活无关的解释。我们想要的，是一门实用心理学，只要它能带来令人满意的效果就可以了——只要它能帮助我们用某种方法去解释事物，能使病人被治愈就可以了。在实用心理疗法中，我们努力地帮助人们适应生活，我们不可以随便建立一些与病人无关，甚至会伤害到病人的理论。我们所面对的问题，是一个性命攸关的问题——我们是以物质还是以精神作为解释的出发点。我们永远都不该忘记，从自然主义的观点来看，任何精神方面的事物都是幻觉，而精神为了确认自己是真实存在的，就得时不时地否定和克服一个强硬的、物质的事实。倘若我只认可自然主义价值观，用物质的原因来解释一切，那么我就会贬低、阻碍，甚至破坏我的病人的精神发展。而倘若我只注重从精神出发的解释，那么我就误解并伤害了一个自然人作为一种物质存在的权利。在心理治疗的过程中，有多起自杀案例都是因为这类错误而导致的。不论能量就是上帝，还是上帝就是能量，都跟我无关，我又怎么可能知道这种事呢？但是，我能够给出恰当的心理解释——这是我必须能够做到的事。

现代心理学家并不拘泥于两种立场之一，而是在两者之间找到了自己的位置，铤而走险地相信“两者大同小异”——不过这种情况也为机会主义铺平了道路。这无疑导致了“对立统一”（coincidentia oppositorum）的危险——对立所带来的知识放纵的危险。如果认为两种对立的假设之间有同等的价值，除了能带来一种虚缈而又无目的的不确定性之外，还能带来什么呢？与此相反，我们能够明确地感觉到一种确凿的解释原则的好处：它能够提供一个可以作为参照点的立场。这无疑是我们所面临的一个非常难解的问题。我们必须找到一种建立在现实基础之上的解释原则，而且，如果一位现代心理学家给了精神方面足够的重视，那么他不可能对物质方面的真实性深信不疑。同样，他也不能够只看重前者，因为物质解释的相对正确性也是不可忽视的。

接下来要讲的思维链条，是我试着用来解决这一问题的方法。自然与心智的冲突，本身就反映了人作为一个精神存在所包含的矛盾。人具有物质的一面，也具有精神的一面，如果我们不理解心理生活的本质，便会觉得这二者似乎是相互矛盾的。每逢我们必须凭人类的理解力，去评论一些我们尚未把握或者无法把握的事物时，我们就——说实在的——必须敢于否定自己的想法；而且为了能够评论一样事物，我们必须把它的对立面也挖掘出来。生活物质的一面与精神的一面的对立，说明心理归根结底是一种不可理解的事物。我们唯一的、直接的经验无疑也来自心理事件。就连肉体上的痛苦也是一种被我所体验到的心理事件。我们的感官印象——它们强加于我们一个世界，这个世界充满了令人费解的客体——正是心理意象，只有它们才是我们的直接经验，因为只有它们才是意识的直接知觉对象。我们的心灵会改变和歪曲事实，而且程度十分严重，使得我们不得不求助于人造工具，来确定未被我们影响的事物是什么样的。于是我们发现，声音其实是空气在以不同的频率振动，颜色其实是不同波长的光线。实际上，心理意象紧密地围绕着我们，使我们看不透身外的事物，看不到它们的本质。我们所有的知识都受到心灵的制约，因为只有心灵是直接的，具有最高的真实性。心理学家可以依赖的真实就是它——心理真实。

如果继续深入探讨这一概念的含义，我们就会发现，某些心理内容或意象是从我们身体所属的物质世界衍生出来的，而另一些则来自与物质世界截然不同的精神源泉，但是，后者的真实程度丝毫不亚于前者。我在想象中描绘自己想买的汽车，或是想象我已故父亲灵魂的样子——不论占据我头脑的是外在的事实，还是只是一种想法——二者在心理上都是真实的。唯一的区别在于，这两类心理事件，一类涉及物质世界，另一类则涉及精神世界。如果我照此改变了关于“真实”的定义，去承认所有的心理事件都是真实的——并且认为这才是“真实”的唯一有效的定义——就终结了物质和精神这两种互相矛盾的解释原则之间的冲突。二者都变成了能被我意识到的心理内容的来源。如果我被火烧伤，我不会怀疑火的真实性，而如果我因为担心有鬼而感到恐惧，就会觉得这仅仅是一个幻觉，以此安慰自己。但是，火是一种我们所不了解的物理过程的心理意象；与之类似，我对鬼的恐惧是一种来自精神的心理意象。我对鬼的恐惧和我对火的恐惧同样真实，因为鬼和火所带来的痛苦同样真实。至于在对鬼的恐惧背后的终极精神过程——我对之一无所知，而我对物质的终极本质也同样一无所知。除了物理和化学的概念之外，我从未想过能用其他的方式去解释火的本质，同样，除了用精神过程之外，我也永远想不到用其他的方式来解释我对鬼的恐惧。

事实上，一切直接经验都是心理层面的，最直接的现实也只能是心理层面的，这就解释了原始人为什么会认为鬼魂出没、巫术的作用与物质事件有同等的重要性。他们还没有把自己质朴的经验割裂成相互对立的两个部分。在他们的世界中，头脑和物质依然不分彼此，他们的神祇依然游荡在森林和田野里。他们像是孩童，将生未生，被包裹在心灵的做梦状态之中，他们的世界就是原本的世界，他们的智慧尚未启蒙，所以世界也没有被艰深的理解过程所歪曲。当原始世界分裂成为精神和自然两部分时，西方世界把自然据为己有。西方世界倾向于信仰自然，但是在一次次费尽周折的精神化运动之后，这一信仰就变得越来越纠结。与西方世界相反，东方世界把精神作为本源，而仅仅把物质解释为幻象（摩耶[①]），在亚洲的污秽和悲惨中继续做着美梦。但是，由于只有一个地球、一种人类，东方和西方便不能把人类撕裂成两个不同的部分。心理真实建立在心灵原本就是一体的基础之上，待到人类进步到某种意识水平，人们便会不再只相信一个部分，否认另一个部分，而是对两个部分都给予认可，把它们都看作心灵的组成元素。

我们完全可以把“心理真实”的概念当成现代心理学最重要的成就，尽管它还没有被人们所接受。在我看来，这个概念得到普遍接受只是一个时间的问题。它必将被接受，因为只有它才能使我们公正地对待多样而独特的心理表现。如果没有“心理真实”的概念，在解释心理经验的时候，我们难免会歪曲其中一半，而有了这个概念，我们就可以给迷信、神话、宗教和哲学所带来的心理体验以应有的地位。心理生活的这一面是不容小觑的。可被感官所证实的真理，也许能够满足理性的需求，但是，它并不能赋予人生以意义，不能激起自己的情感，更不能让我们表达出自己的情感。而且，事物的善与恶通常是由情感决定的，如果没有情感的帮助，理性就会变得虚弱无力。理性和善良的意愿曾帮助我们结束了世界大战，它们是不是也

① [译注] 摩耶（Maya），印度宗教和哲学用语，指世界的幻象、表象；与之相对的是“梵”（Brahman），即宇宙的终极实在。

曾帮助我们从每一次灾难性的愚蠢行为中脱身而出呢？又可曾有一次伟大的精神变革和社会变革——譬如，从古典世界进入封建时代，或是伊斯兰文化的爆炸性传播——是源于理性呢？

身为一名医生，我当然不需要关注这些世界大事，我的职责是治疗生病的人。直到最近，医学依然执着于一种观点，认为被治疗的和被治愈的都是疾病本身；不过，现在我们能听到一些呼声，宣称上述观念错了，应该治疗生病的人，而不是疾病本身。在心理疾病的治疗上，我们也面临着同样的要求。我们逐渐把注意力从可见的病症转移到作为一个整体的病人身上。我们也日益了解到心理疾病并不是一种定位明确、界线清晰的现象，而是由于整个人格持有错误态度才表现出的症状。这样一来，我们不能希望针对症状的治疗能够使患者彻底地治愈，而只能寄希望于对整体人格的治疗。

我想起一个案例，在这个节骨眼上讲出来应该颇有启发意义。那是一位非常聪明的年轻人，他仔细地研究了医学文献，对自己的神经症进行了详尽的分析。然后，他把自己的发现写成了一篇专题论文，行文工整、用字准确，简直可以拿去发表，他请我阅读这篇文章，让我告诉他为何他的病不能治愈。按他的理解，依照科学的判断，他早就应该痊愈了。读完他的专题论文，我不得不向他承认，如果这个问题只涉及洞察神经症的前因后果，那么他确实应该痊愈了。既然他并没有痊愈，所以我认为，他的生活态度肯定不知在何处有着原则性错误——尽管我不得不承认，他的症状没有暴露任何蛛丝马迹。通过他对自己生活的描述，我注意到他经常在圣莫里茨（St. Moritz）或尼斯（Nice）过冬。于是我问他，是谁在替他的假期买单，结果是一个很爱他的穷教师，她拼命克扣自己的花销，以供他游览这些旅游胜地。良知的缺乏正是他患上神经症的原因，这样就不难看出，为什么科学知识救不了他。他最根本的错误正在于他的道德态度。他认为我看待问题的方法惊人地不科学，因为道德与科学毫无关系。他认为，通过求助于科学思想，他就能摆脱连他自己都忍受不了的这种不道德。他甚至不愿意承认冲突的存在，认为他的情妇是自愿把钱给他的。

我们可以站在一种科学的立场上看待这个问题，但不变的事实是：大多数文明人压根就不能容忍这种不道德的行为。道德态度是生活中的一个真实因素，心理学家必须将之纳入考虑，以免犯下严重的错误。心理学家还必须记住，宗教信念虽然不是建立在理性基础之上的，但在很多人的生活里它们是不可或缺的。这又是一个心理真实的问题，它能引发疾病，也能治愈疾病。我经常听见病人们感叹："如果我早知道我的生活也有意义、有目标，我的神经就不会闹这些蠢故事了！"不管一个人富有还是贫穷，也不管他有没有家庭、有没有社会地位，这些都无关痛痒，因为外界环境根本无法给他的生活赋予意义。更重要的问题在于，人都有非理性的需求，也就是我们所说的“精神生活”（spiritual life），人们无法从大学、图书馆，甚至教堂里获得它。人们之所以不能接受这些场所提供给他的东西，是因为这些东西只触及了他的头脑，却没有触动他的心灵。在这种情况下，医生对精神因素的辨别就变得非常重要了，病人的无意识会帮助他实现自己的需求，制造出毫无疑问的、具有宗教性质的梦来。如果不承认这些内容是来源于精神的，治疗就是错误的和失败的。

有关精神本质的一系列概念，都是心理生活不可或缺的组成部分。任何一个民族的意识只要发展到了能够自我表达的程度，我们都可以从中发现这些概念。因此，这类概念的相对欠缺，甚至对概念的否定，应当被视为文明民族开始退化的标志。心理学发展到现在，主要是在用物质的因果关系来解释心理过程，心理学未来的任务，则是研究决定心理过程的精神因素。然而，我们目前对心智的研究水平仅相当于13世纪的自然科学水平。只能说是刚刚开始用科学记录我们的精神体验。

倘若现代心理学尚可吹嘘已经些许揭开了掩盖在人类心灵图景上的帘幕，那这也仅限于人类心灵的生物层面的那一张。我们可以将目前的形势与16世纪的医学做一个对比，当时，人们刚刚开始研究解剖，却尚未形成生理学上哪怕是最模糊的概念。现在，我们对心灵精神的一面了解甚少。我们已经知道，在心灵之中有很多受制于精神的转化过程，它们隐藏在原始民族普遍的入会仪式里面，也隐藏在印度的瑜伽练习所带来的状态之中。但是，我们还未能确定它们之间的特殊一致性或规律。我们只知道，很大一部分神经症是因为这些过程的紊乱而造成的。心理学的研究尚未揭开掩盖在人类心灵之上的诸多帘幕；人类的心灵就像生活中所有的深层秘密一样，仍然是不可接近、模糊不清的。我们只能说，我们开始了尝试，我们打算做一些事情，去解开这个巨大的谜团。

第十章

现代人的精神难题

现代人的精神问题是与现代密切相关的一个问题，我们生活在现代，所以无法完整地对之作出判断。现代人是一种以新的方式存在的人；现代的问题是一个刚刚出现的问题，需留待后来人回答。所以，在我们谈论现代人的精神问题时，我们顶多只能陈述它——即使对这个问题的答案有一丁点儿了解，我们也不会这样说。不仅如此，这个问题本身是非常含糊的；事实上，它所涉及的内容过于普遍，因此超出了人们所能把握的范围。因此，我们有充分的理由以真正的谦虚和最大的谨慎去面对这个问题。我认为这种态度非常必要，并且想要重点强调这一点，因为这类问题容易诱惑我们夸夸其谈——也因为我自己将不得不说一些听上去既不谦虚也不谨慎的话。

在一开头，我便要举一个看似不够谨慎的例子——我必须在此申明，这里所说的“现代人”，也就是那些能够意识到当下的人，绝对不是平凡的人。他更像是一个站在山巅之上、处于世界边缘的人，身临未来的深渊，头顶便是苍穹，脚底则是整个人类，而人类的历史则消失在原始的迷雾之中。现代人——我们再重复一下，那种能够意识到当下的人——是不常有的。配得上这个称呼的人寥寥无几，因为这要求一个人拥有最高程度的意识。完全的现代人，意味着充分地意识到自己是作为一个人而存在的，应当具有最广泛、最强烈的意识，以及最低的无意识。请务必清楚地知道，仅仅是生活在现代这一事实，并不能使一个人成为现代人，因为这样一来每个活着的人就都成了现代人了。只有完全意识到当下的人，才是这里所说的“现代人”。

配得上“现代人”这个称呼的人是孤独的。他必须如此，而且自古如此，因为为了更充分地意识到现代而做的每一步努力，都将使他远离原本的、与群众共有的“神秘参与”——远离湮没于共同的无意识之中。每一步努力都将他与那种包容而原始的、几乎囊括了整个人类的无意识割裂开来。在我们的文明之中，从心理学上讲处于最底层的那些人，甚至仍像原始民族一样，过着无意识的生活；稍高一个层次的那些人的意识程度，相当于人类文明初始阶段的水平；而最高层次的那些人，所具有的意识才刚刚能跟上前几个世纪的生活节奏。只有我们所说的“现代人”，才意味着真正生活在当下的人；只有现代人才具有现代意识，也只有他们才觉得那些适应于初级水平的生活方式令人兴趣索然。除非是从历史的角度去看，否则，过去世界的价值和奋斗，已不再能吸引他。于是，他实实在在地变成了“非历史的”，远离了完全生活在传统范围内的人群。确实，只有走到世界边缘，他才是完全现代的，他把所有没跟上时代的和超越了时代的东西丢开，有意识地站在一片虚无面前，而一切都生长在这片虚无之中。

这些话可能会被认为是空话、陈词滥调。没有比假装能意识到当下更容易的事了。事实上，有一群毫无价值的人，省略了各种发展阶段，逃避了中间的生活任务，凭空给自己添上了一股现代气场。他们突然出现在真正的现代人身边，他们没有根，像是吸血鬼一般，他们的空虚被当成现代人难耐的孤寂，从而令真正的现代人受到质疑。现代人及其同类本来就很少，又被吸血鬼般的伪现代人所掩蔽，所以群众那不辨真伪的眼睛是看不到他们的。因此难以避免地，“现代人”被打上了问号，受到了质疑，而且从古至今都是如此。

一项诚实的现代性声明，意味着主动宣告破产，以一种全新的方式坚守贫穷和贞洁，以及——更加痛苦的是——放弃历史的认可所带来的光环。成为“非历史的”，像是一种普罗米修斯式的原罪，从这个意义上讲，现代人便生活在原罪之中。一种更高水平的意识，像一个罪恶的负担。但是，像我在前面所说的，一个人只有超越了过去的意识阶段，完全肩负起世界赋予他的职责时，他才能获得充分的现代意识。要做到这一点，他必须非常健康、技艺精湛——必须取得与其他人一样多，甚至更多的成就。

正是这些品质，让他能够获得更高水平的意识。

我知道，“技艺精湛”这一概念尤其令伪现代人厌恶，因为它非常讨厌地提醒着他们，自己正在骗人。这一点当然不能阻止我们把它作为现代人的标准。我们甚至不得不这样做，因为如果一个人并非技艺精湛，而又要自称“现代人”，简直就成了无耻之徒。他必须在技术上达到卓越的水平，如果他的创造力不足以弥补他与传统之间的裂隙，他就仅仅是背叛了过去而已。把否定过去与现代意识混为一谈，这纯粹是偷换概念。“今天”处于“昨天”与“明天”中间，是过去与未来之间的链接，它没有其余的意义。现在代表了一个转化的过程，能够从这个意义上意识到现在的人，方可自称“现代人”。

有很多人自称是“现代人”——尤其是那些伪现代人。然而，在那些自称是“老古董”的人之中，倒是可能会发现真正的现代人。这类人这样自诩，是有充分理由的。一方面，他强调过去，以在与传统的决裂与上文所说的那种罪恶感之间求得平衡。另一方面，他也不想被当成一个伪现代人。

每一种好品质都有不好的一面，这个世界上没有一件不带来相应的罪恶的至善之物。这一事实令人痛苦。现在我们所面临的危险是，现代意识能导致一种基于幻觉的飘飘然的感觉，也就是说，幻想我们就是人类历史的顶点，是无数个世纪之后的圆满结果和最终产物。如果我们真的这样想，就应当明白，这种幻觉其实无异于自豪地承认我们的贫乏：我们同时也使世世代代的夙愿和理想幻灭了。想想两千年来基督教的理想，最终带来的不是救世主的回归和天国的千年盛世，而是基督教国家之间的世界大战，伴着刺钢网和毒瓦斯。这真是天堂和人间的灾祸啊！

在这样一幅图像面前，我们本可以重新变得谦卑。确实，现代人是一个巅峰，但是第二天他就会被超越；他的确是漫长的发展过程的最终产物，但是他同时又使人类的希望遭受了能想象得到的最糟糕的破灭。现代人是意识到了这一点的。他知道科学、技术和组织是多么有益，但也知道它们可以造成何样的灾难。类似地，他也知道政府出于善意而遵守“和平备战”原则，为的是替和平铺平道路，但却差点让整个欧洲分崩离析。至于理想、基督教会、四海之内皆兄弟的信念、国际上的社会民主以及经济利益“团结一致”等，都没能抵抗住战火的洗礼——现实的考验。现在是战后15年，我们再一次看到了一模一样的乐观主义，一样的组织，一样的政治抱负，一样的标语口号。我们怎能不害怕，害怕它们不可避免地再次带来一样的灾难呢？尽管我们希望取缔战争的协议能够成功，但我们却对它的效用半信半疑。这一切的缓和措施，都在心底折磨着我们，让我们怀疑。总的来说，我相信这些话并不曾夸张，从心理学的角度看，现代人遭受了几乎致命的打击，结果陷入了深深的不确定性之中。

我相信，这些话足够清楚地表明，医生这个身份使我戴上了有色眼镜。医生总是在诊断疾病，我也无法停止做一名医生。但是做医生的艺术中最基本的一条是：在没有疾病时，就不应该发现疾病。所以我不会宣称说，全体白种人，尤其是西方国家的白种人生了病，或者西方世界到了崩溃的边缘。我没有资格作出这样的判断。

当然，我只是从与自己或他人相处的经验中得到了关于现代人的精神难题的知识。还有数百名受过教育的人士，包括生病的或健康的，来自白人世界的各个角落，我了解他们隐秘的心理生活中的某些内容，我的陈述就是基于上述这些经验的。毫无疑问，我只能给出一张片面的图景，因为我所观察到的事物是心理生活事件，它们存在于我们的内心——"内向的一面"，如果可以这么说的话。但我必须指出，心理生活并不总是这样的；心灵并不是每时每刻、随时随地都体现在内向的一面的。在整个种族或整个历史进程中，在那些不太注重心理生活的时期，心灵也可以体现在外部。我们可以用任意一种古代文化作为例证，其中以埃及文明最为突出。古埃及有着突出的客观性，以及对没有犯过的罪行进行否定忏悔的传统。[①] 我们

① ［译注］根据《埃及亡灵书》（*Egyptian Book of the Dead*），人死后到了阴间，要回答真理之神的 42 个关于罪行的问题，并均作否定回答，称自己从未犯过罪，然后神会把死者的心放在天平上秤，以衡量其所言是否属实，这一仪式被称作否定忏悔（Negative Confession）或无罪声明（Declaration of Innocence）。

不会感到金字塔和萨卡拉墓地是在表达某种个人问题或个人情感，就如同我们不会感到巴赫的音乐是在表达某种个人问题或个人情感一样。

每确立一种外在的形式，不管它是仪式性的还是精神上的，只要它充分地表达了灵魂的渴求和希望——好比说像现存的宗教那样——我们就可以说，心灵是外在的，而且严格地说，此处不涉及精神问题。与这一事实相吻合，心理学的发展完全是近几十年的事，尽管在很久之前人类就会内省了，也有足够的智力去认识那些被心理学当作研究题材的事实。技术知识的情形也是一样。罗马人已经熟悉了所有的机械原理和物理事实，他们本可以在此基础上制造出蒸汽机，可是这一切仅带来了亚历山大里亚的希罗（Hero of Alexandria）手中的一个玩具。这是因为当时并没有迫切的需求要他更进一步。19世纪的劳动分工和专门化方才带来了运用一切已有知识的需求。同样地，在我们的时代，某种需求促使我们"发现"了心理学。当然，心灵在任何一个时代都会展现出来，但是它不曾吸引人们的注意——不曾有人注意到它。人们没有注意到心灵，也一样活着。然而到了今天，如果不尽可能地留意心灵的行动方式的话，我们却活不下去了。

是医学行业的人最先发现了这一点；因为牧师关心的只是在受到公认的信仰体系之中，让心灵得以不受干扰地运转。只要这一信仰体系能够真实地表达生活，心理学就仅仅是一门健康生活的辅助技术，而心灵本身也不会被当作一个问题。当人仍然过着群体生活的时候，他并没有属于自己的“精神的东西”；他也不需要这种东西，只需要像大家一样信仰灵魂不朽就可以了。但是，人一旦超越了他从出生起便信仰的那种地域性的宗教形式——当这种宗教不再能完全地包容他的生活的时候——心灵就变成了某种自在之物，如果只用宗教那一套来处理它便不够了。正因为如此，今天的我们才有了一门基于经验的心理学，而非基于信条，或者任何一种哲学体系的基本主张。我们能够拥有这样一门心理学，在我看来，这个事实本身就说明了精神生活的深刻变革。一个时代的精神生活的剧变，其模式与个体的剧变类似。只要一切进行得顺利，心理能量能够充分地、有条理地得到利用，我们就不会被内在所扰乱，不确定性或者怀疑便不会纠缠我们，我们也不会被分裂成对立的两部分。但是，如果心理活动的一两条通道阻塞了，我们立马就会联想到一条被拦截的溪流。湍流被逆转，流向其源头；内在的人想要些什么，但外在的人却不想要，我们便与自己有了矛盾。只有在这时，在痛苦之中，我们方发现了心灵；更确切地说，我们才发现了阻挠着我们意志的东西，它令我们感到很陌生，甚至充满了敌意，与我们的意识立场并不相容。弗洛伊德的精神分析最为清晰地体现了这一过程。他最先发现的内容，就是性变态的幻想和犯罪的幻想，它们的表面价值都完全违背了文明人的有意识观念。一个被这些幻想所激励的人，无疑是一个叛逆者、罪犯或疯子。

我们不能假设无意识或人类头脑深处的一面是某些崭新的事物。它们很可能一直都存在着，存在于每一种文明之中。每种文明都会孕育出对它具有毁灭性的对立面，但是在我们之前，任何一种文化或文明都不曾被迫热切地对待这些心理的潜流。心理生活总是会在某种形而上的体系中表现出来。有意识的现代人付出了艰苦而顽强的努力，最终却不得不折服于心理的威力。这一点是我们的时代与其他所有时代的区别。我们再也无法否认无意识的汹涌暗流所具有的强大力量——有一种心理的力量，它们并不符合我们的理性世界的秩序，至少现在是不符合的。我们在研究这种力量，甚至把它们上升到一门科学的高度——这再次证明我们向它们投注了热切的关注。过去的那些个时代可以对它们毫不在意，嗤之以鼻；但对我们来说，它们是一件脱不掉的涂有内萨斯[1]的鲜血的长袍。

世界大战的灾难性后果使我们的意识观念发生了变革，这场变革发生于我们的内在生活，粉碎了我们对自身和自身价值的信仰。我们曾经把外国人——作为一个对立面——看成政治上和道德上的堕落者；但是，现代人不得

① ［译注］内萨斯（Nessus），希腊神话中人头马身的怪物，人穿上涂有其鲜血的衣服会感到似被火焚。

不承认，他的政治和道德水准跟所有人都一样。我以前相信，号召他人遵守秩序是自己义不容辞的责任；但我现在则承认，自己也需要被他人号召来遵守秩序。我比从前更容易承认这一点，是因为我非常清楚地意识到，我逐渐失去对世界理性组织存在可能性的信心，那个和平、和谐的千年盛世的古老梦想已经褪色。现代人对这一切持有怀疑态度，这冷却了他们对政治和世界改良的热情；此外，这种怀疑态度不利于心理能量顺畅地转移到外在世界。由于其怀疑精神，现代人被打回了原型；他们的能量流回了源头，把那些一直存在着的心理内容冲到表面——本来在河水能够顺畅流动的时候，那些内容都隐藏在淤泥之中。在中世纪的人眼中，这个世界是多么的不同！在他们看来，地球是永恒固定的，静止在宇宙中心，太阳则沿着轨道围绕地球运行，热心地散发它的温暖；每一个人都是上帝的孩子，享受着上帝的关爱，上帝帮人们准备好了永恒的幸福；每一个人都明确知道自己该做什么以及该怎样做，以便从这个充满堕落的世界飞升到坚贞而快乐的生活中去。在我们眼中，这种生活不再是真实的，哪怕在梦里也一样。自然科学在很久以前就把这层可爱的面纱撕碎了。那个时代就像童年时期一样遥远，在童年时，我们都相信自己的父亲就是世界上最英俊、最强壮的男人。

现代人已经丧失了中世纪的人们所拥有的形而上学的确定感，于是他们建立了物质保障、公共福利和人道主义的理想。但是，想要让这些理想看起来足够坚挺，一点点乐观主义可是不够的。就连物质保障也实现不了，因为现代人已经可以看出，物质上的每一次“进步”，都会导致一场更强有力的灾难性威胁。这幅图景吓坏了人们，破坏了他们的想象力。现在，城市拥有了完善的预防毒气袭击的措施，并且用“预演”进行练习，这背后我们的想象是怎样的呢？我们也只能认为，毒气袭击其实是计划和准备好了的——遵照着“和平备战”的原则。如果允许人类去积累一种毁灭性材料，过不了多久，内心的恶魔就会忍不住让这些材料去完成其注定的使命。众所周知，只要把足够多的武器放在一起，它们就会“自动”发射。

有一种控制着盲目偶然事件的规律，赫拉克利特（Heraclitus）称之为向“对立面转化”（enantiodromia）法则，它从偏僻小径偷偷溜进了现代人的头脑里，用恐吓使人们心如死灰，用畸形的力量使人们丧失对社会政治措施的长期效果的信心。这是一个盲目的世界，建设和毁灭轮番上阵，如果现代人在这种可怕的前景面前转过身去，把目光投向内部，去审视他自己的头脑，那么就会看到一团混沌和黑暗，而这是他很想要忽视的。科学甚至摧毁了内部生活原本提供的避难所。那里曾是一个避风港，现在却成了恐怖地带。

我们在自己头脑的深处发现了很多邪恶，但这却几乎是一种解脱。我们至少可以相信，我们找到了人类邪恶的根源。尽管我们一开始为这些邪恶感到震惊和失望，但是由于它们都是我们自己心灵的表现，这让我们感觉多少可以控制它们，然后再改正它们，或者至少可以有效地抑制住它们。我们倾向于这样假设：如果成功地做到了这一点，我们就根除了世界上的一部分邪恶。我们还喜欢这样想：无意识及其作用方式已被人们广泛了解，在此基础上，我们再也不会被一位意识不到自己邪恶动机的政治家所欺骗；某份报纸首先便会出面制止他："请去做精神分析吧——你有一个被压抑的父亲情结。"

我特地杜撰这个例子是为了说明，以为心理事件都在我们的掌握之中的想法纯属幻觉，如果我们相信了这种幻觉，那就滑天下之大稽了。然而，世界上有很大一部分邪恶确实是因为——总的来说——人是令人绝望的无意识的，而随着洞察力的增加，我们也确实可以与这些邪恶的根源作一番斗争。正如科学使我们能够处理外界造成的创伤一样，它也能帮助我们处理来自内部的创伤。

过去20年中，对"心理学"的兴趣在全球范围内得到了迅速增长，这无疑表明，现代人在某种程度上把注意力从物质转移到自己的主观过程上了。我们应该只把这当作好奇心吗？无论如何，艺术有一种可以预测人类基本观念将会发生什么变化的办法，而在这种较为普遍的变化发生之前，表现主义艺术就已经完成了这种主观的转变。

当前的时代对"心理学"的兴趣表明，人们期望能从心理生活中得到某些从外部世界中得不到的东西——这些东西无疑是宗教本应包括但是现在却不再包括的——至少对于现代人而言是这样。在现代人眼中，各种形式的宗教不再是源自内部世界的了——不再能表达他们自己的心理生活了；他们认为，宗教应该是属于外部世界的。他们不曾接受一种不属于这个世界的精神启示；不过他们还是尝试过几种宗教信念，但它们只是礼拜天的礼服，最终还是像旧衣服一样被扔到了一边。

然而不知怎的，他们迷上了无意识心理的近乎病态的表达方式。我们必须承认这个事实，不论理解它有多么困难，那便是过去曾被时代抛弃的东西突然又吸引了我们的注意。人们普遍对这些东西感兴趣，这是一个不容否认的事实。尽管它们冒犯了高雅品位。我所指的不仅是对心理学作为一门科学的兴趣，甚至更狭窄的对弗洛伊德的精神分析的兴趣，而是广义上的对各种心理现象的兴趣，可以表现为灵性论、占星术、神智学等。自 17 世纪末以来，世界上就再也没有出现过这种现象了。我们只能把它与公元 1 世纪和 2 世纪的诺斯替思想的繁荣相比较。事实上，当前的精神潮流与诺斯替教有着深刻的相似之处。法国现在甚至有一个诺斯替教堂，此外我还听说有两个德国学校公开宣称信奉诺斯替教。在人数上最为惊人的现代运动无疑是神智学，还有它在欧洲大陆的姊妹灵智学（Anthroposophy），它们都是披着印度外衣的纯粹的诺斯替教。与这些运动相比，人们对科学心理学的兴趣简直可以忽略不计。诺斯替教体系的惊人之处在于，它是完全建立在无意识的表现之上的，其道德说教从不回避生活中的阴暗面。印度的昆达利尼瑜伽（Kundalini-Yoga）是诺斯替教在欧洲的重生，它也同样体现了这一特征。每一个了解神秘主义这一主题的人都可以证明，上述论断在神秘主义的领域也同样适用。

对这些运动的兴趣高涨，无疑是因为旧有的宗教形式已经容纳不下心理能量了。因此，这些运动带有一种真正的宗教特征，甚至当它们伪装得非常科学时也是如此。即使鲁道夫·斯坦纳①把他的灵智学称为“精神的科学”，或埃迪夫人②发起了“基督科学教会”（Christian Science），也改变不了事实。这种掩盖事实的企图，只能说明宗教开始变得令人怀疑——几乎像政治及世界改良一样令人怀疑。

我相信这样说并不过分，与19世纪的人不同，现代人满怀期望地把注意力转向心灵；他们在这样做时，并没有参考任何传统信条，反而是根据诺斯替教派的宗教经验。看到上述几个运动在试着营造科学氛围的时候，如果我们只觉得讽刺，认为它们在伪装，那就错了；它们这样做，

① [译注] 鲁道夫·斯坦纳（Rudolf Joseph Lorenz Steiner，1861—1925），奥地利哲学家、社会改革家、建筑师与神秘主义者。

② [译注] 埃迪夫人（Mary Baker Eddy，1821—1910），美国人，于1879年创立了基督科学教会。

是因为它们实际上就是在寻求“科学”或“知识”，而不是在西方宗教中至关重要的“信仰”。现代人痛恨基于信仰之上的教条主义假设，也痛恨基于教条主义假设之上的宗教。只有当事物的知识内容与现代人在深层心理生活中所体验到的相一致时，他们才认为其是真实有效的。他们想要知道——想要亲自体验。圣保罗教堂的主持牧师英格[①]就是怀有这样的抱负，这才令人们注意到英国国教的一场运动的。

发现新大陆的年代业已结束，地球上没有一片土地仍未经探索；人们不再相信希腊神话中的北方乐土（Hyperborean）是一片永恒的阳光地带，转而想去探索，想亲眼去看看已知世界的边界外面还有些什么，于是发现的时代开始了。我们的时代显然在努力发掘，除了意识之外，心灵中还存在着什么。每个神灵论的圈子都在发问：当通灵者失去意识之后，发生了一些什么呢？每一个通神论者都在问：“如果我的意识上升到了一个更高的层次，我会体验到什么？”每一个占星术士都在问：“在我有意识的目的之外，影响和决定了我的命运的力量是什么？”每一个精神分析师则在问：“神经症背后的无意识驱力是什么？”

我们的时代希望在心理生活中获得实际的经验。它想

① ［译注］威廉·拉尔夫·英格（William Ralph Inge，1860—1954），英国作家、英国国教牧师、剑桥大学神学教授，圣保罗大教堂的主持牧师，并因此被称为“主持牧师英格”。

要亲自去体验，而不是以其他时代的经验为基础而做出猜想。然而，这并不妨碍它采用假设的方法进行尝试——例如，公认的宗教或者真正的科学。倘若过去的欧洲人瞥见了这一幕，他们一定会感到不寒而栗。他们不但会觉得这一研究主题过于晦涩和神秘，还会觉得研究所采用的方法过分地滥用了人类的最高智慧。如果我们对一位天文学家说,300 年前的一个星座，放在今天至少能画出 1 000 幅不同的星座图，他又该作何反应呢？从古希腊时代到现在，世界并没有摆脱任何一种迷信，在这个事实面前，哲学启蒙时期的教育家和倡导者们又该作何反应呢？精神分析的创始人弗洛伊德，把一束耀眼的光洒在心灵深处的尘埃、阴暗和邪恶之上，让人们以为它们是毫无用处的垃圾；然后他又尽最大的努力，阻止人们去寻求它们背后的东西。弗洛伊德没有成功，他的警告反而导致了他想要制止的现象：唤起了很多人对尘埃、阴暗和邪恶的欣赏。我们忍不住说，这真是太变态了；我们着实难以解释这一现象，除非解释说，这并非对污秽的热爱，而只是对心灵的痴迷。

毋庸置疑，自 19 世纪伊始起——也就是令人难忘的法国革命的年代——人们赋予心灵以越来越重要的地位，人们对心灵的关注不断增加，反过来便反映出心灵对人们的吸引力不断增长。理性女神（Goddess of Reason）在巴黎圣母院的登基仪式，对西方世界而言是一个具有重要意义的象征——很像基督教传教士们砍倒沃旦的橡树（Wotan's

Oak)。因为在那时，就像在法国大革命之中一样，天上并没有复仇之雷来击倒渎神者。

在那个时期，法国人安克蒂尔-杜门阶[①]正在印度生活，19世纪初，他带回了《奥义书》的拉丁语译本，即*Oupnek'hat*——译自含50种《奥义书》的波斯语译本[②]——它让西方世界头一遭深刻地认识了东方人的令人困惑的精神世界。这一定不仅是一个机缘巧合。在历史学家眼中，这只是一个偶然事件，并没有前因后果。但是，以我作为医生的经验来看，我并不认为这只是一个偶然事件。在我看来，它满足了一项心理学规律，而这项规律至少在个人生活中是有效的。根据这则规律，每一部分不再重要、不再具有价值的有意识生活，都会在无意识中得到一种补偿。我们可以把它看成和物理世界中的能量守恒定律相类似的规律，因为我们的心理过程也是可以量化的。如果没有被另一种相同密度的心理价值所取代，一种心理价值是不会凭空消失的。在心理治疗师的日常实践中，这条规律得到了实践的检验，它被反复地证实，从未失效。因此，作为一名医生，我不会承认一个民族的生活有时会

---

① ［译注］安克蒂尔-杜门阶（Abraham Hyacinthe Anquetil-Duperron，1731—1805），法国第一位研究印度文化的专家，他还号召建立了法国远东学院。

② ［译注］奥义书（*Upanishads*）代指古印度一类哲学文献，属于广义的婆罗门教和现代印度教的经典。杜门阶的拉丁语译本是欧洲的第一个奥义书译本，译自波斯语译本。波斯语译本是1656年达拉·希科（Dara Shukoh，1615—1659）从梵文译成波斯语的，共含50种奥义书。实际上奥义书种数众多，一说有108种，一说有200多种。

超越心理学的这一规律。在医生眼中，一个民族的心理生活图景，只不过比个体的稍微复杂一些而已。而且，反过来说，诗人不是曾称他的灵魂为“国度”吗？我认为这非常正确，因为心灵有一部分并不是个人的，而是民族的、集体的，甚至是整个人类的。在某种程度上，我们是无所不包的心理生活的组成部分，用斯韦登伯格[①]的话说，我们都是一位“最伟大”的人的一部分。

这样一来，我们便有了这样一个比方：作为一个单个的人，我内在的黑暗呼唤着光明的帮助，同样地，一个民族的心理生活也是这样的。在涌入巴黎圣母院、一心想要推翻宗教的人群之中，黑暗而莫可名状的力量激荡着，使个体失去了控制；这些力量也同样作用于杜门阶，激发出了一个永载史册的回答。杜门阶把东方的精神带回了西方，所产生的影响至今都无法估量。我们应当谨慎，万万不可低估这种影响！诚然，迄今为止，仅从表象并看不出欧洲知识分子受到了多大的影响：几位东方学学者、一两个热衷于佛教的人，还有几位阴郁的名人，比如，布拉瓦茨基夫人[②]和安

① [译注] 伊曼纽·斯韦登伯格（Emanuel Swedenborg，1688—1772），瑞典科学家、哲学家、神学家、启示者与神秘主义者，代表作《天堂与地狱》（*De Caelo et ejus Mirabilibus et de Inferno：Ex Auditis et Visis*）描述了死后灵生的细节。

② [译注] 海伦娜·彼得罗芙娜·布拉瓦茨基（Helena Petrovna Blavatsky，1831—1891），通称“布拉瓦茨基夫人”，俄国哲学家、神秘学家，神智学创始者，建立了神智学会。

妮·贝桑[①]。这种表现令我联想到海洋中零星的小岛；而实际上，它们却是浸没在水中的巍峨山脉露出水面的山峰。俗气的人们直到现在还认为占星术是早就过时的东西，可以放心大胆地嘲笑它。但是今天，占星术再次从社会的深处崛起，敲响了大学的门——那个300年前把它驱逐出去的地方。东方的思想也是这样，它在社会的最底层扎下了根，缓慢地破土而出。在多尔纳赫（Dornach）修建的灵智学派的庙宇，共计花费五六百万瑞士法郎，这笔钱是谁出的呢？当然不是一个人所出。不幸的是，没有一个统计数字能告诉我们，现在公开信奉通神论的人究竟有多少，更别提那些未公开的信奉者了。但是，我们可以肯定是以百万计的。在此基础上，我们还要加上数百万唯心论者（spiritualists），他们或者具有基督教倾向，或者具有通神论倾向。

伟大的革新从来都不是自上而下的，它们无一例外是自下而上的，就像树木从来不从空中向下长，而是在大地上向上生长，不过，树种倒确实是从空中掉下来的。世界的动荡，与我们意识的动荡完全是一码事。一切都是相对的，因此也是可疑的。当人们看着这个世界，犹豫而又狐疑地发现其中充斥着和平条约、友好协定、民主与独裁、

① ［译注］安妮·贝桑（Annie Besant，1847—1933），英国著名社会学家、神智学家、女权活动家和作家。

资本主义和布尔什维克主义，人们的精神渴望一个答案，来安抚怀疑和不安所带来的骚乱。社会底层的人顺应了心灵的无意识力量，他们是这片土地上备受愚弄的沉默的大多数——比起那些了不起的名人，他们相对没有受过学术偏见的影响。俯瞰大地，你会发现这些人正上演着一场或乏味或滑稽的喜剧；不过，他们简单纯朴得令人吃惊，就像那些加利利人（Galileans），人们曾说他们有神灵的庇佑。人类心灵中的垃圾已经有一英尺之厚，这还不足以令我们动容吗？我们发现，《人类生活百态》杂志严谨地记录了最无聊的胡言乱语、最荒唐的行为和最疯狂的幻想，而哈维洛克·艾利斯（Havelock Ellis）和弗洛伊德等人在他们的那些备受科学赞誉的严肃论文中也涉及了类似的内容。他们的读者遍布白人的整个文明世界。我们该怎样解释这种狂热，解释对讨厌的东西的盲目崇拜呢？或许可以这样说：这些讨厌之物属于心灵，它们是心灵中的物质，因此就像从古代遗迹中抢救出来的手稿碎片一样珍贵。对于现代人而言，就连内心生活中那些秘密而有害的东西也有价值，因为这些东西也服务于他们的目的。但是，他们的目的又是什么呢？

弗洛伊德在他的著作《梦的解析》的前言中引用道：*Flectere si nequeo superos Acheronta movebo*——“即使我不能降服高高在上的神灵，我也要让地狱天翻地覆。”这又是出于什么目的呢？

我们有义务去废黜的神灵，正是我们的意识世界中那些被崇拜的价值观念。众所周知，古代众神的爱情轶事是最破坏他们名誉的事情；现在，历史又在重演。那些受到颂扬的美德和至高无上的理想，它们那可疑的基础正在被人们颠覆，人们发出胜利的欢呼：“这就是人造的神灵呀，不过是沾染了人类劣根性的阴谋和妄想罢了——好比装满尸骨和污秽的坟墓，经过了一番粉饰。”我们发觉这种文风十分眼熟，那种我们一直无法真正接纳的福音，再一次出现了。

我深信，这种类比并没有含糊不清之处。对许许多多的人来说，弗洛伊德心理学比福音更加亲切，俄国的政治行动比市民的美德更有意义。这些人全部都是我们的同胞，我们每个人都会发出一声支持他们的呼声——归根结底，有一种心理生活容纳了所有的人。

精神变革所带来的结果出乎我们的意料，它让世界的嘴脸更加丑陋了。世界变得如此的丑陋，以至于没有人能够继续热爱它——我们甚至无法继续爱自己了——到头来，外部世界已没有任何东西能够让我们离开真实的内在生活。毫无疑问，这便是这场精神变革的真正意义。归根结底，主张因果和轮回的通神论，除了告诉我们所看到的这个世界是道德败坏之人的临时疗养院之外，还能教给我们什么呢？它也在贬低当今世界，其激进程度不亚于现代人的观念，只不过使用了不同的技巧；抑或它并没有故意诋毁这个世界，只是给这个世界赋予了相对的意义，但在此基础上，它许诺另有一个更高级的世界。不论是哪种情况，它的作用都是一样的。

我承认，这些概念都非常“不学术”，其实，它们所触及的是现代人最没有意识到的一个方面。爱因斯坦的相对论和原子结构理论，它们与现代人的观点相吻合，让我们抛弃了宿命论和眼见为实的观点，这难道仅仅是巧合吗？就连物理学都说物质世界终将烟消云散。因此，我认为，如果现代人重新开始信仰心理生活的真实性，期待从中得到世界所不能给予的那种确定性，是合情合理的。

然而，西方世界的精神状况十分危险——我们越是盲目地幻想灵魂之美而无视事实之残酷，危险就会越发严重。东方人爱焚香，烟雾缭绕，便把他本来的面容遮掩了起来。那么，我们又给另一种肤色的人留下什么印象呢？中国和印度是怎么看待我们的呢？在黑人心中，我们又是什么样的呢？那些被我们掠走了领土、用难对付的疾病杀戮的人们，又是如何看待我们的呢？

我有一位印第安人朋友，他是一个普韦布洛部落的酋长。有一次，我们私下谈论起白种人，他对我说：“我们不理解白人，他们总是想要些什么——一刻也不闲着——永远在寻找着些什么。找什么呢？我们不知道。我们理解不了他们。他们长了那么尖的鼻子，又薄又狰狞的嘴唇，脸上还有那么多纹路。我们觉得他们都是疯子。”

我的这位朋友虽然不能说出它的名字，但是他认出了雅利安人[1]的那只食肉猛禽，以及他想要统治每一寸土地的贪得无厌——就连那些与他毫不相干的土地他也想要。我的朋友还注意到了我们的妄自尊大，正是这种妄自尊大让我们认为基督教是唯一的真理，白种人的基督是唯一的救世主。我们用科学和技术让整个东方陷入水火，从中渔利，甚至还把传教士派往中国。被派往非洲的传道士冲击了一夫多妻制，结果使卖淫行为泛滥，单是在乌干达这一个地方，每年就要花费两万英镑来预防性病的传播，道德后果就更不用说了，简直糟糕透顶。善良的欧洲人居然还为这些教化成就付给传教士报酬！波里尼西亚（Polynesia）的苦难、鸦片贸易的福佑之类的故事就更不必提了。

如果挥散了欧洲人的道德烟雾，他们就是这样一副嘴脸。难怪我们必须要先脱离这些乌烟瘴气，才能去探索心理生活中隐藏的碎片。只有像弗洛伊德一般伟大的理想主义者，才能倾尽一生精力来从事这项污秽的工作。这就是我们的心理学的开端。对我们而言，想要了解心理生活的真相，了解那些令人厌恶和不愿直视的东西，就只能从这一开端入手。

但是，如果心灵对我们来说只是由邪恶和毫无价值的东西组成的，那么世界便不存在一种力量能使一个正常人

① [译注] 雅利安人（Aryan），现也可以称作“印度-伊朗人”或者“印欧人”，指使用印度-伊朗语族或者印欧语系语言的人。

假装认为它很有吸引力。因此，只能看到神智学中那令人遗憾的肤浅知识，或者只将弗洛伊德的心理学视为哗众取宠的那些人预言说，这些运动都会不光彩地草草收场。他们无视了一个事实，即这些运动的力量来自对心理生活的痴迷。当然，它们激起的热烈兴趣可以通过其他方式来表达；但是现在，这些兴趣当然要用已有的形式来表达，直到产生了更好的替代方式。说到底，迷信和邪恶是同一种东西。它们都是过渡阶段，或者萌芽阶段，从它们之中将会生出更新的、更成熟的东西。

不论在智力上、道德上还是美学上，西方心理生活的暗流所呈现的图景都是令人嫌恶的。我们建立了一个辉煌的世界，为它拼命工作，付出了大量的精力。但是，它之所以能够如此辉煌，只是因为我们将自己本性中那些辉煌之物都用在了外部——于是，当我们内省时，看到的就必然是残破和缺失。

我知道，我在说这些话的时候，其实是在预测意识的实际增长。现在，我们对心理生活的事实并没有常规认识。西方人正处于认识这些事实的过程中，并且正在与之搏斗，这是完全可以理解的。当然，斯宾格勒①的悲观主义在一定程

① [译注] 奥斯瓦尔德·阿莫德·哥特希弗里德·斯宾格勒（Oswald Arnold Gottfried Spengler，1880—1936），德国历史哲学家、文化史学家及反民主政治作家。代表作《西方的没落》（*Der Vntergang des Abendlandes*）于 1918—1922 年出版，他在书中反对人类历史总是不断进步的直线型观点，认为文化是循环的，而西方文明正处于衰落之中。

度上影响了西方人，但是这种影响被安全地局限在学术圈里。至于心理学的洞察力，总归会侵犯到私人生活，所以容易遭到个人的抵制和否认。我绝不认为这些抵制没有意义；相反，我从中看到的是在面对一种具有破坏性、威胁性的东西时的健康反应。每当相对论被当作基本原则和终极原则的时候，它就有了一种破坏性的作用。所以，当我提示人们去注意心灵的暗流时，绝不是为了唱反调；我只是想强调一个事实：无意识具有很强的吸引力，不仅对生病的头脑来说是如此，对健康的、有助益的头脑来说也是如此——尽管无意识确实有着可怕的一面。心理的深处是自然，自然是创造性的生活。确实，自然有时会毁掉她亲手塑造的一切——不过她还会重塑这一切。不管现代的相对论摧毁了有形世界中的哪些价值，心灵都会产生与之对等的替代品。最初我们看不到这条通往黑暗和憎恨的道路的尽头——但是，如果一个人不能忍受这番景象，也就不会生出光明和美好。光明总是诞生自黑暗，太阳永远都不会为了满足人们的渴望、消除人们的恐惧而静止在空中。杜门阶的例子已经表明，心理生活是怎样从自身的黑暗中生存下来的。中国毫不相信欧洲的科学和技术正准备摧毁她。我们又为何要相信我们会被东方的神秘精神带来的影响所摧毁呢?

但是我忽略了一点：我们尚未意识到，就在我们用技术优势把东方的物质世界搞得天翻地覆的时候，东方也在用它的心理优势把我们的精神世界搞得一团糟。我们从未想到，当我们从外部战胜了东方的时候，东方也许正在内部挟制着我们。我们也许会觉得这种观点是无稽之谈，因为我们的肉眼只能看见明显的物质联系，却看不见我们的中产阶级的知识混乱是马克斯·缪勒、奥登伯格、诺伊曼、多伊森、卫礼贤等人造成的。[①] 罗马帝国的例子给了我们怎样的教训？在征服小亚细亚之后，罗马就变得亚洲化了，就连欧洲也受到了亚洲的影响，到今天依然如此。从西里西亚发源的密斯拉神崇拜（Mithraic cult）——属于罗马军队的宗教——它从埃及一直传入了阴雨迷蒙的英国。我就不用再指出基督教的亚洲根源了吧。

我们还没有清晰地认识到，西方的神智学其实是对东方的业余模仿。我们只不过是重操占星术的旧业，而占星术对东方人而言是家常便饭。我们对性生活的研究开始于维也纳和英国，但是印度教的教义在这方面并不亚于我们，甚至还超过了我们。10 个世纪以前，东方就有典籍介绍了哲学上的相对论，而中国的科学正是基于不确定性的

---

① [译注] 弗里德里希·马克斯·缪勒（Friedrich Max Müller，1823—1900），德国文学家、东方学家，是西方印度研究、比较宗教学研究的奠基者。赫曼·奥登伯格（Hermann Oldenberg，1854—1920），德国学者，专攻印度学，也研究佛学。卡尔·欧根·诺伊曼（Karl Eugen Neumann，1865—1915），首次将佛经三藏从巴利语翻译为一门欧洲的语言（德语），是欧洲佛教的开辟者之一。保罗·雅各布·多伊森（Paul Jakob Deussen，1845—1919），德国东方学家、梵文研究者。理查德·威尔海姆（Richard Wilhelm，1873—1930），德国汉学家、神学家和传教士，曾在中国生活 25 年，中文名字叫卫礼贤，是荣格的良师益友。

思想之上的，但这一思想在西方是近来才有的。卫礼贤甚至告诉我，分析心理学发现的某些复杂程序，在中国古籍里面早就有明确地描述了。心理分析本身及其思维路径——虽然无疑是西方的发明——比起东方那古老的艺术，不过是一个初学者的尝试罢了。还应该提一句，精神分析与瑜伽的相似之处，已经由奥斯卡·施密茨[①]做过比较了。

神智论者有一种有趣的想法，他们认为有一些圣雄（mahatma）在喜马拉雅山脉或西藏的某个地方打坐，启发或者指导着世界上的每一个头脑。事实上，东方对巫术的信仰可以如此强烈地影响头脑健全的欧洲人，甚至有些人信誓旦旦地告诉我，我所说的所有好的东西，都是在不知不觉中受到了圣雄的启发，而我自己的灵感根本就无足轻重。圣雄的神话传遍了西方世界，人们对之坚信不疑，这种神话并不是胡说八道，而是——像每一种神话一样——一种重要的心理事实。东方似乎确实位于我们正在经历的这场精神变革的根源。不过，这里的东方不是一座住满了圣雄的西藏寺院，而是我们内心的一种感觉。新的精神形式产生自我们自己的心理生活的深处，它们是某些心理力量的表达，以帮助减少雅利安猛禽的捕食欲望。我们将会

---

① ［译注］奥斯卡·施密茨（Oskar A. H. Schmitz，1873—1931），德国社会作家，他专注于描写及嘲讽威廉时期德国的上流阶层及其在第一次世界大战后的困境，也写了很多宣传占星术和精神分析的文章。

了解到一种生活定义，即东方的那种意义含糊的清静无为；我们还会了解到人类生存的稳定感，一种精神需求与社会生活同样不可或缺的状态。然而，在这个美国化的时代，我们与这种境界相去甚远，我窃以为我们只处在一个新的精神时代的入口处。我们希望自己是先知，但是如果不强调处于骚乱时代才生出的对安定的渴望，以及从不安全感中孕育出来的对安全的渴望，我就无法描绘现代人的精神问题。新的生活方式从需求和危难中产生，而不是从希望或我们对理想的追求中产生。

在我看来，当代精神问题的核心，在于心理生活对现代人的吸引力。如果我们是悲观主义者，我们会说这是一种堕落的迹象；而如果我们是乐观主义者，我们就会看到其中潜伏着一场深刻的西方世界的精神变革。无论如何，这一表现都非常有意义。由于在各个民族中都有这样的表现，所以就更加值得注意；又由于它涉及了一些不可估量的心理力量，这些力量用我们没有意料到的——正如历史所表明的——历史也无法预料到的方式改变着人们的生活，因此它便更加重要。虽然还有许多人没有看到这股力量，但是，正是它们导致了目前人们对“心理学”的兴趣。心理生活对人的吸引力是如此强大，人们甚至对发现的东西既不厌恶又不惊愕，这样一来，也就没有什么是病态的，或者堕落的了。

在世界的康庄大道上，一切都显得荒凉和陈旧。现代人本能地离开前人走过的路，去探索旁路和小径，就像古典世界的人抛弃了已死的奥林匹亚诸神，转向了亚洲的神秘崇拜。一股驱使着我们去探索的内在力量，现在指向了外部，吸纳了东方的神智学和巫术；不过它也指向内部，引导我们去思考和关注无意识心灵。它在我们心中唤起了怀疑主义的态度和百折不挠的精神，佛祖就是以同样的状态推翻了他之前的两百万神祇，获得了唯一可信的原始经验。

现在，我们必须问出那个终极问题了。我所讲的关于现代人的一切，是真实的吗，还是某种幻觉的结果呢？毫无疑问，在众多西方人眼中，我所列举的事实，全是些毫无关系的偶然事件，而在众多受过教育的人眼中，它们好像只是令人遗憾的错误。但是请允许我问一句——如果一个有文化的罗马人，看到基督教在最底层的人们中间传播，他会怎么想呢？圣经中的上帝在西方世界里仍是一个活生生的人——就像地中海对岸的真主安拉一样。具有一种信仰的人，总认为具有另一种信仰的人是卑劣的异教徒，如果不能改变对方的信仰，就应该对他们心怀怜悯和容忍。不仅如此，聪明的欧洲人还相信，宗教之类的东西对群众和妇女有益，但是若与经济和政治相比，就无足轻重了。

所以，我一向被人们反驳，好像一个在晴空万里时预言暴风雨降至的人。也许，这个人预感到的是一场在地平线以下的暴风雨——也许它永远都不会落在人们身上。但是在心理生活中，有意义的内容永远都在意识的阈限之下，当我们谈到现代人的精神问题时，我们涉及的是一些几乎看不见的东西——最私人的，最脆弱的东西——它们只在夜间绽放。而在白天，一切都是清晰的、有形的；不过，黑夜与白天一样长，我们也在黑夜里生活。有的人甚至会因为噩梦而在白天心神不宁。而白天的生活，对许多人而言，也像是一场可怕的噩梦，以至于他们渴望黑夜，他们的精神只有在夜里才会觉醒。我相信现代有非常多这样的人，因此我坚持认为，现代人的精神问题正是我所描述的那样。我不得不承认，我确实具有片面性，因为我没有提到现代精神是对实际世界有贡献的，这一点人尽皆知，每个人都可以就之发表长篇大论。我们可以在国际联盟所反映的国际主义和极端民族主义的理想上看到这一点；我们也可以从体育、电影和爵士乐中发现这一点。

这些当然也是我们这个时代的典型症状，它们非常清楚地表明，人道主义的理想也应该包括实实在在的肉体。体育表现了人类肉体的特殊价值，现代舞蹈也是这样。另一方面，电影和侦探小说一样，都在没有危险的情况下，让人们体验到充分的激动、热情和欲望——在一种人道主义的生活秩序中，这些情绪必然是要受到压抑的。要理解这些表现与心理状态的联系并不困难。心灵的吸引力导致了一种新的自我评价标准——即一种对有关人性的基本事实的重新评价。如果说在人类以精神为名而长期压抑肉体之后，现在又重新发现了肉体，这种说法也算不得过分。我们甚至忍不住要说，这是肉体对精神的报复。当盖沙令[①]冷嘲热讽地把私人司机当作我们这个时代的文化英雄时，他就像往常一样一针见血。肉体也需要被认同，它像心灵一样，散发着一种诱惑。如果我们仍局限于将精神与物质分开的陈旧观念，我们就会觉得目前的形势中包含着不可容忍的矛盾，这甚至会让我们分裂。但是，如果我们能接受这个神秘的事实，接受精神是内在的活生生的肉体以及肉体是外在的活生生的精神——二者实为一体——我们就可以理解，为什么想要超越现在的意识水平，我们就必须重视肉体。我们还应该看到，对肉体的尊重，与以精神之名否定肉体的观念是互不兼容的。相较于过去，肉体与心理生活的要求在今天都如此强烈，令我们差点认为这是一种堕落的迹象。但是，这同样也标志着新生，正如荷尔德林[②]所说：

危险本身

---

① ［译注］盖沙令伯爵（Hermann Graf Keyserling，1880—1946），德国哲学家，代表作《哲学家旅行日记》（*Reisetagebucheines Philosophen*）。

② ［译注］约翰·克里斯蒂安·腓特烈·荷尔德林（Johann Christian Friedrich Hölderlin，1770—1843），德国浪漫派诗人。

就孕育着拯救的力量①

我们真正看到的是，西方世界奏响了更快的节奏——美国的节奏——它正是清静无为和超然物外的对立物。外在生活与内在生活、客观真实与主观真实的两极之间产生了巨大的张力。这或许是衰老的欧洲与年轻的美国之间的最后一场较量；又或许是有意识的人类所做的一次徒劳或有益的努力，目的是诱导出自然规律中隐藏的力量，从各民族的沉睡中取得更伟大、更英勇的胜利。这个问题将留待历史回答。

我作出了许多大胆的论断，在结尾处，我要回到最开始时的承诺，要留意谦虚谨慎的必要性。我确实没有忘记，我的声音只是一个声音，我的经验只是沧海一粟，我的知识并不比显微镜的视野大，我的眼睛只是一面镜子，照着世界的一个角落，而我的观点——仅仅是一种主观的告白。

① Wo Gefahr ist，Wachst das Rettende auch.（Hölderlin）

第十一章

心理治疗师与牧师

有效推动医学心理学和心理治疗发展的，是病人的迫切心理问题，而非科学工作者提出的问题。医学作为一门科学，不包括一切纯粹的心理问题。尽管医学如此刚愎自用，不顾病人的迫切需求，但它还是有些道理的，毕竟心理问题属于另外一个研究领域。不过，现在医学不得不扩大范围，将实验心理学纳入羽翼之下，就像它曾经也不得不——考虑到人类的生物学特征——从化学、物理学和生物学等科学分支之中借鉴了许多内容。

自然，这些从别处借鉴来的科学分支成为新的研究方向。我们可以这样总结这一变化的特征——科学本身不再是我们的目的，判断科学是否具有价值，应当看它们是否对人类有益。例如，精神病学脱离了实验心理学的庇护，从精神病理学——一门研究复杂心理表象的学科——的广博知识体系之中，找到了自己的位置。精神病理学有一部分来自严格意义上的精神病学发现，另一部分则来自神经病学的发现——神经病学的研究领域本来包含所谓的“心因性神经症”，现在单从学术的角度上说仍是如此。然而，在过去几十年的实践中，训练有素的神经学家与心理治疗师已经成为截然不同的两类人，这种分裂最早可以追溯到研究催眠术的时期。这一分裂是不可逆的，因为神经学专门研究器质性的神经疾病，但通常来讲，心因性神经症并不涉及器质性病变。心因性神经症也不属于精神病学范畴，因为精神病学专门研究心理疾病，或称“精神疾病”——在通常意义上，心因性神经症也不是精神疾病。类似心因性神经症的疾病构成了一个没有明确界限的独特领域，它们的表现具有不确定性，同时指向了两个方向：一则指向了精神疾病，二则指向了神经疾病。

神经症有一个明确特征——它是心因性的，其治愈完全依赖于心理疗法。我们在这个特殊领域中进行的界定与探索——从精神病学和神经病学两个方面——所得到的结论非常不受医学科学的待见——这一结论是：心灵是疾病的病源和诱因。在19世纪，医学的方法和理论皆发生了转变，这使医学成为自然科学的分支，于是便也采用了自然科学的基本假设——物质因果论。因此，从医学的角度上看，心灵不是一个独立存在的事物，而且，实验心理学也费尽周折，建立了一种没有心灵的心理学。

但是，调查研究明确地告诉我们，心理神经症的核心就是心理因素，心理因素是导致神经症病理状态的根本原因，因此我们必须承认心理因素是独立存在的，就像我们承认其他致病因素是独立存在的一样，例如，遗传、体质和细菌感染等。一切用基本物理因素去解释心理因素的尝试，是注定要失败的。但是若试着用“驱力”或者“本能”等概念——这些概念是从生物学中借鉴过来的——来界定心理因素，成功的可能性便会增大一些。众所周知，本能是可以被我们观察到的生理冲动，是腺体活动所引发的，而且，经验表明，本能会限制或者影响心理过程。因此，若想探索心理神经症的具体发病原因，我们不必从神秘的“灵魂”概念入手，而是可以从一种腺体活动的紊乱入手，这种紊乱可以用药物干预或治愈，这难道不是最令人信服的方法吗？事实上，弗洛伊德正是采用了这样的立场，以此为基础建立了他那套著名的理论，认为神经症的原因是性冲动的紊乱。与此类似，阿德勒也借鉴了“驱力”的概念，认为神经症的成因是权力欲望的紊乱。在这里我们必须看到，比起“性驱力”的概念来，“权力欲望”这一概念离生理学更远，也更具有心理学的性质。

我们仍不能很好地给“本能”一个科学的定义。“本能”可以用来描述极其复杂的生理表现，但是它所描述的品质都是未知的，它本身也非常模糊。我并不是想就“本能”的概念进行批判性的讨论。我想讨论的是：有没有这样一种可能，即心理因素是各种本能的综合，而本能又可以追溯到腺体的功能上。甚至一切被称为“心理”的事物，都可以用广义的“本能”来解释，这样一来，心灵本身就成了一种本能，或成了本能的综合体，其归根结底不过是腺体的功能而已。于是，心理神经症就成了一种腺体的疾病。但是，这种论述并没有实际的证据，目前也并没有发现一种能够治愈神经症的腺体分泌物。从另一个角度看，已经有太多教训告诉我们，器质性医学是无法治愈神经症的，但心理的方法却能够治愈神经症。这些心理方法卓有成效，起到了我们原本期待腺体分泌物能够起到的效果。因此，到目前为止，从经验上看，如果我们想要改善或治愈神经症，就不能从无法改善的方面——即腺体分泌物——出发，而只能从心理活动出发，也就是说，心理活动必须被当成一种现实。也可以这么说，一种恰当的解释或安慰的话语，或许能够影响腺体的分泌，继而对病人产生了治疗效果。医生的话语，虽然仅是“空气的振动”，但它们却是一系列特殊的振动，反映了医生特殊的心理状态。只有当医生的话语传递了某种意义，或者具有重要性的时候，它们才是有效的。能产生效果的，是话语的意义。“意义”是心理的，或者说是精神的。如果你愿意，也可以说它是虚幻的。但是，意义使得我们得以影响疾病的进程，甚至远比化学药品更为有效。我们可以通过话语影响身体中的生物化学过程。不论话语的作用是从我们体内自发产生的，还是从说话者那里传递到我们身上的，它最终都能使我们患病，或者使我们痊愈。虽然没有什么比虚幻、幻觉和观念更难以捉摸、更不真实的了；但是在心理领域乃至心理生理领域中，竟没有什么比它们更有效用了。

科学承认了这些事实，因此发现了心灵，谁都无法反驳心灵的真实性了。事实证明，驱力，或者说本能，是心理活动的前提条件，但是与此同时，心理活动似乎也能够制约本能。

我说弗洛伊德和阿德勒的理论是以驱力为基础的，这并不带有指责的意味；它们的唯一缺点是其片面性。它们都代表着没有心灵的心理学，只适合那些没有精神需求和渴望的人。但是，医生与病人都对这个问题视而不见。尽管比起以往的医学途径来，弗洛伊德和阿德勒的理论都更接近神经病的根源，但是它们仍然无法满足病人更深层的精神需求，因为它们只关注驱力。它们被 19 世纪的科学前提所束缚，过于拘泥于因果——没有给虚构或想象的过程留出有益的空间。也就是说，它们没有赋予生活足够的意义。然而，只有充满意义的事物才能使我们获得自由。

日常的理智、健全的判断力，以及通过总结常识而获得的科学，确实能给我们带来许多帮助；但是，它们超越不了人类生活的边界，故将我们局限在了平凡的事实、平淡无奇的事物之中。说到底，它们不能给精神上的痛苦及其深刻内涵提供解决方案。一个人之所以会得心理神经症，是因为他很痛苦，仍未发现自己生活的意义。然而，精神领域的一切创新，以及人类心灵的每一次发展，都始自精神上的痛苦，而导致这种痛苦状态的，是精神的停滞与心理的贫乏。

一旦医生意识到了这一事实，他将怀着极大的谨慎，去接触面前的这片领域。医生必须向病人传递具有“疗愈”作用的语言，告诉病人积极行动的意义——因为这些是病人渴望获得的东西，它们远远地超出了理性和科学所能给予他的。病人正在寻找一种能够掌控他、给他那患了神经症的混乱头脑赋予意义和形式的东西。

医生能够完成这一重任吗？一开始，医生也许会把病人转介给牧师或哲学家，或者把病人抛弃在时代的荒蛮之中。医生并不一定要有完整的人生观，因为职业道德并不曾这样要求他。但是，如果医生能够清楚地看到病人的病因；如果医生发现病人生病是因为只剩了性欲而缺乏爱；如果医生发现病人之所以没有信仰，是因为不敢在黑暗里摸索；如果医生发现病人之所以失去希望，是因为世界和生活浇灭了他的幻想；如果医生发现病人之所以缺乏理解力，是因为没有理解自身存在的意义，那么，医生又该怎样做呢？

有很多受过良好教育的病人会断然拒绝去请教牧师。他们更不愿意同哲学家商讨，因为他们对哲学毫无兴趣，并认为逻辑问题无趣至极。既能对生活和世界的意义侃侃而谈，又真正地活出了意义的伟人和智者，真的存在吗？人类的思维构想不出任何体系或终极真理，给不了病人生存所需的东西——信仰、希望、爱和洞见。

信仰、希望、爱和洞见是人类所能达到的四种最高成就，它们是上天的恩典。它们不能被传授，也不能被学习；不能被给予，也不能被索要；不能被压抑，也不能被赢取——因为它们来自经验，经验是被赐予的，因而超出了人们的想象。经验是不能制造的，它们只是自然发生的——只不过它们与人的活动不是完全独立的，而是相对独立的。我们可以接近它们——这是人们力所能及的。有一些办法可以让我们更接近生活经验，可是当我们把这些办法称为“方法”的时候，应该慎而又慎。这是因为，“方法”一词本身具有一种削弱效果。除此之外，获取经验的办法绝对不应该仅仅是一种投机取巧，而是一种需要我们全身心投入的冒险活动。

因此，医生在履行职责之时，遇到了一个看似无解的难题：医生该怎样帮助病人获得能带来解脱的经验，以获得四种恩典，并治愈疾病呢？当然，我们可以心怀好意，建议病人去拥有真正的爱、真正的信仰和真正的希望；我们也可以奉劝病人：“了解你自己。”但是，在病人缺少经验的时候，又怎能获得那些只有经验才能赋予的东西呢？

扫罗①的转变，既不是由于真正的爱，也不是由于真正的信仰，或者其他的真理。那完全是因为对基督徒的恨，使他踏上了去大马士革（Damascus）的路，就是这个决定性的经验奠定了他一生的命运。他之所以获得了这一经验，是因为他深信他曾经走的是一条完全错误的道路。我们从中能够学习到一个方法，可以用于解决那些我们很难严肃处理的生活问题。同时，这也给心理治疗师提出了一个问题，那本是属于牧师的难题——善与恶的问题。

其实，最应当关心精神痛苦这一问题的是神父和牧师，而不是医生。但是在大多数情况下，人们在痛苦的时候，会首先去看医生，因为他认为自己的身体生病了，况且某些神经症症状在药物的作用下能够有所缓解。但是话说回来，如果被咨询的是牧师，牧师也很难说服病人他所遇到的麻烦是心理上的。通常，牧师缺乏专业知识，所以诊断不出疾病的心理原因，这使他的判断缺乏权威性。

然而，有一些人虽然意识到了自己的疾病是心因性的，却拒绝去找牧师。他们不相信牧师能真正帮助到自己。出于同样的原因，这些人也不相信医生。他们也有一定道理，毕竟医生和牧师在出场时都两手空空——甚至更糟糕——嘴里往往还说着空洞的话语。我们不能指望医生

---

① [译注] 扫罗（Saul），也译作保罗。他最初认为基督教是违背传统犹太教信仰的异端，极力迫害基督徒，后来成为基督教的跟随者。

会对灵魂的终极问题发表任何见解。痛苦的人若想获得这样的帮助，应该求助于牧师，而不是医生。但是新教的牧师往往肩负着艰巨的现实的担子，而天主教神父就不需要面对这种实际困难。因为天主教神父有天主教会权威作为靠山，同时拥有稳定的、独立的经济地位。新教牧师就远非如此了，他可能已经成家，故而需要担负家庭的责任，如果他搞砸了，也没法指望教区的资助或被退回修道院。最好的情况是，一位天主教神父同时是一名耶稣会信徒，那么他甚至可以自由地采用现代心理学的理论。就我所知，在还没有任何新教牧师认为我的著作值得一读之前，罗马的神父们就已经认真地研读了它们。

我们正处于一个紧要关头。德国新教教徒的流失仅仅是症状之一，牧师们应该从中看到，只劝导人们去信仰、去行善，是不能满足现代人的追求的。许多牧师从弗洛伊德的性欲理论或阿德勒的权力理论中寻求支持和实践指导，这一事实令人大跌眼镜，因为这两种理论都对精神价值抱有敌意，就像我说过的，都是没有心灵的心理学。它们都是理性的治疗方法，实际上会阻碍人们去领悟经验的意义。目前，大部分心理治疗师都是弗洛伊德或阿德勒的学生。这便意味着，绝大多数的病人都必然会远离精神的价值——对一个对精神价值有所领悟的人来说，这一事实绝非无关紧要。目前，对心理学的兴趣像一股潮流，席卷了欧洲的新教国家，而且不曾有退潮的迹象。同时，基督教信徒大量流失。用一位新教牧师的话说，“现在人们都去看心理治疗师，不去找牧师了”。

我认为，这一陈述只适用于教育程度相对较高的人，而不适用于广大群众。不过，我们应该记得，大约需要 20 年的时间，普通人才会开始考虑那些受过教育的人今天所思考的问题。例如，当毕希纳[①]的《力与物质》一书成为德国公共图书馆中最受欢迎的书籍时，受过良好教育的人们已经将之抛到脑后 20 年之久了。我相信，如果今天受过良好教育的人们对心理学兴趣浓厚，到了明天，每个人都会分享这种兴趣。

请大家注意下述事实。在过去 30 年中，世界上的各个文明国家都有人前来找我咨询。我治疗了数百位病人，其中最多的是新教教徒，少数是犹太人，但只有五六个人是信奉天主教的。而在我的后半生——就是 35 岁以后——所遇到的所有病人之中，几乎每个人的问题最终都得借助于一种宗教的人生观方能解决。可以肯定地说，这些人之所以生病，是因为他们失去了每个时代流行的宗教给予其追随者的东西，因此，在重新获得了宗教世界观之后，他们才能获得治愈。当然，这与某种特定的教义，或者成为了哪种宗教的教徒无关。

---

① ［译注］路德维希·安德烈亚斯·毕希纳（Ludwig Andreas Buchner，1813—1897），德国药理学家，代表作《力与物质》（*Kraft und Stoff*）被视为“唯物主义的圣经”。

说到这里，牧师便拥有了可以施展拳脚的空间。但是，似乎没有人注意到这一点。而且看上去当代的新教牧师并没有充分做好准备，去应对我们这个时代的迫切心理需求。现在确实是一个时机，牧师与心理治疗师应当联合起来去迎接这个艰巨的精神任务。

在这里，我还要举一个具体的例子，来说明这一问题为何与我们每个人休戚相关。大约两年以前，在瑞士的阿劳（Aarau）举办了一次基督教学生会议，大会的领导问了我一个问题——如今，精神痛苦之人是更愿意去看医生，而不是找牧师，这种选择是什么原因导致的呢？这是一个一针见血而又非常具体的问题。当时我只知道，我的病人们显然是选择了医生，而不是牧师，但是，除了这个事实以外，我别无所知。我甚至还在怀疑，这是否是一种普遍现象。无论如何，我没有给出一个确切的答复。事后，我展开了一项调查：我制作了一些调查问卷，分发给瑞士、德国或法国的新教徒和天主教徒。结果非常有趣，我在此作一个简要陈述：有 57%的新教教徒倾向于看医生，但天主教教徒只有 25%；仅有 8%的新教教徒倾向于求助神祇，而天主教教徒则有 58%。这些是作出明确选择的人。此外，大约有 35%的新教教徒选择了不能确定，而天主教教徒中只有 17%。

不去咨询教堂的牧师的理由，总体来说是因为牧师缺乏心理学的知识和洞察力，有 52%的人是这样回答的。有大约28%的人认为，牧师的观点含有偏见，表现得教条主义、过于传统。奇怪的是，甚至还有一位牧师认为自己会去看医生，而另一位牧师则恼怒地答道："神学与治疗人类毫无关系。"而所有参与回答的牧师的亲属，都声称他们反对去咨询牧师。

由于这项调查只针对受过良好教育的人，所以我们不能以偏概全、得出普适的结论。而且我认为，没有受过教育的阶层的反应会有所不同。但是，我觉得这个结果能多少准确地反映出受过教育的人的观点，而且众所周知，他们对教会或宗教事务越来越漠不关心，所以就更加印证了这一点。而且，别忘了我在前面提及过的那个社会心理学真理——一种一般意义上的人生观，从受过教育的阶层渗透到没受过教育的群众中，大约需要20年之久。例如，20年前，甚至10年前，谁能预言西班牙这样一个天主教势力泛滥的欧洲国家，会经历眼下的这场史无前例的精神变革呢？这场剧变终究还是爆发了。

在我看来，伴随着宗教生活的衰落，神经症的发病明显更加频繁了。现在还没有统计数字告诉我们实际的增长量。但是，我非常肯定，欧洲各地的人们的精神状态都显得极度失衡。不可否认，我们生活在一个动荡不安、精神紧张、观念混乱和前途未卜的时代。我的病人来自各个国家，他们都是受过良好教育的人，有相当数量的病人来找我，并不是因为他们患上了某种神经症，而是因为他们找不到生活的意义，并且被一些今天的哲学或宗教所无法解决的问题困扰着。有一部分病人好像以为我有一个神奇的药方，但是我不得不告诉他们，我也回答不了他们的这些问题。这让我们开始思考一些现实的问题。

让我们以一个最普通、最常见的问题为例来进行说明——我的生活，或者广义的生活，究竟有什么意义呢？当代的人们都太了解牧师会怎样回答这个问题了——或者说，牧师必须得怎样回答这个问题。而且，人们一想到哲学家会作何回答，就忍不住要发笑，此外，通常他们对医生也不抱太高期望。但是人们皆认为，从分析无意识的心理治疗师那里无疑能学到些什么。也许他们可以从自己的头脑深处，或者其他东西里，发掘出生活的意义，而这只要花钱就可以买到！然而，一个头脑严谨的人，若听到心理治疗师说自己也不知道该说什么，他一定会感到很放心。因此，这样的告解，常常是病人对治疗师的信任的开端。

我发现，现代人对传统观念和代代相传的真理有着根深蒂固的反感。现代人都是某种意义上的布尔什维克主义者，对他而言，过去的一切精神标准和形式都已经失去了生命力，因此，他想在精神世界里开展实验，就像布尔什维克主义者在经济领域中进行的实验一样。当面临这种现代的态度时，任何一种宗教体系，不管是天主教、新教、佛教还是儒家，都会陷入危险之中。在现代人里面，自然会有一部分人本性喜欢诽谤、极具破坏性，并非常乖张——一些不平衡的怪人——他们永远都不会满足，因此他们喜欢追随各种新潮流，希望至少能有一次只用较低的代价来弥补他们自身的不足，这便给这些运动和事业带来了损害。不用说，在我的职业生涯中，我也遇到了许多现代的男男女女，其中也有病态的伪现代人。但是，我倾向于不去谈论他们。我想讨论的那些人，绝不是病态的怪人，而是特别有能力、勇敢而又正直的人，他们之所以拒绝接受传统的真理，是出于一些诚实且正当的理由，而不是因为内心的邪恶。他们中的每个人都感觉到，我们的宗教真理不知为何变得空洞了。或许是因为他们不能协调科学观念和宗教观念，或许是因为基督教教义失去了权威性和合理性。人们不再因为基督之死而感到自己被救赎了；他们不能够去信仰——他们也无法迫使自己去信仰，不论在他们眼中有信仰的人是多么快乐。对他们而言，原罪变成了一种相对的东西——对一个人来说是恶，对另一个人来说可能就是善。说到底，佛祖与基督为什么就不能都是正确的呢？

这类问题和怀疑已经耳熟能详。但是，弗洛伊德式的分析却认为它们无足轻重，从而将它们扫到了一边。弗洛伊德式的分析坚持认为，问题的根本在于被压抑的性欲，而哲学上的或宗教上的怀疑，只会掩盖事情的真实状态。如果我们仔细地检查个体的案例，的确会发现，在性和无意识冲动方面有着特殊的紊乱现象。弗洛伊德的方法，就是用这些紊乱现象去解释整个心理的紊乱；他只对性方面的症状的因果解释感兴趣。但是，弗洛伊德彻底忽略了一个事实，那就是在某些案例中，虽然神经症的诱因一直潜伏着，但却一直没有发病，直到意识态度被扰乱，神经症才发生了。就好比，在一艘船因为漏水而将要沉没的时候，船员却只对倾泻而入的水的化学成分感兴趣。无意识驱力的紊乱不是最根本的，而是次一级的现象。当意识生活失去了意义和希望时，就仿佛释放出了恐慌，人们便听到一声高喊："混吃等死吧，因为明天就是末日了！"这种在生活的无意义之中酝酿的情绪，导致了无意识的紊乱，激发了那些被痛苦地压抑了的冲动，让它们重新爆发出来。神经症的原因存在于过去，也存在于当下；而且，有一个一直存在的原因，使神经症保持发作状态。譬如，一个人得了结核病，并不是因为20年前他曾感染了结核杆菌，而是因为感染的病灶到今天仍然活跃着。当年感染于何时、是怎样发生的，这些问题与他目前的状况几乎毫无关系。即使对既往病史了解得再清楚，也无法治愈结核病。换作神经症，也是这样。

这就是为什么我认为病人在我面前表现出的宗教问题，不但与神经症相关，而且很可能是神经症的病因。不过，如果我想认真看待这些宗教问题，就必须承认病人的感受是合理的。"是的，我同意，佛祖可能是与耶稣同样正确的。原罪是相对的，而且我无论如何也看不出基督之死如何能够救赎我们。”我作为一名医生，可以轻易地肯定这些疑问，但是牧师就没法这样做了。病人会从我的态度中看到理解，但却从牧师的犹豫中感受到传统偏见，这就使他与牧师之间有了隔阂。他会问自己：“如果我开口向牧师描述我被性欲困扰的痛苦细节，他会怎么说?”他当然怀疑牧师的道德偏见比教条主义偏见更加强烈。有一则与此相关的有趣轶事，是与美国总统柯立芝（Coolidge）有关的，叫作“惜字如金的加州人柯立芝”。有个礼拜天上午，柯立芝从外面回到家，他的妻子问他刚才去哪里了。“教堂”，柯立芝答道。“牧师讲了什么?”“他讲了罪恶。”“他是怎样评论罪恶的?”“他反对罪恶。”

人们会觉得医生在这些方面很容易表现得善解人意。不过，人们忘记了医生也有道德上的顾虑，有些病人的告解会让医生都感觉难以忍受。但是，只有当病人身上最糟糕的东西被接受时，他才会感到自己被接受了。没有人能只凭语言就做到这一点；医生只在持有一种真诚的、对待自己和自身的邪恶的态度时，才能做到这一点。如果医生想给病人提供指导，或者甚至想要陪病人走一段路，他必须深入了解这个人的心理生活。在医生作出评价的时候，他是无论如何都不能触及他人的心理生活的。不论他用语言表达了自己的评价，还是把评价留在心里，都没有差别。如果医生采取完全相反的态度，立马就对病人的意见加以肯定，也是没有用的，这同谴责一样，都会让病人同医生疏远。我们只能通过毫无偏见的客观态度去深入了解他人。也许这听起来像是一个科学规则，而且很像是头脑的一种纯粹理智、超然物外的态度。但是，我想传达的意义与此截然不同。它是人类的一种品质——一种深刻的对事实和事件的尊重，对承受了这一切而感到痛苦的人的尊重——对于这种人生的秘密的尊重。真正虔诚的信教者就抱有这样的态度。他知道上帝创造了千奇百怪、不可思议的事物，并用诡谲的方式触及了人心。因此，他在一切事物之中都能感受到神的意志的存在。这便是我所说的“毫无偏见的客观态度”。它是医生的一种品德成就，医生不应该厌恶疾病和堕落。只有先接纳一样事物，我们才能去改变它。谴责不能带来解放，只能造成压抑。对我所谴责的人而言，我是一个压迫者，而不是朋友或难友。我并不是说，我们永远不能对我们想帮助和改善的人下判断；我的意思是说，如果一位医生想要帮助病人，他就必须得接受病人的一切。只有当他了解并接受了病人原本的一切时，他才能真正地做到这一点。

这听上去也许很简单，但是简单的事情往往最难做到。在实际生活中，想要过得简单，需要经过最严格的磨炼。接纳自己，是道德问题的本质，是整个人生观的缩影。给饥饿的人提供食品，原谅他人对我们的侮辱，以基督之名去爱我们的敌人——这一切无疑都是了不起的美德。我为我的同胞们做的最小的事，都是为了基督。但是，如果我发现在一切小事之中，那些最饥饿的乞丐，最无礼的侮辱者，以及那一位敌人，其实都存在于我的内部，而我自己就得接受我的善行——倘若我自己就是那个我必须去爱的敌人，那将会怎样呢？一般来说，基督徒的态度会逆转，不再有爱，也不再有长久的忍耐，我们会对自己内在的同胞说“你一文不值”，对自己进行谴责并感到愤慨。我们把这位同胞藏匿起来，不让他被世人知晓；我们拒绝承认自己遇到过这一个最差劲的人。哪怕是上帝本人以这种鄙俗的样貌出现在我们面前，在第一声鸡鸣之前，我们肯定已经否认了他一千次了①。

医生运用现代心理学，除了要检视病人生活背后的东西外，还尤其要检视医生本人生活背后的东西——现代心理治疗师必须这样做，如果他不想自欺欺人的话——医生将会认识到，接受自己以及自己的邪恶是一项最最艰巨的任务，甚至是一项几乎无法完成的任务。只是想到这一任务，我们就会因为恐惧而面如灰土。所以，我们毫不犹豫地、轻松愉快地选择了更复杂的办法，即保持对自己的无知，同时忙着检视别人，以及他们的麻烦和罪恶。这一举动让我们罩上了美德的光环，我们就这样欺骗了自己和周围的人。谢天谢地，我们能够逃避自己。数不胜数的人都

① [译注] 此处使用的是彼得在鸡鸣前三次否认认识耶稣的典故。

可以这样做而又不受惩罚，但是并非每个人都可以，有的人在去大马士革的路上崩溃了，得了神经症。假如我自己也是一个逃避者，也在遭受神经症的折磨，我又怎么能去帮助这些人呢？只有完全接受了自己的人，才有“毫无偏见的客观态度”。但是，谁都不能绝对地声称“自己完全接受了自己”。我们可以说基督做到了，他把他的传统偏见祭献给了上帝，于是他一生都无视传统，不顾法利赛人[①]的道德标准，直到世界末日。

我们新教教徒迟早要面对这样的问题——我们对“仿效基督”的理解，是应该照搬他的生活，或许我可以这样说，仿效他身上被十字架钉出的伤痕；抑或是从更深层次的意义上，像他一样真实地过适合我们的生活呢？要仿照基督的言行来过我们的生活，可不是一件容易的事；但是要像基督那样真实地度过自己的一生，又要比前者困难太多太多了。任何人若要做到后者，都会遇到过去的力量的阻抗，尽管他也许能够完成自己的使命，但是他却会像基督一样，被误解、被嘲笑、被折磨并钉上十字架。所以，我们更倾向于仿效基督的言行，这是被历史所认可的，基督在神圣的光环之下被扭曲了。如果一个修道士将自己认同为基督，我永远都不会打扰他，因为他值得被我们尊

---

① ［译注］法利赛人（Pharisees），古代犹太教的一个派别的成员，以墨守传统礼仪为特色。

重。可是，我和我的病人都不是修道士，我作为一位医生，有责任告诉病人怎样生活才能不患上神经症。神经症是一种内心的分裂——一种自己和自己争斗的状态。每一样能够激发这种分裂的事物，都会使病人的症状恶化，而每一样能够缓和这种分裂的事物，都有助于病人的治愈。促使人们与自己对战的，是一种直觉或认识，使得人们觉得自己内部有两个相互对抗的人。这种对抗也可能出现在肉欲的人与精神的人之间，或者出现在自我与阴影之间。弗洛伊德说："啊，我的胸中居住着两个灵魂。"他的意思正是如此。神经症是一种人格的分裂。

可以说，治疗是一个宗教问题。在社会或国家关系的范畴，痛苦的状态可能会表现为内战，倘若效仿基督的美德，宽恕那些痛恨我们的人，便能够治愈这种状态。在应对外部情境时，我们带着虔诚的基督教信仰，尝试做了一些事情，在治疗神经症的时候，我们也不得不将它们应用于内在状态。这就是为什么现代人听够了关于犯罪的说教。人们自身的邪恶已经够让人痛苦了，人们更想知道怎样才能与自己的天性和睦共处——怎样才能爱他们内心的敌人，与豺狼称兄道弟。

而且，现代人并不渴望知道怎样效仿基督，他们只想知道该怎样过自己的生活，不论他们的生活是多么贫乏和无聊。因为在他们看来，效仿的行为缺乏生气、枯燥乏味，他们要反抗将自己束缚在老路上的传统力量。这些老路，在他们眼中，都是歧途。他们也许没有意识到，然而他们的行为却显示，他们的个人生活充满了上帝的意志，而且他们不惜一切代价也要去实现它。这就是他们的利己主义的根源，而利己主义便是神经症状态下最明显的一种邪恶。但是，如果一个人认为自己过于自私自利，他就已经失去了信心，这是理所当然的，因为这样一来他的神经症就更严重了。

如果我想要对病人起到治愈作用，就必须承认他们的利己主义有深刻意义。如果我没有看到这中间包含着真正的上帝的意志，我就太盲目了。我甚至必须帮助病人夸大他的利己主义；如果他能够做到这一点，他便让自己远离了其他的人。他把众人赶走，众人便成为众人本身——本就应该如此，因为众人一直在剥夺他那“神圣的”利己主义。他必须拥有这份利己主义，因为它是他最强大、最健康的力量，如我所说，它是“真正的上帝的意志”，只不过有时会让他成为孤家寡人罢了。不管这种状态有多悲惨，但是对他来说是有好处的，因为只有用这种方式，他才能拥有自己的衡量标准，并认识到对同胞的爱是一种非常珍贵的财富。而且，只有在彻底被抛弃和孤独的状态之下，我们才能体验到自己的本性中那些有益的力量。

如果我们好几次都目睹了这种发展，就再也无法否认恶能够变成善，而看似善良的东西却拥有邪恶的力量了。

利己主义的魔王引导我们走上了一条捷径，使我们收获了宗教经验所要求的东西。我们由此可以看到一条生活的基本规律——物极必反（enantiodromia）——也就是向对立面的转化；只有这一规律可以使人格之中冲突的两半重新统一，从而结束这场争斗。

我以神经症患者的利己主义为例，因为这是神经症最常见的一种症状。我还可以用神经症的其他典型症状，来说明在面对病人的缺点时，医生应该采取什么态度，在面对罪恶的问题时，他又该如何处理。

这听上去无疑非常简单。但是在实际中，接受人性的阴暗面却几乎是不可能完成的。试想，要承认那些非理性的、无意义的和邪恶之物具有存在的权利，将意味着什么！可是，现代人所坚持认为的，正是它们有存在的权利。现代人想与自己的每一面和谐共处——想认识自己是谁。因此，他们将历史抛在脑后。他们想与传统决裂，以便用自己的生活进行实验，来看看除了传统的预设之外，事物本身具有怎样的价值和意义。现代青年正是持这种态度的令人震惊的例证。我将列举某个德国社团向我提出的一个问题，来表明这种倾向是多么强烈。他们问我，是否应该反对乱伦，以及有什么事实可以用来作为反对乱伦的理由！

如果我们认可这些倾向，不难想象人们将陷入一场混战。我完全能够理解，人们为什么会费尽力气去阻止他们的同胞进行这样的冒险。但是很奇怪，我们发现找不到一个办法去阻止它。一切反对非理性、自我欺骗和不道德的理由，虽然曾经很管用，但是现在都已失效。我们正在品尝19世纪的教育酿成的苦果。在整个19世纪，教会向青年人宣讲盲信的好处，而大学却给学生灌输智力的理性主义，结果，今天不论我们求助于信仰还是理性，都是徒劳。现代人厌倦了这种观念的论战，他们希望能够认识事物的本来面目。尽管这种欲望为最危险的可能性敞开了大门，我们却不由得把它当成了一种勇敢的尝试，并给予了它某种程度的同情。它不是一种不顾后果的冒险，而是一种在深深的精神痛苦的激励下的努力，它的目的是：以崭新而不带偏见的经验为基础，给生活赋予新的意义。毫无疑问，我们应该谨慎，但是我们不能不去支持一场认真的冒险，这场冒险需要我们的整个人格行动起来。如果我们反对它，便是在试图压抑人类最美好的东西——勇气与抱负。而如果我们成功地反对了它，便只会阻止那些能够给生活赋予意义的宝贵经验。如果扫罗听从了别人的劝阻，而放弃前往大马士革，那么事情又会怎样呢？

每一位认真工作的心理治疗师，都要面对这个问题。在遇到的每一个案例中，他都要作出决定：是否愿意用建议与帮助来支持一个人去进行大胆的，甚至灾难性的冒险。他不应该对是非对错有顽固的成见，也不应该装作知道什么是对、什么是错——否则，这种体验的丰富性就会被降低。他必须始终观察着实际发生的事情——只有能起效的，才是实际的。如果我认为某样事物是错的，但是它却表现得比真理更有效用，那么我就必须得顺从这一错误，因为它具有力量和生命力，而如果我拘泥于我认为的真理，那么就失去了这种力量和生命力。光明是需要黑暗的——不然它何以成为光明呢?

众所周知，弗洛伊德的精神分析正是针对意识到自己的阴暗面与邪恶这一任务的。它仅仅是掀起了一场潜伏的内战，然后就顺其自然了。病人只好竭尽全力去对付它。可惜弗洛伊德忽视了一个事实：人从来都不能够单枪匹马地去对抗黑暗力量——即无意识的力量。人总是需要精神支持的，而提供这种帮助的是每个人自己的宗教。无意识的开放永远都意味着强烈的精神痛苦爆发了；好像是放弃了繁荣的文明，任由大批的野蛮人肆虐，又好像是大堤决口，肥沃的农田暴露在了肆虐的洪水面前。世界大战就是这样的一种爆发，它再清楚不过地表明，那面隔开了秩序良好的世界与潜伏着的混乱的墙有多单薄。而对每一个单个的人，还有他的理性有序的世界来说，也是这样。他的理性侵犯了自然的力量，这些力量想要复仇，只等着这面隔墙坍塌，它们就要摧毁意识生活。从远古时代起，在最初的文明阶段，人们就已经意识到了这种危险。人之所以发展出了宗教和巫术，就是为了武装自己，对抗这种威胁，并且治愈已形成的创伤。所以，巫医也是牧师，他既是肉体的拯救者，也是灵魂的拯救者，宗教就是治疗心理疾病的系统。人类最了不起的两大宗教，基督教与佛教，尤其如此。在痛苦之中的人，从来都不能从自己的思考中得到帮助，而只能从一种远比他自己智慧得多的智慧中获得启示。只有这种启示能够助他脱离苦海。

如今，这种破坏性力量已经爆发了，人的精神因此而痛苦。所以，病人们逼迫心理治疗师扮演牧师的角色，期望并要求医生帮助他们脱离痛苦。因此，我们的心理治疗师不得不去思索那些严格来讲属于神学的问题。不过，我们不能把这些问题留给神学回答，因为痛苦的人们的迫切心理需求反复地将这些问题呈现在我们面前。由于一般情况下，每一种流传下来的概念或观点都会令我们大失所望，因此，我们首先要与病人一同经历他的疾病——这会使他的冲突更加尖锐，他的孤独更加强烈，直到再也无法忍受——希望从孕育着破坏性力量的心理深渊之中，能生出救赎的力量。

在我第一次尝试这样做的时候，我不知道事情会怎样变化。我不知道心灵深处藏着什么——我一直把这个领域称为“集体无意识”，把它的内容称为“原型”。从远古时代起，无意识的爆发就开始了，它们一次次重复出现。意识并不是从一开始就存在的，在人生早期，意识会在每个儿童身上重新建立。在这一阶段中，意识是非常薄弱的，而历史告诉我们，对整个人类而言也是这样——无意识轻易便占据了优势。这些斗争都留下了痕迹。用科学的语言来表达便是——本能的防御机制形成了，当遇到危险的时候，它就会自动进行干预，其发挥作用的载体便是幻想中的那些有所助益的、根深蒂固地存在于人类心灵中的意象。每当有需求的时候，这些防御机制就会发挥作用。科学只能证实这些心理因素的存在，并尝试给出一种假说来合理地解释它们的起源。然而，这样做只是将问题推进了一步，却无法解开这个谜团。我们遇到的是一些终极问题——意识是何时出现的？心灵是什么？一切科学在面对这些问题时都束手无策。

当疾病步入膏肓之时，破坏性的力量就变成了治愈的力量。其深层的原因是：原型获得了独立的生命，并成为人格的精神向导，取代了匮乏的自我及其徒劳的意志和努力。就好比有宗教信仰的人会说“上帝即是向导”。但是面对大部分病人，我必须避免这种说法，因为这会让他们想起他们所反对的事情。我必须用更谦虚的说法来表达，比如说“心灵觉醒了，能够自发地生活”。这种说法也的确更符合我们观察到的事实。当一些并非来源于意识的主题出现在梦中或幻想中的时候，转化便发生了。对病人而言，这不亚于一种启示，一种东西从心灵的深处萌生，并出现在他的面前——这是一种非“我”的陌生事物，超出了个人想象力的范围。他找到了通往心理生活源头的路，这标志着治愈的开始。

如果想要清楚地说明这一过程，我们无疑应该在讨论时使用恰当的例子。可是我们几乎找不到一两个令人信服的例子，因为这一过程通常非常微妙和复杂。那种起效的东西，似乎是梦在独立地解决病人的困难时，给病人留下的一种深刻的印象。或许是病人的幻想指向了某件事，而意识头脑对这种事毫无准备。幻想的内容通常是一些以某种方式组合在一起的原型性内容，不论意识头脑能否理解它们，它们都会产生强烈的影响。心灵的这种自发活动，常常十分强烈，以至于人们会看见幻象，或者听到身体中传出了声音。这些都是精神的体现，从远古时代一直到今天，人们都可以直接地体验到它们。

这些体验以迂回的方式弥补了受难者的痛苦。从这一刻起，一束阳光穿透了他的迷惘，他终于平息了内心的战火，并从此站在一个更高的层次上去整合他天性中的病态分裂。

现代心理治疗的根本问题十分重要，意义深远，在一篇文章之内，对它们的讨论必然无法罗列细节，但是若要阐述清楚，是非常需要这些细节的。所以，我的主要目的是指出心理治疗师在工作中应该持有的态度。归根结底，正确地理解这一点，比精选几个治疗方案或指标更有意义，因为如果不能正确理解这些内容，对它们的应用是不会有效果的。心理治疗师的态度远比心理治疗的理论和方法更重要，所以我才更重视向大家展示这种态度。我相信我的阐述是可靠的。而至于牧师能以什么方式、在多大程度上努力承担心理治疗师的工作，我也只能给出一些信息，留待其他人来裁决。我也相信我所描绘的现代人精神图景是符合现实的——当然，我不能保证自己绝无过失。无论如何，我未加掩饰地说明了神经症的治疗和相关的问题。就在治疗心理疾患方面所做的努力而言，我们医生自然希望得到牧师善意的理解，但是，我们完全能够理解那些阻碍合作的根本困难。我个人站在极左的新教观点这一边，但是我要第一个警告人们：切勿从自己的经验出发，轻率地得出一般性的结论。作为一个瑞士人，我是一个坚定的民主主义者，不过我也承认自然施行的是贵族政治，甚至是秘传的（esoteric）。朱庇特可做之事，公牛却不可以做（*Quod licet Iovi，non licet bovi*）。这是一条令人不悦却永恒不变的真理。是谁犯过诸多罪孽，却被宽恕了？是那些博爱的人。而那些寡爱之人，虽然犯下的罪孽很少，却会因此受到谴责。我坚信，一大批人投身于天主教会，而不是别的宗教，是因为他们最适合那里。我对此的相信程度不亚于我观察到的另外一个事实，即原始宗教比基督教更适合原始民族，因为基督教对他们来说十分难以理解，与他们的传统不能相容，以至于他们只能极其蹩脚地作猿猴模拟之态。我还相信，反对天主教会的新教徒是必然存在的，而且反对新教的新教徒也必然存在——因为精神的表现形式真的非常奇妙，就像上帝创造万物本身一样复杂多样。

活跃的精神不断地成长，甚至会扬弃它早先的表现形式；它自主地选择居住在谁的身上，被寄居的人则称颂它。活生生的精神永恒地更新着，在人类的历史中，用各式各样、超乎想象的方式实现着自己的目标。与它相比，人类赋予它的名字和形式非常微不足道，那只是永恒之树上生生落落的叶和花罢了。

附 录

心理学对现代人的意义[①]

我总觉得，想让公众理解心理学的意义是很不容易的。从我在一家精神病院当医生的时候起，就总是遇到这个难题。像其他精神病学家一样，我惊奇地发现：能够胜任对精神健康和精神疾病的诊断工作的并不是我们，而是普通大众——他们总是比我们知道得更多。他们告诉我们，病人没有真的爬上墙，他知道自己在哪里，既认得自己的亲人，也没有忘记自己的名字，因此，他不是真的病了，只是有点抑郁或有点兴奋，而精神病医生认为这个人患有这样或那样的疾病的看法是完全搞错了。

这种情形一再发生，让我们得以一窥心理学领域的现状，而真实情况甚至更糟。每个人都认为自己对心理学再

---

① [译注] 最初发表题目为《关于心理学》(*Über Psychologie*)，发表于《新瑞士评论》(*Neue Schweizer Rundschau*)（苏黎世，1933)，21—28 页，98—106 页。后编辑并扩充为《心理学对现代人的意义》(*Die Bedeutung der Psychologie für die Gegenwart*)，发表于《心灵的现实》(*Wirklichkeit der Seele*)（苏黎世，1934)，32—67 页。

了解不过了——心理学总归要涉及他的心理，那只有他自己清楚，而他的那一套心理学当然也适用于别人的心理。他本能地认为，自己的心理结构就是一般的心理结构，每个人在本质上都跟别人一样，也就是跟自己一样。丈夫认为妻子如此，妻子认为丈夫如此，父母认为孩子如此，孩子也认为父母如此。仿佛每个人都能最直接地接触自己的内心，并对它非常熟悉，能够就它发表看法；仿佛他自己的心灵就是原始版的心灵，适用于所有的、各式各样的人，因此也赋予了他将个人情形视为一般规则的权力。当这一规则明显不适用时——当他们发现另一个人真的和自己不一样的时候——他们深感惊讶，甚至感到惊恐。一般来说，对于这些心理上的差异，他们丝毫不会感到好奇，更不会被吸引，而是把它们当作难以忍受的失败，或者是必须谴责的、不可容忍的缺点。明显的差异令人痛苦，仿佛背离了自然秩序，就像一个必须立即补救的惊人错误、一种亟需谴责的不端行为。

众所周知，真的有一些公认的心理学理论，其基本假设是全体人类的心灵是一样的，并因此适用于相同的解释，而不论环境如何。这些理论背后的预设是糟糕的整齐划一，它与实际存在的个体心理差异及其无穷的变化能力相矛盾。此外，这些理论当中的一种主要从性本能的角度解释一切心理现象，而另一种则从权力驱动的角度进行解释。两种理论的不一致导致二者都更加僵化地坚持己见，明显表达出想要将自己作为唯一的救世方法的倾向。它们互相否认，使得人们无法判断哪一种理论才是正确的。而且，尽管两种理论的追随者都竭力忽视对方的存在，但他们的策略就解决矛盾毫无作用。而解决方法其实出奇简单。大致来说：两种理论都是正确的，因为两种理论描述的心理都反映了其追随者的心理。我们完全可以借用歌德的话，它“只像它所理解的精灵”①。

回到正题，让我们更仔细地考虑头脑简单的人所抱持的顽固偏见：别人和自己是完全一样的。尽管一般来说，人与人之间的心理差异的确只有理论上的可能性，但在现实中，人们总是会忘记别人和自己是不同的——思维方式不同、感觉不同、看法不同，想要的东西也完全不同。不难看出，即使是科学理论，也是从假设每个人的鞋都在同一处夹脚开始的。除了心理学家之间的小打小闹之外，还有一些关于社会或政治的平等主义假设，那些假设更加糟糕，因为它们完全忽视了个体心理的存在。

我没有为这类狭隘且短视的观点感到苦恼，而是开始思考它们为什么会存在，并试图挖掘其背后的原因。这一探索引导我开始研究原始人的心理。长期以来，我一直被这个事实所打动：那些抱有深刻偏见、相信人们的心理皆相同的人，其实具有天真和幼稚的一面。其实，原始社会

① ［译注］引自绿原译《浮士德》（北京：人民文学出版社，2004.9重印），第17页。

里的人不仅会把这一假设延伸到其他人类，甚至会把它延伸到自然界的所有事物，包括动物、植物、河流、山脉等。万事万物都具备与人类一样的心理，甚至树木和石头都会说话。正如一部分人类超出一般规则之外，被尊称为魔术师、女巫、首领和医生一样，在动物之中也一部分被称为狼医生、鸟医生、狼人等，只要动物的行为不符合常规，打破了暗藏的统一性假设，就会赋予它们尊荣。这种偏见显然残留了下来——虽说是残留，但仍然非常有力——作为原始人心理框架的一部分，在本质上是分化不够完全的意识。个体意识，或自我意识，是人类发展后期的产物。个体意识的原始形式是群体意识；在仍然存在的原始社会中，个体意识往往发展得很糟糕，导致很多部落甚至没有给自己起一个可以区别于其他部落的名字。例如，我曾在东非遇到一个部落，他们简单地称自己为“那里的人”。这种原始的群体意识依然存在于我们现在的家庭意识中，我们时常发现，某个家族的人要是不说出自己的一大串名字，就无法介绍自己的情况——他们对家族的名字似乎感到十分满意。

不过，个体可以互换的群体意识不是最低层次的意识，因为它已经表现出分化的痕迹。最低、最原始的层次是指一种普遍的或宇宙的意识，即完全没有主体的意识。在这个层次上，只存在事件，而没有发出行动的人。

因此，人们之所以会假设取悦自己的东西必然会取悦他人，其实是原始社会的明显遗迹，在原始社会中，我和你之间没有可察觉的区别，每个人都以同样的方式思考、感受和行动。但是，一旦发生了什么事情，表明某人的想法不同就会立即引起骚动。对原始人来说，没有什么能比不寻常的事情更令人恐慌的了；他们立刻就会怀疑它是危险的、充满敌意的。我们身上也有这种原始反应：当别人的信念和我们的不一致时，我们翻脸的速度是那么快！当别人对我们的美学观点不屑一顾时，我们会觉得受到了侮辱。我们仍然迫害与自己想法不同的人，仍然试图把自己的观点强加给别人，使可怜的异教徒改变信仰，以便改变他们必然要下地狱的宿命，我们都极度恐惧自己的信仰与周围的人不同。

所有人拥有相同的心理是一种无须言说的假设，其根源在于个体对自己的原始无意识。在遥远的过去，不存在个体意识，只存在集体心理；在此基础上，随着发展水平的提高，逐渐出现了个体意识。个体意识的存在有一个不可或缺的条件，即它与其他意识有区别。我们可以把意识发展的过程比作火箭，它在黑暗中发射，在绚烂的星星雨中消融。

心理学作为一门实证科学是最近才产生的。它产生才不过半个世纪，还在襁褓之中。对统一性的默认延后了心理学的诞生。由此可见，任何一种与其他意识有区别的意识都是多么新鲜的存在。它刚刚从漫长的沉睡中醒来，缓慢而笨拙地认识到自己的存在。倘若以为人类已经达到了某种高水平的意识，只能说是错觉。今天的意识仍然只是一个刚刚学会说“我”的孩童。

我一生中最伟大的体验之一，就是发现人们的心理是那么不同。如果心理的集体统一性不是原始的事实、不是个体心理的起源和母体，而只是一个错觉，那么它一定是无比巨大的错觉。但是，尽管我们拥有个体意识，它毫无疑问地会作为集体无意识而继续存在——自我就像一艘船，在这片海洋上航行。也正是因此，原始的心理世界并没有任何内容被丢弃。就像海洋在各个大陆之间延伸，把陆地圈成一个又一个的岛屿一样，我们的原始无意识也堆压在我们的个体意识周围。精神疾病就好像一场灾难，海洋卷起风暴，潮涌经过岛屿，将其吞没在海底。神经症就好像一个堤坝的垮塌，使得原本硕果累累的谷底被洪水冲垮。神经症患者都是海边的居民——他们最容易受到海洋的威胁。所谓的“正常人”则居住在内陆，在地势较高、气候干燥的地方，比邻平静的湖泊和溪流。不论多高的海浪都无法到达他们周围，海洋是如此的遥远，以至于他们几乎想要否认海洋的存在。事实上，一个人对自我的认同之强烈，甚至可以使他丧失与人类的共同纽带、与所有人相隔绝。由于没有人愿意与其他人一模一样，这种情况其实很常见。然而，对于原始的自我主义来说，首要的规则是：必须改变的永远不是“我”，而是其他人。

个体意识被无意识的凶险海洋所包围。我们所拥有的意识，表面上看起来稳定而可靠，实际上却很脆弱，依托在非常不牢靠的基础上。它的平衡一触即溃，哪怕是一股强烈情绪的冲击，也无法抵御。我们的语言就是证明。形容一个人特别生气时，我们会说他被怒火“包围”（beside himself），或者他“完全忘记他自己”（forgot himself completely），让别人“认不出来”（couldn't recognize him），“被魔鬼附体”（the devil had got into him），等等。是其他事物使你“灵魂出窍”（jump out of your skin），“把你逼疯”（drives you mad），以至于你“不再知道自己在做什么”（no longer know what you are doing）。所有这些熟悉的短语都证明，我们的自我意识是多么容易被扰乱。这些扰乱并非只是短暂地出现；它通常是持久的，并导致意识的长期变化。一些心理上的剧变可能会让一整段生命陷入无意识中，让几年或几十年的时间消失在海面下。性格的永久性改变也不罕见。因此，我们相当睿智地说，某人在经历了类似事件之后，“变了一个人”。这种变化不仅会发生在有不良遗传或患神经病的人身上，也会发生在正常人身上。用术语来说，由情感引起的波动是“解离现象”，反映了心理的分裂。在所有心理冲突中，我们都可以看到这种分裂；随着发展，它可能会威胁本就脆弱的意识结构，使其完全瓦解。

但即使是内陆的居民，即不知道有大海的正常世界的居民，也并不生活在坚实的土地上。土壤松散易碎，海水随时都可能从陆地的裂缝中涌出，把它变成一个个岛屿。原始人不仅是从他们的部落生活中，也是从他们自己的心理中明白这种危险的。用术语来说，这些“灵魂风险”中最重要的，是灵魂的丧失和附体（loss of soul and possession）。二者都是解离的表现。在第一种情况下，原始人会说灵魂从他身边溜走，在第二种情况下，他则会说一个陌生的灵魂在他身体里住了下来，通常是以某种令人不快的形式。这种说法听起来很奇怪，但它精准地描述了今天我们称之为“解离”或“分裂”状态的症状。它们绝不是纯粹的病理症状，因为它们也存在于正常人身上。它们有以下表现形式：总体幸福感的波动、情绪的非理性变化、不可预测的情感、突然对一切感到厌恶、心理惰性等。甚至在正常人身上也可以观察到与原始的“附体”相应的精神分裂现象。正常人也不能幸免于被激情误事，他们也容易被迷恋、恶习或偏见所控制；这些都会在正常人和他们最珍视的人之间造成裂痕，并为他们自己的精神世界带来痛苦的分裂。

原始人觉得心灵的分裂是不体面的、病态的，我们也有同样的看法。只不过，我们会称之为“冲突”“紧张”，或“精神崩溃”。圣经故事颇有深意地在一切心理发展之初，设置了植物、动物、人和上帝之间的无间和谐，以伊甸园为象征，并宣称意识的第一道曙光——“你们要像神一样，知道善恶”——是一种致命的罪。对于天真的头脑来说，打碎统治原始黑夜的神圣的意识统一的确是一种罪。这是个体对“唯一”（the One）的路西法式反叛①。这是一种不和谐对抗和谐的敌意行为，是一种从融合的万物中分离出来的行为。因此，上帝诅咒蛇道：“我必要叫你和女人彼此为仇，你的后裔和女人的后裔也彼此为仇；女人的后裔要伤你的头，你要伤他的脚跟。”

然而，意识是智慧知识之树最珍贵的果实，是让人类战胜地球的神奇武器，我们希望它给人类带来更大的胜利，即战胜自己。

个体意识意味着分离和对立，正如人类在漫长的历史中曾无数次经历的那样。对个体而言，解离发生时就等于生病，对国家而言也是如此。我们无法否认我们所处的时代是一个解离的、病态的时代。从这个角度来看，不论是政治和社会的情况，还是宗教和哲学的分裂，抑或现代艺术和现代心理学的争论，都体现了相同的含义。而一个哪怕具备一丁点儿责任感的人，在面对这种转变时，会感到一丝满意吗？假如我们诚实以对，就必须承认，在当今世上，没有人能过得舒服；而事实上，只能越来越不舒服。我们经常听到“危机/危象”（crisis）一词，本身是一个医学术语，它的意思是指疾病已经发展到了危险的顶峰。

---

① ［译注］路西法（Lucifer），《圣经》中的天使，后来因为拒绝臣服于基督，挑起天堂战争。关于路西法的反叛有多种解释，其中之一认为路西法反叛的动机是运用自由意志而远离上帝。

当人类拥有意识之后，解离的病症就在人类的灵魂里萌芽了，因为意识既是最高的善，也是最大的恶。我们很难评估现在这个时代病得有多重。但是，假如我们稍微回顾一下人类的临床史，就会发现早年间发作的、更容易评估的病症。最严重的一次发作是公元前数世纪在古罗马蔓延的病症。那一次解离表现为政治和社会条件的空前崩溃，宗教和哲学产生分歧，艺术和科学不幸衰退。如果把当时的世界比作一个个体，我们会发现他拥有一个高度分化的人格，他在志盈心满地掌控了环境之后就分裂开来，然后去追求一些互不相同的事业和兴趣；他忘记了自己的根源与传统，甚至丢失了有关以前的自我的一切记忆。因此，他一会儿是这一种模样，一会儿又是另一种模样，从而陷入了与自己的无望的冲突之中。最终，冲突将导致一种衰弱的状态，他曾经征服的世界像洪水一般涌入，完成了毁灭的最后一步。

经过多年来对人类心灵的研究，我逐渐总结出——就像其他研究者所做的那样——一个基本公理，即我们不应该只看心理现象的一面，也应该看到其另一面。经验表明，一切事物都有至少两面，有时甚至会有多面。迪斯雷利[①]有一句名言——重要的事情不该被看得太重要，不重

① [译注] 本杰明·迪斯雷利 (Benjamin Disraeli，1804—1881)，第一代比肯斯菲尔德伯爵，英国政治家、作家。

要的事并不像表面上看起来那样不重要——说的也是同样的道理，只不过换了一种说法。第三种说法是以下假设：每一种心理现象都会被其反面所补偿，印证了谚语“物极必反”（Les extrêmes se touchent）或“祸兮福之所倚”（There is no misfortune so great that no good may come of it）。

因此，我们这个时代的解离疾病同时身兼康复过程，或者说，它是孕期结束时预示着新生命诞生的阵痛。正如罗马帝国时期的解离酝酿着一个重生的时代。我们选择从奥古斯都时期开始纪年不是没有道理的，那个时代见证了基督这位象征性人物的诞生，早期的基督徒把他称作“鱼”（the Fish），是彼时刚刚开始的双鱼座年代的统治者。① 在延续了两千年的双鱼座年代中，他一直是信仰的对象。就像古巴比伦传说中的智慧导师欧涅斯②一样，他从海中浮起，从原始黑暗中上升，将世界的上一个年代带入尾声。诚然，他曾说：“我带来的不是和平，而是利剑。”但是，带来分裂的，最终也带来合并。因此，他的教义是合一的爱。

历史的距离让我们得以更清楚地了解这些历史事件。

---

① 参见《爱翁》(*Aion*)。

② ［译注］欧涅斯（Oannes），巴比伦神话中的智慧导师。根据贝洛索斯（Berossos）在《巴比伦尼亚志》（*Babyloniaka*）中的描述，欧涅斯有鱼的身体，并有人的头、双脚和声音。它来自厄立特里亚海，白天从海中浮起，教给人类各种知识，夜晚则沉回海中。参见：Streck，Michael P.（2003）：s. v. “Oannes”. In：Dietz Otto Edzard（ed.），*Reallexikon der Assyriologie und Vorderasiatischen Archäologie*（vol. 10），Berlin & New York，pp. 1－3.

如果我们也生活在那个时代，大概也会是对这些事件视而不见的人之一。福音、喜讯只为极少数人所知；从表面上看，一切都不过是政治、经济或体育问题。智慧财富从被征服的东方涌入古罗马，宗教和哲学试图从中吸收新知。几乎没有人留意到那粒注定要长成大树的芥菜种。

在古典中国哲学中，有两种相对的属性，代表明亮的是阳，代表晦暗的是阴。据说，当两种属性之中的一个达到能量顶峰时，相反的那一个就会像胚芽一样在其内部蠢蠢欲动。位于内部的相反属性，是对心理学补偿规律的又一种特别形象的表述。当一个文明达到顶峰时，迟早都会迎来衰败期。但是，虽然衰败期表面上看起来毫无意义、毫无希望，只是一种没有目标、没有意图的无序状态，并令观者感到厌恶和绝望，在那黑暗中却孕育着光明。

现在，让我们回到刚才的话题，假设衰败时期是一个个体。我已经介绍了他如何在心理上解体，以及他如何在糟糕的衰弱中失去对环境的控制，并最终屈服于毁灭的力量。现在，让我们假设他前来进行心理咨询。我给他的诊断是："由于你进行了太多活动，并且太过外向，所以你因为过度劳累而生病。在工作、私人和人类义务的繁杂中，你已经昏了头。你已经成了伊瓦尔·克鲁格[①]——当

---

① ［译注］伊瓦尔·布鲁格（Ivar Kreuger，1880—1932），瑞典金融家，被称为"火柴大王"，其复杂的贪污行为导致其财务崩溃和自杀。

代欧洲精神的典型代表。尊敬的先生，你必须明白，你正在迅速走向灭亡。”

明白最后这句话对他来说特别重要，因为病人总是会有一种有害的倾向，即一成不变地继续混日子，尽管那种方法早已被证明是无效的，而且只会使病情恶化。等待毫无用处。于是问题就出现了：他该做什么呢？

这位病人是个很聪明的人。他已经尝试了所有的成药，有的好，有的坏；他也试过了各种饮食，以及所有智者给出的一切建议。因此，对待这位病人必须像对待捣蛋鬼提尔（Till Eulenspiegel）那样——这位捣蛋鬼总是在上坡的时候笑，下坡的时候哭，夸张地无视健全的常识，然而在愚者的外表下藏着一位智者，他在上坡时会为随之而来的下坡而感到愉快。

在病人内心，合一正在萌芽，我们必须把他的注意力引向此处，即创造性的诞生之地，这也是表面上的一切裂隙和分裂的深层原因。文明是不会衰败的，它只会再生。在双鱼座年代最初的几个世纪里，在古罗马那崇拜恺撒、沉迷于竞技场的政治阴谋和野蛮猜想中，一个有洞察力的人可以坚定地喊出：“在漫无方向的混乱背后，一个即将到来的时代的萌芽已在黑暗中诞生；这棵树的种子将笼罩从极西的图勒到波兰、从北部山区到西西里的每一个国度，用一种信仰、一种文化和一种语言将他们合为一体。”

这就是心理学的规律。我的这位病人也许一个字都不相信。至少，他会想亲自体验一下这一切。而这正是我们的难题，因为补偿总是在最出乎意料的地方出现，而且从客观上看，总是从最不靠谱的地方出现。现在，假设我们的病人不是那个从老朽文明中抽象出来的苍白个体，而是与我们同时代的一个有血有肉的人，并且正巧是现代欧洲文化的典型代表。这样我们很容易就会看出，补偿理论对他来说毫无意义。他对一切都了如指掌——这恰恰是最令他痛苦的病，没有什么是他无法归类并放进正确的文件格的。至于他的心理，基本上就等同于他自己的发明、他自己的意志，并且完全服从于他的理性；万一它不是这样，万一他仍然有心理症状，比如焦虑状态、强迫念头等，那么他必定得了某种可被临床诊断的、有一个绝对可靠的科学名称的疾病。就算遇到了某种一手经验，是他无法归结为已知的任何事物的，并且他也听不懂我在说什么，但他还是会觉得自己已经足够了解，甚至还要写文章和书来哀叹“心理主义”的恶果。

这种心理状态会把书籍、报纸、舆论、社会机构和职业偏见当作壁垒，我们无法和它争论。没有什么能突破它的防御，更不用说那种能让他与世界合一的新生的小小萌芽。它那么小、那么荒唐，足以让它难为情到立刻放弃。那么，我们应该如何引导这位病人，至少让他稍微感知一点儿不同的事物，一些能与他过于熟悉的日常相抗衡的东西？我们必须引导他，一开始不妨狡猾一些，去了解他心灵中的一个黑暗、微不足道、无关紧要的角落，沿着尘封小径，触及某种世人熟悉的古老的幻觉……心灵的这个角落，就是梦境，那不过是夜晚的一个转瞬即逝的、怪诞的幻影，而这条小径就是释梦。

这位病人会带着浮士德式的愤慨大叫：

> 我厌恶荒谬的魔力！
> 你难道答应我，在这一片
> 疯狂似的混乱里恢复元气？
> 我难道需要听从一个老太婆的主意？
> ……
> 难道（你）就不曾发明任何一种灵丹妙药？①

对此，我将回答："你尝过的灵丹妙药难道还不够多吗？难道你没有亲眼看到，你所有的努力都只是在兜圈子，总是让你回到现在这种混乱的生活之中？既然你在自己的世界里找不到新视角，又能去哪儿找呢？"

此时，梅菲斯特赞同地喃喃自语："那就只有来向女巫求教。"② 这样，他用魔鬼的本性扭曲了大自然的秘密，歪曲了梦是一种内在幻觉的事实，"大自然在光天化日之下充满神秘"③。梦是灵魂深处最隐秘的一扇小门，门后是

① ［译注］引自绿原译《浮士德》（北京：人民文学出版社，2004.9重印），第61页。
② ［译注］引自绿原译《浮士德》（北京：人民文学出版社，2004.9重印），第61页。
③ ［译注］引自绿原译《浮士德》（北京：人民文学出版社，2004.9重印），第20页。

宇宙的黑夜，是在自我意识诞生之前就存在于心灵中的，而且无论我们的自我意识发展到什么程度，它依然是心灵的一部分。每个人的自我意识都是孤立的，它对事物加以分隔和辨别，因此它只知道事物的细节，并且只能看见与自我有关的事物。它的本质是局限性，就算它能抵达宇宙中最遥远的星云。意识是分离的，但是在梦里，我们化身为一个居住在原始黑夜中的更普遍、更真实、更永恒的人的样子。在那里，他仍然是整体，整体化身为他，他与自然浑然一体，并且没有丝毫自我。

梦从完全一体的深处产生，不论它是否极度幼稚、怪诞和不道德。它是如此直率和诚实，令我们为自身生活中的谎言备感羞愧。难怪所有的原始文明都把鲜明的梦境当作是神的信息！而现代理性主义却把梦解释为白天生活的残余、意识盛宴掉进阴暗角落的残渣。把深邃的黑暗当成一个毫无意义的空袋子，除了装进从上面掉下来的东西外，别无他用。为什么人们总是忘记，在人类文化的广阔领域中，一切美丽或雄壮的事物最初都是从一个幸运的点子里萌芽的？如果人们不再产生幸运的点子，人类会变成什么样？真要说的话，我们的意识才是那个空袋子，除了偶然落入的东西，里面空无一物。人们从来都没有意识到他们有多么依赖幸运的点子，直到失去了它们才追悔莫及。梦正是那个幸运的点子，它从黑暗的、完全一体的精神世界中走出来，来到我们身边。当人类在世界的肤浅表面的无数孤立细节中迷路时，还有什么比向梦求助，并询问如何接近人类存在的基本事实更自然的呢？

说到这里，不得不提到一种顽固的偏见：有些人认为梦是虚幻、不真实的，认为梦满口谎言，只不过是欲望的实现。所有这些说法都是借口，因为认真对待梦会令人难受，所以他们不想去做。个体意识因为具有理性而傲慢自满，它喜欢区分事物，尽管那会造成种种不便；因此，人们竭力否认梦是真实而正确的。有些圣人曾做过非常失礼的梦。假如梦中的淫秽是真实的，那么圣人的崇高道德——即让他们超越平庸众人的关键之物——何在？但是，这些最卑劣的梦恰恰强调了我们与人类全体的一脉相承，并且，它们能够最为有效地抑制随本能消退而产生的傲慢自满。即使整个世界化为碎片，心灵的合一也不会被打破。而表面上的裂缝越大、越多，深处的合一就越会加强。

当然，没有亲身经历过的人不会相信在意识之外会有任何独立的心理活动，当然也不会相信这种独立的心理活动不仅发生在我身上，也同时发生在所有的人身上。然而，若我们对比现代艺术与心理学研究成果、对比现代艺术心理学与神话和哲学，就会发现这种集体的、无意识的因素之存在的确凿证据。

但是，这位病人已经完全习惯于把他的心灵当作自己可以完全掌控的东西。所以他会反驳说，他从来没有观察到自己的心理过程被客观所影响；相反，它再主观不过了。对此，我反驳道："那真要这样，你岂不是能让焦虑状态和强迫观念立即消失。也可以把不良情绪一扫而光。你只要念句咒语就行了。"

由于他那种现代的天真，他自然不会发觉自己与黑暗中世纪的女巫或猎巫人一样，完全被疾病状态控制了。虽然名称不同，但的确是一回事。在中世纪，人们会说起魔鬼，而现在我们称之为神经症。二者归根结底是一回事，来自同一个古老的体验：客观存在的、奇怪的、不受我们控制的心理状态，强烈地挑战着我们的意志的统治权。我们的情况并不比《浮士德》中的尾脊幻视者来得好，此人感叹道：

> 你们怎么还在这儿！真是前所未闻。
> 快滚开！我们早就进行了启蒙！
> ——这个魔鬼团伙，全然不讲常规。
> 我们已经这样聪明，可泰格尔还在闹鬼。①

如果这位病人能接受这一逻辑，对他将大有益处。通往心理体验的大门已经打开。接下来，很快就会出现另一种妨碍进展的偏见。"我承认，"他会说，"现在是有一种精神力量妨害了我的意志，一种客观的精神因素，随你怎么

① ［译注］引自绿原译《浮士德》（北京：人民文学出版社，2004.9重印），第117页。

称呼吧。但是，它归根结底还是纯粹的心理学上的、模糊的、不可靠的、对现实事务而言无足轻重的东西。”

或许你会感到惊讶，人们竟然会对字眼如此较真。人们总是以为，名称总是与其所代指的事物相符——比如，如果我们把魔鬼称为神经症，就犯了大错！这种令人没辙的孩子气是1岁以前的遗留物，那个年龄段的人类还被神奇的语言所操纵。不论是魔鬼还是神经症，其背后的东西并不关心我们用什么名称来称呼它。当然，我们不知道心灵到底是什么。我们之所以会使用“无意识”一词，仅仅是因为我们不知道它到底是什么。我们对它的了解就像物理学家对物质的了解一样少。物理学家不过是掌握了某种理论、某些观点，一会儿用这种方式描绘它，一会儿又用那种方式描绘它。一种描述方式在一段时间内看似吻合，直到一个新的发现引出了相当不同的观点。但这一切都对物质本身毫无影响。或许也可以说，物质的现实性被降低了。

我们面对的是一种奇怪的、令人不安的因素，我们根本不知道所处理的是什么，所以才称之为“无意识”或“客观心理”（objective psyche）。经过一些论证，我们定义它是由性本能或权力所推动的。但是这种说法根本无法揭示它的真正意义。这些本能的本质为何？它们并不是我们存在的全部和最终目的，而只是反映了我们的理解能力之贫乏。在这个领域里，任何一种解释都行得通。你也可以把无意识看作是生命本能的表现，并把创造和维持生命的力量等同于柏格森[①]的术语——“生命力”（Élan vital），甚至是他的“绵延创造”（Durée créatrice），或者是叔本华[②]的术语——“意志”（Will）。我认识一些人，他们觉得自己心中的奇怪能量是神圣的，其原因很简单，因为这种能量使他们理解了宗教经验的含义。

每当我说梦可为当代世界的精神混乱提供信息源泉时，病人与公众都表现出失望，对此我表示完全理解。没有什么比这样一种自相矛盾的姿态更叫人觉得荒唐了。梦——一种完全主观和无用的东西——在一个充满了强力现实的世界里又能起什么作用？现实只能以同样伸手可触的现实来抗衡，而不是用梦；梦不过是扰乱我们的睡眠，让我们在第二天心境低沉的玩意。我们不可能用梦来盖房子、缴税、打仗，也不可能借助梦渡过世界危机。因此，我的病人——像每一个明智的人一样——总是希望我能告诉他，在这种令人难以忍受的情况下，他可以做些什么，而且是用适当的、常识性的方法做些什么。他唯一的困难是：似乎所有适当的、常识性的方法他都已经试过了，都

① ［译注］亨利·柏格森（Henri Bergson，1859—1941），法国哲学家，曾获1927年诺贝尔文学奖，代表作有《时间与自由意志》（*Essai sur les données immédiates de la conscience*）《物质与记忆》（*Matière et mémoire*）等。

② ［译注］阿图尔·叔本华（Arthur Schopenhauer，1788—1860），德国哲学家，叔本华是康德的追随者，延续了康德对表象和物自体的区分，并进一步提出了“意志”的概念。

没作用；不然就是一些想入非非的方法，根本不可能付诸实践。之所以会选择这些方法，都是为了满足当前情境。举例来说，一个人的生意遇到难关，他自然会想如何重振旗鼓，于是采用了所有能让他惨淡的生意恢复兴隆的补救措施。那么，假如所有补救措施均未达到期望的效果，生意的情况每况愈下，那么他会怎么做？恐怕在这种情况下，他只得马上放弃这些所谓合理的方法。

我的病人，或者说我们的这个时代，都处于这种情况。他焦急地问："我该怎么做？"而我不得不回答："我也不知道。"他又问："难道真的束手无策？"我则答道，人类在进化过程中无数次陷入类似的死胡同，没有人知道该怎么做，因为每个人都在忙着策划契合情况的巧妙计划。每个人都有勇气承认走错了方向。接着，事情不知不觉地又开始发展了，于是，旧的人性仍未改变，但和以前有些不同了。

当我们回顾历史时，只会看见表面上发生的事件，甚至连表面上发生的事件也如雾里看花般被扭曲了。真正的历史事件躲过了历史学家敏锐的眼光，被深深埋藏，因为这些事件虽然发生过，却未被人们认真观察。它们是最私人、最主观的心理体验。战争、朝代更替、社会动荡、征服和宗教只是潜藏的心理态度的表象，当事者都没有觉察到的心理态度，历史学家当然也无法记述。或许，宗教的创造者提供的信息最多。从本质上看，世界历史上的重大事件一点都不重要。最重要的到头来还是个体的生活。唯有个体生活创造了历史，导致了伟大变革的开始，而世界的一切历史和未来终究是从个体的泉眼中涌出的泉水汇成的庞大水体。我们最私密、最主观的生活不仅让我们成为时代的被动见证人、受害者，也让我们成为它的创造者。是我们创造了我们所处的时代。

所以，当我建议我的病人注意梦的时候，我的意思是："回到你身上最主观的部分，回到你的存在之源头，回到正在创造历史但你却毫无觉察的那个地方。显而易见，你那明摆着无法解决的困难只能放在一边，否则它会让你疲于奔命，去寻找那些你打一开始就觉得没用的补救措施。而梦却是你的内心生活的表达，它能告诉你是哪种错误态度把你带进这个死胡同的。"

梦是无意识心理的公正、自发的产物，不受意志的控制。梦是纯粹的自然，它向我们展示了不加修饰的、自然的真相，并且因此，当我们的意识偏离其基础并陷入僵局时，它能帮我们找回与基本的人类天性相一致的态度，这是其他事物无法做到的。

关注梦是一种反思我们自己的方式——一种自我反思的方式。这不是让自我意识对它自身进行反思；相反，这是让注意力关注梦的客观现实，将梦视为来自人类无意识的、统一灵魂的通讯或信息。它不是反思自我（ego），而是反思自己（self）；它回顾的是对自我而言陌生的、相异的自己——它从最初就属于我们，并且是自我生长的根基。它之所以与我们相异，是因为在意识的扭曲下，我们变得与它不同了。

然而，即使我们承认梦不是随意的发明，而是无意识心理活动的自然产物这一命题，当我们真的要处理一个梦时，还是会因为缺乏勇气而对其中的任何重要信息视而不见。释梦是巫术的成就之一，因此属于被教会迫害的黑魔法。尽管我们生在20世纪，在这方面较为宽容，但我们对释梦的理解仍夹杂许多历史偏见，并因此对它嗤之以鼻。有人可能会问，难道有哪种释梦方法是可靠的吗？在各种各样的猜测当中，有哪一个是我们能信任的？我承认我也抱有相同的疑虑，而且我确信其实没有一种绝对可靠的释梦方法。对自然事件的解释只有在最严格的限制条件下才十足可靠——也就是在我们设置好的理论框架中进行的解释。每一次解释自然的尝试都有风险。要等先驱工作完成以后过很长时间，一个可靠的方法才会出现。众所周知，弗洛伊德写了一本关于释梦的书，但他的方法也正如我们前面所说的：它无法产生在弗洛伊德的理论所允许的范围之外的解释。这种理论当然不能妥当处理梦中生活的无限自由，其结果是梦的意义被掩盖，而非被揭示。此外，当我们考虑到梦的无限多样性时，很难想象会有一种单一的方法或技术程序总是能产生无懈可击的结果。事实上，没有有效的方法是一件好事，否则梦的意义就会被事先限制，这便恰恰失去了梦在治疗方面的价值和优点——即提供新观点的能力。

因此，我们最好把每个梦都当作一个完全未知的对象来对待。最好从各个角度去审视它、把它拿在手里、带着它到处走，让你的想象力围绕着它展开，并与其他人谈论它。原始人会互相讲述印象深刻的梦境，如果可能的话，还会在公共场合大谈特谈，这种习俗在古罗马后期也有记载，因为古代的人都相信梦具有重大意义。通过这种方法，梦所暗示的各种观念和联想会帮助我们接近它的含义。无须多言，找出梦的含义是一件完全随机的事情，这正是危险的开始。人们的经历、气质和品味都会为梦的含义设定或宽或窄的限制。一些人满足于简短的解释，而另一些人则需要更多。另外，梦的含义或我们对梦的解释在很大程度上取决于解释者的意图、他期望梦有什么含义或对梦有什么要求。在构建含义的过程中，他将不由自主地受到某些预设的引导，而他最终是能够从释梦中有所收获，或只是在他错误的道路上越走越远，在很大程度上取决于解释者的谨慎和诚实。令人担忧的一种预设是：我们相信梦不是有意识的头脑在闲时的发明，而是一种自发的自然现象，即使事实证明梦在进入意识的过程中会受到一定程度的扭曲。而这种扭曲发生得如此迅速和自动，以至于我们几乎无法察觉。因此，我们可以安全地假设，它是梦的一个功能性部件。我们还可以同样安全地假设，梦来自我们的存在的无意识部分，也就是说，它是无意识的症状，因此我们能够凭借它对存在的性质作出推断。如果我们想研究自己的天性，梦是最适合的媒介。

在从事释梦的工作时，必须避免一切带有迷信色彩的预设，例如，认为梦里的主人公与现实生活中的人没有什么不同。切勿忘记，人在做梦时是在梦见自己，几乎不会梦到其他人（任何例外情况都有相当明确的规则，但我在此不会讨论这个问题）。如果我们承认这一事实，有时会发现自己面对着非常有趣的问题。我记得有两个很有启发性的案例：我的某一位病人梦见喝醉了躺在沟里的流浪汉，另一位病人则梦见喝醉了在阴沟里打滚的妓女。第一位病人是神学家，第二位病人是上流社会的贵妇。他们皆感到愤怒和惊恐，拼命拒绝承认梦到的是自己。我给他们两个善意的建议：让他们花一个小时进行自我反省，勤奋而虔诚地思考他们在哪些方面堪比醉酒后倒在阴沟里的那位兄弟或那位姐妹。自我认识的微妙过程往往都有这样劲爆的开头。我们梦见的“他者”不是我们的朋友或邻居，而是我们内心的另一个自己，对此我们更应该说：“感谢主，我不是税吏或罪人。”当然，梦本身作为自然的产物，没有任何道德化的意图；它只是体现了众所周知的规律，即树无法长到能触碰天堂。

此外，我们必须铭记，无意识包含了意识所缺少的一切，因此无意识有一种补偿倾向，以此为基础，我们就可以得出结论了。当然，前提是这个梦不是来自太深的心理层面。如果是后一种梦，通常会包含神话主题，结合了在自己的或其他民族的神话中可以找到的观念或意象。这样的梦具有集体意义，是人类的共同财产。

后一种梦的存在，与我所说的我们总是梦见自己并不矛盾。作为个体，我们并非独一无二，所有人都有相似之处。因此，一个具有集体意义的梦首先对做梦者是有用的，只不过它同时也表达了另一个意思，即他此刻的问题也是所有人的问题。这具有重要的实际意义，因为很多人在内心深处与人类隔绝，以为别人没有和自己一样的问题，并因此备受折磨。或者，他们的灵魂过于谦虚，觉得自己无足轻重，并对社会认可要求过低。此外，个体问题总是与时代的问题有某种联系，所以实际上每一个主观的困难都必须从整个人类状况的角度来看待。注意，只有在梦真的具有神话性质，也使用了集体象征时，才能这么做。

这种梦被原始人称为“大”梦。我在东非观察到，原始人都以为只有“大”人——医药师、魔术师、酋长等——才会做“大”梦。这对他们来说可能是真的。不过在我们这里，普通人也会做这种梦，尤其是当他们在精神上或心灵上陷入困境时。很明显，在处理“大”梦时，直觉的猜测是没有用的。我们需要广泛的知识，如专家应该具备的知识。但是，仅凭知识是无法解释任何梦的。此外，这种知识不该是死记硬背的材料；它必须具备灵活的品质，使用它的人应在其中注入自己的经验。如果一个人的内心不是一个哲学家，那么他头脑中的哲学知识有什么用呢？任何试图释梦的人都必须与梦处于大致相同的水平，因为他无法看到超出他水平的东西。

释梦这门艺术是不能从书本上学到的。方法和规则只有在我们没有使用它们的时候才有益处。只有能够灵活使用各种方法的人才具备真正的技巧，只有那些领悟力强的人才能真正理解。不了解自己的人不可能了解别人。而在我们每个人身上，都有一个我们不认识的人。他在梦中对我们说话，告诉我们他对我们的看法与我们对自己的看法有多么不同。因此，当我们遇到无法解决的难题时，他有时会为我们点亮一盏灯，从根本上改变我们的态度——即导致我们陷入困境的态度。

多年来，我越是钻研这些问题，就越是觉得现代教育是病态的、片面的。毫无疑问，我们应当开拓年轻人的视野，让他们接触广阔的世界，这些做法是对的，但若我们以为这真能使他们具备生活的能力，那就是痴心妄想了。这些训练让年轻人表面上适应了世界和现实，却没有人考虑到适应自己、适应心灵能量——它比地球上的所有伟大神力更为强大——也是必要的。的确存在着某一个教育体系，其部分起源于古罗马时期，部分起源于中世纪早期。它自称为“基督教会”（Christian Church）。不可否认的是，在过去的两个世纪里，基督教和中国的儒家思想或印度的佛教一样，在很大程度上丧失了其教育功能。这不能归咎于人类的不公正，而应归咎于渐进而广泛的精神变革，其最初的症状就是宗教改革。宗教改革粉碎了教会作为教师的权威，之后专制原则本身也开始瓦解。一个不可避免的结果，是个体变得更加重要了，这在现代的人性、社会福利、民主和平等的理想中得到体现。这些新兴的个人主义趋势被对集体主义的补偿性回归所抵消，后者的权威是群众的巨大力量。所以毫不奇怪，灾难的气氛正在蔓延，仿佛一场雪崩已经爆发，没有什么可以阻止它。集体的人可能会扼杀个体的人，但是个体的人的责任感才是一切人类价值的基础。群众是匿名的，并始终是不负责任的。所谓的“领袖”则是群众运动不可避免的症状。真正的领袖总是那些能够自我反省的人，他们减轻了群众的恶劣影响，至少减去了他们自己那份；他们有意识地与运动中群众的盲目势头保持距离。

但是，当每一个人都依靠着一个人、再被另一个人依靠着的时候，谁能抵制这种诱人的吸引呢？只有那些不仅在外部世界有深厚根基，在内部世界也牢牢扎住了根的人。

通往内部世界的门狭小而隐蔽，门前挡着无数的偏见、错误的假设和恐惧。人们总是喜欢听宏伟的政治和经济计划，而正是这些东西让所有的国家都陷入了泥潭。要是有人谈起这扇隐蔽的门、梦和内部世界，喜欢听的人就不多了。空洞的理想主义与宏大的经济计划、所谓的“现实问题”真的有关系吗?

不过，我不是想给国家以建言，我的听众只是人群中的少数，即那些相信文化价值不是天上掉馅饼，而是由个体创造的人。如果这个世界出现了问题，是因为世界上的个体出了问题，是因为我出了问题。因此，如果我是明智的，我将首先矫正自己的问题。为此，我需要——因为外部权威对我不再有任何意义——了解我的内部根基，好让我自己牢牢地扎根于人类心理的永恒事实中。

我之所以主要谈及梦，是因为我想让大家注意到进入内部经验世界的最直接的方法之一。除了梦之外，还有很多东西是我没能在此讨论的。对心理的深层研究带来了许多我们在表面无法得知的知识。难怪有时人类所有精神活动中最强大和最原始的一种——宗教活动——也会出现在人们的梦里。这种活动被现代人所破坏，甚至比性行为或社会适应被破坏的程度还深。我认识一些人，对他们来说，与自己内部的陌生力量相遇是一种压倒性的体验，他们称之为“上帝”。这样看来，“上帝”就成了一种严格字面意义上的“理论”、一种看待世界的方式、一种有限的人类头脑为了表达一种深不可测和不可言喻的体验而创造的意象。其中只有体验是真实而不容置疑的，但意象可以被玷污或被打碎。

名称和词语是令人遗憾的外壳，不过它们还是能够表明我们的体验的特性。当我们改称魔鬼为神经症时，表明我们已经把被魔鬼附体的经历看作是这个时代的一种疾病。当我们改称它为被压抑的性欲或权力意志时，则表明这些基本本能已经受到严重扰乱。当我们改称它为上帝时，我们试图描述的是一种深刻而普遍的意义，因为这就是我们在经验中触及的东西。冷静地看待它，并牢记庞大的、不可知的背景，我们必须承认，后一种称呼是最谨慎的，也是最谦虚的，因为它没有给经验设置任何限制，也没有把它强行套进任何概念模式。当然，除非一个人冒出了一个独一无二的想法，认为自己明确地知道上帝是什么。

不论我们给庞大的、不可知的背景起什么名字，都无法改变这一事实：我们的意识受到它最大程度的影响，而且越是没有意识到它，受到的影响就越大。外行人很难想象自己的倾向、情绪和决定在多大程度上被这种黑暗的力量所影响，也很难想象自己的命运会因为这种力量而受伤或得到帮助。我们的意识就像一个已经忘记了自己正在演戏的演员。但当戏剧落幕时，他必须记住自己的主观现实，因为他不能再继续以恺撒大帝或奥赛罗的身份生活，只能以他自己的身份生活，而他在演戏是因为意识的错位与自己的身份疏远了。他必须明白，自己只不过是舞台上的一个人物，正在表演莎士比亚的作品，而且后台还有制片人和导演，他们将一如既往地对他的表演发表非常重要的意见。

婚姻作为一种心理关系[①]

从心理层面看，婚姻关系是一个高度复杂的结构，包含了一系列主客观因素，这些因素大多具有不同的性质。在此我只想讨论纯粹的婚姻心理问题，所以有必要抛开一部分客观因素，例如，婚姻的法律性质和社会性质，即便这些因素对婚姻心理关系不可能没有重大影响。

当我们说“心理关系”时，我们已经假设它是一种意识层面的关系。如果两个人都处于无意识状态，他们之间不可能存在“心理关系”。在心理层面，这两个人是没有任何关系的。不过在其他层面上，例如，生理层面，这两个人可能有某种关系，但我们不能说他们的关系是心理的。当然，现实中不存在我假设的这种完全无意识状态，但是存在程度不轻的部分无意识状态，而心理层面的关系

① ［译注］最初发表题目为《婚姻作为一种心理关系》（*Die Ehe als psychologische Beziehung*），被收入盖沙令伯爵编辑的《婚姻之书》（*Das Ehebuch*）（Celle，1925）中，后又被收入荣格的《当代精神问题》（*Seelenprobleme der Gegenwart*）（Zurich，1931）一书中。

就受限于无意识状态的程度。

在童年时期，意识从无意识精神生活里浮上来，起初形成一个个岛屿，后来逐渐连成一片，形成“大陆”，即一个连续的意识陆地。渐进式的心理发展，实际上意味着意识的扩张。只有在连续的意识陆地浮现以后，心理关系的产生才变得可能。据我们目前所知，意识始终是自我的意识（ego-consciousness）。想要意识到自我，我们必须能够将自己和他人区分开。关系的产生建立在这一区分的基础上。不过，尽管这一区分可以通过一般方式进行，但通常不够完整，因为精神生活的大部分领域停留在无意识状态。无意识内容不能被区分，所以在这一块领域上，关系无法建立；在这一块领域上，自我保持着最初的无意识状态、保持着对所有人的原始认同感，也就是说，关系完全不存在。

适婚年龄的年轻人当然具有自我意识（一般来说，女性的自我意识比男性的强），但是，由于年轻人从原始的无意识迷雾中走出来还没多久，他们必然还有大片领域处于阴影之中，在这些领域中，心理关系无法形成。这就意味着，事实上，青年男女对自己的认识有限、对他人的认识也有限，因此对自己的动机不够了解、对他人的动机也不够了解。一般来说，人行为背后的动机在很大程度上是无意识的。当然，人主观上以为自己有充分的意识，因为人们总是会高估现有的意识内容，当我们发现自己所认定的巅峰只不过是漫长攀登的第一步时，往往会大为震惊。无意识的领域越大，婚姻就越和自由选择不相干，一个主观证据就是我们在恋爱时感受到致命的蛊惑。在除了恋爱以外的时刻，这种蛊惑同样存在，只不过形式不太合人心意。

无意识动机既有个人性的，也有一般性的。首先，一些动机来自父母的影响。男青年与母亲的关系，女青年与父亲的关系，是这一方面的决定因素。与父母的关系强度无意识地影响了择偶，不论这种影响是正面，还是负面的。对父母一方有意识的爱使年轻人倾向于选择与之相似的配偶，而无意识的纽带（它完全不必表现为有意识的爱）会使选择变得困难，并给选择施加了特殊的修正。想要理解这些修正，必须首先了解一个人与其父母的无意识纽带为何形成，以及会在什么情况下对意识选择施加修改或障碍。一般来说，父母本可以经历却因人为动机而阻止自己去经历的人生，都以替代形式传递给了子女。也就是说，子女被无意识地推向一个方向，旨在弥补父母人生中未完成的一切。于是，非常注重道德的父母会有所谓“不道德的”子女，不负责任的废物父亲会有野心强烈到病态的儿子，诸如此类。最糟糕的，莫过于那些人为地不肯了解自己无意识的父母。例如，有这样一位母亲，她故意保持对自己无意识一无所知的状态，以避免打破“美满”婚姻的假象。无意识地，她想把儿子绑在身边，或多或少把儿子当成了丈夫的替代品。这个儿子，倘若没有被迫成为同性恋，也必定被迫违背其真实本性而修改他的选择。他可能会娶一个明显不如他母亲的女人，这个女人当然比不上他的母亲；他可能会爱上一个性情暴躁的霸道女人，这个女人也许能把他从母亲身边扯开。在选择配偶时，如果本能尚未受损，他或许可以暂时躲过这些影响，但迟早会被妨碍。一种或多或少出于本能的选择，从延续物种的角度来看可能是最佳的，但从心理的角度来看就不总是那么幸运了，因为纯粹本能的人格与个体分化出的人格往往迥异。在这种情况下，虽然种族可能因为纯粹的本能选择而得到改善并获得活力，但是个体的幸福必受其害。（“本能”一词只是一系列机体因素和心理因素的统称，至于这些因素的性质，则大多是未知的。）

如果只把个体当作物种延续的工具，那么凭借纯粹本能选择配偶是最佳方案。不过，这种选择根植于无意识，因此只能建立起非个人的联系，一个完美的例子就是原始人之间的联系。倘若在此我们要讨论一种“关系”(relationship)，它充其量只是对我们的意识的一种苍白反映，它完全被传统习俗和偏见所制约，是一种非常疏远的、具有明显的非个人特征的状况，是所有传统婚姻的原型。

只要婚姻既非出于理智或算计，也非由所谓的“父母关爱”安排，而且子女的原始本能既没有被错误的教育所破坏，也没有受到日积月累、疏于处理的父母情结隐匿的影响，婚姻选择通常会遵循无意识的本能动机。无意识导致了无差异性（non-differentiation），或无意识认同（unconscious identity）。它所带来的一个现实后果是：一方会假设另一方拥有与自己相似的心理结构。在正常的性生活中，双方既有相似的目标，又有共同的体验，这进一步加强了合一感和认同感。这种状态被描述为一种完全和谐的状态，被颂扬为一种巨大的幸福［“灵魂合一”（one heart and one soul）］——这不是没有道理的，因为进入这样一种无意识的原始状态，就好像回到了童年。因此，陷入热恋的人都显得那么幼稚。甚至可以说是回到了母亲的子宫里，一种充满生机的无意识创造力深处。事实上，这是一种真正的、无可争辩的神性体验，其超凡力量抹杀并吞噬了一切个体的东西；这是一种与生命和非个人的命运力量的真正交流。个体的自我控制意志被打破：女人成为母亲，男人成为父亲，于是，两人都被剥夺了自由，成为生命冲动的工具。

这里的“关系”仍然属于生物本能目标——即延续物种——的范畴之内。由于该目标具有集体性质，夫妻之间的心理联系在本质上也是集体的，而不能被视为一种个体关系。我们只有在认识到无意识动机的性质并打破最初的无意识认同之后，才能开始谈个体的关系。婚姻鲜少能够不经历危机便顺利地发展成个体关系。没有痛苦，意识就不能产生。

有多种途径可使意识产生，不过它们都遵循一些确定的规律。一般来说，这种意识的产生开始于后半生。中年时期具有巨大的心理意义。儿童的心理生活通常局限在非常狭窄的范围内，也就是由母亲和家庭划定的魔法圈内。随着儿童长大成人，它的视野不断扩张，影响范围也逐渐增大；它的希望和意图在于扩大个人权力和所有物的范围；欲望不断地向外界扩张；个体意志与无意识动机所追求的自然目标越来越接近。于是，它将自己的生命注入事物，直到最后，这些事物也有了生命并开始繁殖；并且不知不觉中，人被这些事物所淹没。母亲被她们的孩子淹没了，男人被他们创造的事物淹没了，那些本来只能通过付出劳动、竭尽全力才能产生的东西变得再也无法被控制了。起初是激情，然后是责任，最后是难以忍受的负担和吞噬其创造者生命的吸血鬼。人在中年时期会把他的全部体力和精力投入工作，所以中年时期是扩张最快的时期。但也是在这一刻，傍晚降临了，人的后半生开始了。激情摇身一变成了责任；“我希望”变成了不可阻挡的“我必须”，曾经带来惊喜和发现的拐角，也因为司空见惯而变得平淡。酒已经发酵完毕，开始沉淀并变得清澈。如果这个过程一切顺利，保守倾向就会萌芽；人们不再向前看，而是向后看，并且大多数时候都不知不觉；人们开始盘点过去，琢磨自己的生活是如何发展到这一步的。人们开始寻找真正的动机，做出真正的发现。对自己和对命运的批判性调查使人们得以发现自己的特殊性。不过，这些洞见并非手到擒来，只有通过最强烈的震撼才能产生。

由于后半生的目标与前半生截然不同，执着于年轻时的态度会导致意志的分裂。意识层面的意志仍在向前走，一如既往地顺从其自身的惯性，无意识层面的意志却由于进一步扩张所需的力量和内在决心已被消耗殆尽，而止步不前。这种不一致导致了不满，又因为这个人无法意识到事情的真相，往往会把责任投射到伴侣身上。因此，一种批判性的氛围产生了，这是意识自觉的必要前奏。一般情况下，伴侣双方并不会同时进入这种状态。即使是最好的婚姻，也无法完全消除个体差异，而让双方拥有完全相同的心理状态。大多数时候，其中一方会更快地适应婚姻。与父母拥有积极关系的一方，会更容易适应与伴侣共同生活；而与父母有着根深蒂固的无意识联系的一方，会在适应过程中遇到阻碍。因此，后面这一方需要更长的时间才能完全适应，但由于得来不易，这种适应可能会更加持久。

这些节奏和精神发展程度上的差异，是在关键时刻出现典型困难的主要原因。当谈及人格的“精神发展程度”时，我不是在暗示什么特别丰富或宽宏大量的天性。绝对不是。我想表达的是：头脑或天性的复杂性，相当于一颗有许多切面的宝石，而不是简单的立方体。天性是多面的，也是相当有问题的，背负着有时非常难以调和的遗传特征。让人们适应其天性，或是适应更简单一些的人格，往往是一个难题。有些人具有某种解离的倾向，通常能够在相当长的时期里将不可调和的特质分割开来，从而表现得比真实的自己简单得多；或者也有可能，这种多面性或多才多艺的特征，赋予他们一种特殊的魅力。在这种情况下，他们的伴侣很容易在他们迷宫般的天性中迷失，伴侣的个人兴趣被他们如此丰富的经历完全吸走，有时是以一种不太愉快的方式，因为他们唯一的使命就是用曲折复杂的性格来困住对方。他们的经历是如此丰富，就算没有完全淹没，也完全包围了对方较简单的人格；较简单的一方被伴侣吞没了，并且找不到出去的路。妻子在精神上完全被她的丈夫所控制，或者丈夫在情感上完全被他的妻子所控制，这都是经常发生的事情。我们可以把它描述为“在容器中的一方”（contained）和“作为容器的一方”（container）问题。[①]

在容器中的一方感觉自己完全生活在婚姻的约束之中；他一心一意地对待婚姻伴侣；对他来说，在婚姻之外不存在任何基本义务和具有约束力的利益。这种伴侣关系几乎是完美的，如果不是有这样不愉快的一面：它令人不安地依赖着一个永远无法看清全貌的——因此也是完全不

① [译注] 在翻译“在容器中的一方”和“作为容器的一方”相关内容时，为叙述方便，假定前者为女性（即“她”“妻子”等），后者为男性（即“他”“丈夫”等）。原文并无与性别有关的暗示，每一处表述中的性别都可以互换。

可信赖且不可依赖的——人格。他的人格的最大优势在于其不可分割性，这在精神经济里是一个不可低估的因素。

另一方面，作为容器的一方，由于其解离倾向，因而特别需要用对对方完整的爱来统一自己，但这种努力对他来说自然会非常困难，远不及对较简单的人格来说那样容易。他会在拥有较简单的人格的伴侣身上，寻求一切微妙和复杂的事物，以此来补全他自己的切面，在这一过程中，他打乱了对方的简单性。然而，在正常情况下，简单性总是比复杂性更有优势，所以很快，他就不得不放弃在一个较简单的天性中引起微妙和复杂的反应的努力。而且很快，由于伴侣拥有较简单的天性，她期望从他那里得到简单的回应，她对简单的回应执着而坚持，使他的复杂问题变得愈加复杂，使他穷于应付。不论他愿意还是不愿意，面对简单性的劝诱，他只能退缩。任何精神上的努力，就像意识过程本身一样，对普通人来说是一种压力，所以人总是喜欢简单的东西，即使它并不是真理。而当它至少有一半是真理的时候，他就更无所顾忌了。对复杂的天性来说，简单的天性就像一个过于狭小的、空间不足的房间。反过来看，对简单的天性来说，复杂的天性就像数量太多、空间太大的房间，使她永远找不到归属。因此，这种情况自然而然地出现了：复杂的一方容纳了简单的一方。前者包含了后者，后者无法吸收或容纳前者。但是，由于复杂的一方也许比简单的一方更需要被容纳，他会感觉自己处于婚姻之外，因此总是扮演有问题的角色。在容器中的一方越是黏人，作为容器的一方就越是感觉处于关系之外。在容器中的一方通过黏人来深入容器，而她越是深入，作为容器的一方就越无法作出响应。于是，他开始窥视窗外，最初无疑是无意识地；随着中年的到来，他身上对合一的渴望和对分裂的抗拒被唤醒并变得强烈了，这对他来说是必要的，因为他有解离的天性。在这个节骨眼上，矛盾很容易就被一些事激发了。他开始意识到自己一直寻求的是完整、是一直欠缺的满足和一心一意的状态。对在容器中的一方来说，这只不过是证实了一直折磨着她的不安全感；她发现，在那些明面上属于她的房间里，还住着不受欢迎的客人。安全的希望被打破，失望使她自食其果，除非她能付出绝望的、暴力的努力，迫使她的伴侣屈服，并承认他对合一的渴望只不过是一种幼稚或病态的幻想。如果这些策略行不通，若能接受失败，对她可能真的有好处，因为这可以迫使她发现，她在对方身上拼命寻求的安全感其实可以在自己身上找到。这样一来，她将找到自我，并在自己较简单的天性中发现复杂性，也就是作为容器的一方本想寻求却不得的复杂性。

如果作为容器的一方在面对所谓“不忠”（unfaithfulness）时没有崩溃，而是继续相信他内心渴望合一的正当性，他就必须暂时忍受自我的分裂。解离无法通过拆分治愈，而是需要更彻底的解体才能治愈。追求合一的力量、对自我身份的健康渴望都会抗拒解体，这样他就会意识到内心整合的可能性——在此之前他总是在身外寻求整合。然后，他将得到回报，找到完整的自我。

这种情形在生命的正午时分十分常见，以这种方式，奇妙的人类天性促使生命从前半段过渡到后半段。这是一种蜕变，此前他还是本能天性的工具，现在不再是工具，变成了他自己：这是从自然到文明、从本能到精神的转变。

他应当谨慎行事，勿用道德暴力行为（acts of moral violence）去干扰这一必不可少的发展过程；因为企图通过割舍或压抑本能去营造某种精神态度，是一种伪造。最令人厌恶的，莫过于内心淫荡却道貌岸然的精神态度，其令人厌恶的程度不亚于耽溺肉欲。不过，这一转变耗时弥久，而绝大多数人会停滞在最初的几个阶段。如果我们能像原始人那样，将婚姻所伴随的心理发展全部交给无意识，这一转变将进行得更为彻底，并且转变过程也会较少出现摩擦。在与所谓的“原始人”打交道时，我们经常会碰上精神性的人物，他们令人肃然起敬，仿佛是一帆风顺的命运所塑造的完全成熟的结果。我所说的都是自己的亲身体验。然而，当今的欧洲人之中，哪里还有未被道德暴力行为所扭曲的人？我们仍十足野蛮，以至于我们同时信奉禁欲主义和享乐主义。但是事已至此，如今我们只好追求一种能使我们不受干扰地履行命运的态度，就像我们身体里面那个不信教的原始人真正想要的那样。只有这样，我们才能保证避免将精神歪曲为肉欲，或相反；因为精神和肉欲必须都存在，它们从彼此汲取生命。

我刚刚简要陈述的这种转变，是婚姻心理关系的本质。关于那些服务于自然的目的、带来中年时期特有的转变的幻觉，我也有很多话要说。在人生的前半段，婚姻的那种和谐——倘若双方都适应良好——主要基于某些原型意象的投射。

每个男人内部都有一个永恒的女性意象，那并非某个特定的女人，而是某个明确的、具有女性气质的意象。该意象的本质是无意识的，是刻在男人的有机生命系统中的原始遗传因素，是所有祖先对女性的经验的印记或“原型”，或者说是女性曾经留下的所有印象的沉淀——总之，该意象是一种遗传的心理适应系统。即使身边没有女性，他也可以随时从该无意识意象中推断出一个女人该有怎样的心理构成。同样的，对女人来说也是如此：每个女人内部都有一个与生俱来的男性意象。实际上，我们从经验中得知，对女人而言，把该意象描述为男性更为准确，而对男人而言它则是女性。由于该意象是无意识的，它总是会被无意识地投射到所爱的人身上，它也是引起激情的吸引或厌恶的主要原因之一。我把该意象命名为“阿尼玛”(anima)，我还发现个学术问题——这位女士有生命吗？——尤其有趣，因为在我看来，这个问题很有水平，产生这种疑问非常合理。女人没有阿尼玛，没有灵魂，但是女人有阿尼姆斯（animus）。阿尼玛有好色、情绪化的性格，而阿尼姆斯则倾向于合理化。因此，男人所发表的大多数关于女性好色、情绪化的评价，其实来自他们自己的阿尼玛的投射以及扭曲。另一方面，女人对男性所产生的惊人假设和幻想，则来自阿尼姆斯的活动，它制造了无穷无尽的不合逻辑的论证和错误解释。

阿尼玛和阿尼姆斯的共同特点是极端的多面性。在婚姻之中，往往是在容器中的一方将意象投射到作为容器的一方身上，而后者只是部分地将无意识意象投射到前者身上。在容器中的一方越是合一、越是简单，这种投射就越不完整。在这种情况下，那个非常迷人的意象就仿佛悬浮在半空，等待机会落实到一个真实的人身上。某些类型的女人似乎天生善于吸引阿尼玛的投射；事实上，我们几乎可以明确地描述出“阿尼玛类型的人”。所谓“斯芬克斯式”特征为她们所必备，还有模棱两可、耐人寻味的难以捉摸——那并非一片空白的模糊，而是一种似乎充满了承诺的模糊，就像无声胜有声的蒙娜丽莎。该类型的女人兼具成熟与清纯，既是母亲又是女儿，她不仅有颇为可疑的贞洁和孩子气，还有一种天真的狡猾，尤其令男人着迷。[①] 并非每一个有真才实学的男人都能成为阿尼姆斯，

---

① 在哈格德的《她》（London，1887）和皮耶·贝诺的《亚特兰蒂达》[Paris，1920；由玛丽·C. 唐（Mary C. Tongue）和玛丽·罗斯（Mary Ross）翻译为英文版《亚特兰蒂达》（New York，1920）] 中都有关于这一类型的精彩描写。

与其说阿尼姆斯是一个思想大师，不如说他是一个口才大师，他的话乍一听仿佛很有道理，但其实留有很多故意没说出来的内容。阿尼姆斯还必须属于“被误解的”一类人，或者在某种程度上与他所处的环境相抵触，使得自我牺牲的意味暗含其中。他必须是一个相当有争议的英雄，一个充满可能性的人；但这并不是说，阿尼姆斯投射不会指向一个真正的英雄，只是直到现在他才被一个“智力普通”的人的迟钝智力所觉察。①

对于男人和女人来说，只要他们是“作为容器的一方”，被该意象所投射，就是一种意义重大的经验，因为这以相得益彰的多样性响应了作为容器的一方的复杂性。这似乎打开了广阔的视野，让他们感觉被拥抱、被容纳。我故意使用了“似乎”一词，是因为这种体验可能有两面性。正如女人可以选择将她的阿尼姆斯投射给一个真正重要但未被人们认可的男人，再通过她的道德支持帮助他实现真正的命运，男人也可以通过阿尼玛的投射，为自己创造一个女性缪斯。但是通常，这种投射只是一种具有破坏性后果的幻觉，是失败，因为他对自己的投射缺乏笃信。

---

① 关于阿尼姆斯的精彩描写，可见玛丽·海茵（Marie Hay）的《邪恶的葡萄园》（*The Evil Vineyard*）（New York，1923）一书，也可以参考埃莉诺·怀利（Elinor Wylie）的《珍妮弗·洛恩》（*Jennifer Lorn*）（New York，1923）和塞尔玛·拉格洛夫（Selma Lagerlöf）的《戈斯泰·贝林的故事》（*Gösta Berlings Saga*）［1891；由宝林·班克罗夫特·弗拉赫（P. B. Flach）翻译为英文版《戈斯泰·贝林的故事》（*The Story of Gösta Berling*），1898］。

面对悲观主义者，我会说这些原始的心理意象具有十分积极的价值；但我必须警告乐观主义者，不要抱有盲目的幻想，以及可能会发生的最荒唐的反常现象。

一个人绝不该把这种投射当成个体的、意识层面的关系。至少在初始阶段，它远非如此，因为它造成的强迫性依赖是建立在无意识动机而非生物动机之上的。哈格德的《她》一定程度上阐明了在阿尼玛投射背后的奇妙思想世界。它们的性质是精神内容，往往以情欲为伪装，它们是原始神话思维的碎片，原始神话思维由原型组成，而全部原型则构成了集体无意识。所以，从根本上说，这样的关系是集体的，而非个人的。（皮耶·贝诺在《亚特兰蒂达》中创造了一个与《她》中的女主角相似的幻想人物，甚至连细节都一模一样，但他否认剽窃了哈格德。）

如果婚姻中的一方被这样的投射攫住了，集体的精神关系就会与集体的生物关系发生冲突，并在作为容器的一方身上造成分裂或解体，就像我在前面描述的那样。如果他能撑得过去，将通过这场冲突找到他的自我。在这种情况下，尽管投射本身是危险的，但是它能够帮助他把集体关系转变为个人关系。这相当于在意识层面完全领悟了婚姻所带来的关系。由于本文的目的是讨论婚姻心理学，在此不对投射心理学过多着墨，提及投射的现象就足够了。

若要讨论心理层面的婚姻关系，就必须提及其关键转变的性质，哪怕冒着被误解的风险。众所周知，除非亲身经历过，否则我们无法在心理层面理解一件事。但这并不妨碍人总是会相信自己的判断是唯一真实和正确的。这一尴尬事实源自人们对意识中转瞬即逝的内容的过高评价，而这种过高评价有其必要，因为倘若没有这种注意力的集中，人根本不可能拥有意识。因此，人生的每一阶段都有相应的心理事实，同样的，每一个心理发展阶段也是如此。甚至有些阶段只有少数人能够达到，这是一个涉及种族、家庭、教育、天赋和激情的问题。自然是贵族化的。正常人是一种虚构，尽管存在着一些普适规律。精神生活包含着发展的意味，而它很容易就会被困在最低的发展水平上。就好像每个个体都自带重力，在这个重力的支配下，他要么上升、要么下沉，发挥他的极限达到某一水平。这个重力也决定了他的观点和信念。因此，难怪迄今为止的大多数婚姻都在实现生物目标的过程中达到了心理极限，而没有对精神或道德健康造成伤害。很少有人会陷入更深层的与自我的矛盾之中。如果有来自外部的巨大压力，内部冲突就会纯粹因为能量不足而无法发展出巨大的张力。然而，外部越是安全，心理上的不安全感越会成比例地增加，一开始是无意识的，会引起神经衰弱，接着成为有意识的，导致分居、不和、离婚和其他婚姻问题。在心理发展的更高层次上，会出现新的可能性，触及宗教领域，这时批判性思维或许就用不上了。

发展可能会在任何一个层次上永远停止，并且我们完全无法意识到下一个发展阶段中可能发生什么。一般来说，进入下一阶段的过程会被强烈的偏见和由迷信引起的恐惧所阻断。不过这是有目的的，并且是为了一个最实用的目的——一个人如果因为意外而被迫生活在一个对他而言太高的水平上，他就会成为一个傻瓜，同时也成为一个威胁。

自然不仅是贵族化的，而且深奥莫测。不过，没有一个有理解力的人会被此诱导着对他所知道的事情进行保密，因为他非常清楚地意识到，心理发展的秘密不可能被辜负，原因很简单：心理发展仅与个体能力有关。